JN223299

自治体の
産業振興戦略

生活・産業プラットフォームの形成

福田 敦

［編著］

東京 白桃書房 神田

はしがき

　本書は，関東学院大学経済経営研究所の「地域産業の動向と政策に関する研究プロジェクト」（代表 福田敦）とその後継である「生活と産業の共生をめざす地域産業戦略に関する研究プロジェクト」（同）のメンバーにより6年間の研究成果の一部をまとめたものである。

　最初に，プロジェクト研究を開始した経緯を簡潔に述べる。本学は大学改革の一環としてこの10年間で集中的に学部改組に取り組み，2012年までの5学部体制を2017年には11学部体制とした。経営学部は，経済学部経営学科を分離・独立するかたちで2017年に開設し，2023年には法学部と人間共生学部コミュニケーション学科とともに，金沢八景から関内に修学地を移転した。経営学部では，開設以来，社会連携教育プラットフォーム（K–biz）というサポーター企業を擁する独自の教育プログラムを立ち上げている。これは，企業や地域が抱える課題に対し，学生が原則チームで研究を行い，解決策を考え企業に提案をするPBL（Problem Based Learning＝課題解決型学習）教育である。

　私たちが研究プロジェクトをスタートしたのは，こうした学部改組や新カリキュラムの流れと無縁ではない。大学の使命には，知の伝承及び問題解決力を有する人材を輩出する教育，真理を探究し新たな知見を創造する研究，社会全体の発展に寄与する社会貢献の三つがある。教育面の取り組みが進むなかで，私たちは主に研究と社会貢献の面から，経営学部のアイデンティティを発信する機会を模索した。経営学部設置を機に着任した教員は，養成する人材像とも関連して企業や官庁で社会人経験を有する者が多い。研究成果を社会に還元できる共通テーマを探るなかで，自治体の産業戦略が最も適当であるとする考えに至った。ただし，メンバーは個々に研究テーマがあり，バックグラウンドも多彩であって上記テーマとの距離感も一様ではない。

　もっとも，地域産業政策をテーマとする研究者たちのアプローチも多様である。自治体側も産業集積の維持・発展や中小企業の経営基盤強化を目的と

する伝統的な産業振興政策を展開するところもあれば，地域の稼ぐ力を向上し，経済の好循環と安定した雇用の創出を視野に，きわめて戦略的に都市政策として総合計画（基本構想－めざす姿）との整合を精緻に考えるところもある。また，その対象を工業や商業，観光，農業，新産業といった分野ごとに計画を策定するところもあれば，既存の事業者に限定せず異業種間の連携や生活者のニーズを含む分野横断的な施策を展開するところもある。こうした自治体側の意識変化を視野に，社会経済の潮流変化を意識し，自治体の産業振興戦略を議論すべくプロジェクトを進めることにした。

　さて，令和3年経済センサス活動調査によると，わが国には337.7万社の企業があり，このうち中小企業は336.5万社（99.7％）を占める。中小企業基本法の定義による小規模事業者（製造業等は従業員数20人以下，その他は5人以下）は内数で285.3万社あり，中小企業のうち小規模事業者が84.5％を占める。国は中小企業・小規模事業者に期待される役割・機能を①グローバル型，②サプライチェーン型，③地域資源型，④地域コミュニティ型の4類型に分類している（2020年版中小企業白書・小規模企業白書）。このうち，①と②は中堅企業に成長して海外での競争を目指す中小企業を念頭に「スケールアップ型」，また③と④は持続的発展を目指し地域を支える小規模事業者を念頭に「パワーアップ型」としている。これは中小企業うち圧倒的多数を占める小規模事業者が，付加価値拡大を視野に中堅企業をめざす成長志向の中小企業と同類に考えることは難しいものの，物価高騰や深刻な人手不足などマクロ経済環境が大きく変わるなかで，小規模事業者も価格転嫁に加えて，国内投資の拡大，イノベーションの加速，賃上げ・所得の向上を実現し，地域内で持続的な経営をめざすことが重要であることを指摘する（2023年版中小企業白書・小規模企業白書）。

　国は小規模事業者の振興視点として二つの成長モデルを提示し，いずれも事業の継続と自立的経営を果たす枢要として経営者のマインドアップに期待する。一つは地域を牽引して規模の拡大をめざす企業である。もう一つはデジタルの徹底活用や稼ぐ力の強化を通じ，生活基盤を支える企業や地域の魅力を創造し地域に貢献する企業である。小規模事業者の支援スタンスとしては，商工会議所やよろず支援拠点などの経営支援機関等を通じ，個別企業の

状況を勘案した経営計画策定を支援するとともに，地域の稼ぐ力を強化する面的支援が考えられている。例えば，商工会議所では政府支援策を最大限に活用する方向で，地域経済・地域社会におけるビジネス展開として，生産性向上，付加価値拡大，収益力強化を図る自己変革を誘引し，個社の持続的発展を支援するとともに，事業者の活躍の場が増えるように賑わいのあるまちづくり，観光振興・インバウンド，農商工連携・6次産業化など魅力あるビジネス環境をつくる面的支援に総合的に取り組んでいる。

　2024年3月に中小企業庁は，地域の社会課題解決の担い手となるローカル・ゼブラ企業の創出・育成に向けて「地域課題解決事業推進に向けた基本指針」を策定・公表した。ローカル・ゼブラ企業とは，ビジネスを通じて地域課題解決を図り，多様な関係者と協業しながら，新たな価値創造や革新的な技術・サービスを活用することで，社会的インパクト（事業活動や投資によって生み出される社会的・環境的変化）を生み出し，良質な雇用や豊かな暮らしを実現するエコシステムを構築して収益の確保に取り組む中小企業・小規模事業者をいう。その際に，地域で関係者の連携を促進する中間支援組織や資金や人材について専門的な立場で助言を行う伴走支援者など多様な関係者と相互の強みを活かし，有機的に連携して課題に取り組むことを推奨している。国のスキームは，関係者を巻き込みながら地域がめざすビジョンに関する合意形成が図られ，ビジョンに共感する事業者が後に続くことで，域内外の資源が有機的に結びつき，地域にイノベーションが芽吹く土壌を築き，高い価値を生み出すビジネスを叢生することが視野にある。

　本書では，国の政策を推進する立場にある経営支援機関による個社支援と面的支援の役割を尊重しつつ，自治体が産業振興戦略を構想化する際に期待が大きい「生活と産業が融合するエリア内の多様な主体による価値共創ネットワーク」の意義について，自治体経営の視点を中心に議論する。その際，「ジョブ理論」，「イノベーション」，「ゾーンマネジメント」，「コミュニティ型マーケティング」，「地域ブランディング」，「マネタイズ」，「弱い紐帯の強み」，「柔軟なローカル・プラットフォーム」といった経営学や社会学で論じられてきたキーワードを確認し，従来の地域産業振興政策とは一線を画す自治体戦略のシナリオを展望する。

ここで柔軟なローカル・プラットフォームとは，自治体の総合計画や地域が有する産業のポテンシャルを共有し，多様な主体の協働を促進するコミュニケーションの基盤となる仕組みや空間をいう。さまざまな事業者や生活者が困りごとや地域のブランディングに向けたイノベーティブなビジネスの息吹を共有し，課題解決を通じて地域の魅力を拡散できる場を想定したもので，一つに収斂したモデルがあるわけではない。そうした意味でプロボノ（専門的な知識やスキルを無償で提供する地域貢献活動）に限らず，生活者視点も取り込んで潜在的なニーズを探り，問題解決視点をもって新たなビジネス機会をみいだし，ビジネスやまちづくりの観点で需要顕在化の可能性を探れる広義のコミュニティ活動を実践する場といえる。

　組織形態としてはイギリスで 1980 年代に創業支援で注目された LEA（Local Enterprise Agency ＝地方企業家支援団体）や 1990 年代に中心市街地再生のまちづくりを担う機関として本格的に注目された TCM（Town Centre Management）に近いものが想定される。地域によって組織のあり方や目的に応じて事業の重点項目が異なり，官民が一体となってまちのブランディングに向けたムーブメントをつくり，事業については地域のニーズをみきわめて民間主導による小さな成功体験を共有・蓄積する場になることが望まれる。エリアマネジメントやコミュニティカフェ，キャンパスタウンのワークショップなどで，事業者と生活者が自分たちのまちづくりに関心をもって参加し，その成果が地域のブランディングに貢献する実感を共有でき，自ら地域の価値づくりに貢献する側にも回れるような多層な二面市場の場が形成されることが期待される。

2024 年 12 月

福田　敦

目　次

第II部
地域企業の稼ぐ力を高める自治体の産業振興戦略

序　章

問題意識と本書の構成

1　問題意識

　1999 年の中小企業基本法の改正や 2014 年の小規模企業振興基本法の公布を機に，全国の自治体で産業振興条例，中小企業・小規模企業振興条例等を制定する動きが活発化し，条文で規定する自治体の責務として産業振興計画を策定するところが増えている。

　1990 年代以前の地域産業政策は，いかに競争力のある産業を創出して地域に根づかせるか，あるいは新自由主義的政策路線のもと，いかにイノベーションを実現できるプラットフォームを構築するかが課題とされてきた。その対象は，産業空洞化に対する懸念や産業クラスター計画において製造業を中心に議論されることが多かった。地域産業政策は「地域における産業集積を促進して雇用と所得を拡大し，地域経済社会の発展を促進する政策」（鈴木 2012，259 ページ）や「地方自治体が行う，特定の地理的範囲の産業や企業を対象にした振興，保護，産業調整策」（植田 2009，27 ページ）と理解されていた。

　地域産業政策の研究は，主に地理学，産業集積論，中小企業論，地域経済論，地場産業論といった領域で活発に議論されてきたが，生活と産業という都市経営上の戦略観については，研究の蓄積が乏しいのが実情である。すなわち，従来の研究は，産業集積（企業城下町型，産地型，大都市型）のもつ動態的有益性と広域化（渡辺，157–163 ページ），伝統産業（地域性・歴史性・実用性・合自然性）の変容と可能性（前川，4 ページ），機械・金属・電気・電子・食品・建築・住関連企業の下請系列関係の変化等，いわゆるも

のづくり産業を対象とするものが多く，これに分野横断的な経営基盤の安定化と事業革新の推進，事業承継支援，事業者連携の促進等を加えて政策論議を展開する傾向がみられる。

一方，自治体の現場では，地域には生活に関わる産業も多くあり，生活と産業，ものづくりとサービス，地域の様々な主体同士が価値を創出するために，将来めざすべき姿と産業振興の基本方針，施策展開の方向を検討することが重要な課題となっている。新産業や先端技術産業のような，新たな時代を先導する産業の育成とともに，異分野との交流を通じた新事業の創出，創造や変革を追求する政策など，あらゆる分野の産業が地域資源を活用し，生産性と付加価値をともに向上する仕組みづくりについて議論することが喫緊の課題となっている。

地域は製造業や流通・サービス業が活動する場であるとともに，住民が生活する場でもあり，特定産業の特化係数（ある地域の特定の産業の相対的な集積度≒強み）が小さい自治体においても，広い意味で日常生活を支援する産業の維持，人々の生活様式の変化や生活満足度の向上に貢献する新たな産業の育成，インクルーシブ社会（共生社会）におけるコミュニティビジネスのあり方について検討する意義が高まっている。

本多（2016）は，自治体の中小企業政策は，地域内総生産・雇用・税収の維持といった地域経済面の効果を直接的な目的としてきたが，地域での交流・学習・住みやすさの維持といった地域社会面の発展というミッションも自治体が有していること，さらに地域コミュニティの衰退など地域社会の疲弊も地域にとって深刻な問題となっており，自治体の中小企業政策では後者の施策を展開していくことも重要な課題になるが，こうした部分での検討はこれまで不十分であったと述べる。

例えば，三鷹市では，めざす都市像を「産業と生活が共生する都市」とし，基本目標を「価値創造都市型産業の振興 〜都市再生とコミュニティ創生に向けて〜」と定めている。「価値創造都市型産業」とは，企業の立地支援，商店街の活性化，SOHO 支援の充実，都市型観光の推進，都市基盤と産業振興の連携などを通じ，地域の人的・技術的・経済的資源等を有効に活用し，創造性と付加価値性の向上，そして国際競争力の強化等を目指す産業

を指す。さらに，時代の変化に伴う新たな課題への対応を推進するために『三鷹市基本計画』（第4次）の施策の柱である「都市再生」と「コミュニティ創生」との関連を基本目標に織り込む。

　また，隣接する武蔵野市では，「"まちの魅力"を高め"豊かな暮らし"を支える産業の振興」を基本理念とする産業振興計画（第III期）を2024年2月に策定している。市民や事業者がまちの魅力に触れる機会を増やすため，観光や農業やクリエイティブ産業を含む市内産業の横断的なコラボレーションを進め，新商品・新サービスの開発を誘発する弱い紐帯（つながり）の強みを生かすプラットフォームの形成をめざすことにしている。既存の事業者だけを想定した産業振興計画ではなく，人材を含む多様な地域資源を協働の力で循環させ，潜在需要に付加価値をつけてでも需要を顕在化する仕組みをつくり，市民のライフシフトに応じた豊かな暮らしが実感できる，時代に適した産業振興をめざすことにしている。

　本研究では，都市経営の重要な課題であるリノベーションまちづくり，エリアマネジメント，地域資源を活用したブランディング，社会課題解決の拠点となるソーシャルビジネス，そして産業と生活を支えるサプライチェーンとしての物流問題にも着目し，生活（暮らし）と産業が融合するプラットフォームの形成まで議論を拡げ，自治体の産業振興戦略を都市の成長戦略に位置づけて議論を行う。また，これまで地域との関係が希薄と考えられていたグローバル・ニッチ型製造企業の地域貢献，多様化する中小企業の事業承継，関係人口の構築と受け入れ側の意識改革が期待されるコンテンツツーリズム，域内での経済効果への期待が大きな地域資源を活かした着地型観光，社会課題に対応するソーシャルロジスティックス，中小企業のマーケティング支援事業に関わる自治体の事業評価についても議論する。さらに，量より質が問われる時代に，企業の生産性と付加価値向上に向けたマクロ経済循環の議論を見据えた自治体の産業振興政策で必要とされる視点，ものづくり産業を中心に生産性の高い産業を輩出することの意義についても検討する。

　地方財政審議会「今後目指すべき地方財政の姿と令和6年度の地方財政への対応についての意見」（2023年12月）では，物価高や生産性向上についての項目もあるが，いずれもマネジメント視点からの意見が多い。一部にデ

ジタル田園都市国家構想等の実現などデジタル関連施策についての言及があるものの，都市の成長戦略について踏み込んだ記述はみられない。自治体は都市の魅力（付加価値）を高めることなく，マネジメント志向の取り組みだけでは持続可能な財政の実現は困難と考える。

　本書において，自治体が策定する産業政策の目的は，①地域内の産業基盤を整備し事業承継を含む企業の持続的成長を促進すること，②地域の中小企業を支援し技術革新・知的財産・販路開拓などを通じて競争力を高めること，③新たな企業の立地を誘導し域内の需要拡大と域外からの需要拡大を図ること，④地域産品や資源を活用して価値づくりの循環を促進すること，⑤経済の活性化により雇用の確保や就業の機会を確保すること，⑥税収を確保し安定的な行財政を運営するために市民と事業者の協働による産業振興を戦略として位置づけること，と考える。

　こうした目的に沿った産業振興計画の立案に際しては，外部委員を中心に構成する自治体の産業振興会議等では，総合計画で掲げる「めざす姿」をベースに地域産業の現状分析と課題を整理し，産業振興の基本方針を定め，施策展開の方向性と重点事業，そして成果指標について議論を進めることが求められる。これらの目的を施策として推進するには，それぞれの目的に応じた関係者間の交流組織としての開かれたプラットフォームの形成が有益であり，自治体は企業や各種団体，多様な価値観をもつ市民や学生とともに，その活動に積極的にコミットしていくことが求められる。

2　本書の構成

　本書では，以上の問題認識と目的を共有しつつ，執筆者はそれぞれのテーマについて問題意識と現状分析を通じ，今後に向けた改善または展望を述べる方向で執筆している。

　以下，各章の概要である。

　第1章「地域産業政策研究の系譜と自治体における計画の位置づけ」（福田敦）では，自治体における産業政策の系譜を簡潔に整理し，自治体経営の観点から産業振興戦略に期待される視点を議論する。中小企業・小規模企業

振興条例等を制定する自治体が増加する中で，市の責務として産業振興会議を設置し，産業振興計画を策定するところが増えている。地域産業政策の研究者は，産業集積論や中小企業政策論などを背景に，既存事業者を主な対象に議論することが多い。ここでは，地域産業政策を伝統的な産業政策に限定せず，地域政策，コミュニティ政策，さらに文化政策まで統合し，先進的な「産業戦略ビジョン」を策定する京都市に着目し，地域産業政策を自治体の産業集積の維持や中小企業政策と狭く捉えるよりも，持続可能な自治体経営の戦略的な視点で，地域経済の維持・振興を図る政策としてその意義を積極的に捉える時期にあることを論じている。

第2章「日本のGDPの成長可能性」（山田伸顯）では，この四半世紀の間にわが国の労働生産性は低下しており，経営の一層の効率化とニーズの変化に対応するため，これから成長をもたらす産業について見直しが必要であることを説く。成長している製造業は，生活サービス産業よりも生産財・資本財関連分野，完成品目よりも構成部品や基幹的な装置産業であり，多種多様な関連企業とのネットワークが大事である。日本の製造業の多くが停滞する中で，地域的には大企業を中心とした産業の集中傾向がみられる。成長が期待できる分野は，素材加工分野，医療用機械器具，航空機用原動機製造業，半導体製造装置，ロボット製造業等で，集積を維持し，人材育成も含め，自治体は集積の厚みを保持する政策に取り組むことが重要であると指摘する。

第3章「グローバル・ニッチ型製造企業の地域への関与」（大東和武司）では，中小・中堅企業のうち隠れたチャンピオン企業（HC）として注目されるグローバル・ニッチ（GN）型製造企業の経営について，中小企業政策において注目することの意義と経済産業省にグローバルニッチトップ企業に選定された2社（白鳳堂とカイハラ）の事例を通じ，これら企業の地域への関与について議論する。グローバル・ニッチ型企業は，幅広い交流のなかで質の高い情報を収集し，技術革新にあたっては外部資源も積極的に活用して独自の製品開発につなげ，結果として競合他社も少なく，下請け的でなく独立性が高い企業のなかで，特段に高い製品開発力と非価格競争力を有し世界市場シェアも高い企業をいう。1990年代前半のドイツでの隠れたチャンピ

オン企業の研究成果とともに，1999年の中小企業基本法改正により，経済産業省・中小企業庁はイノベーションを通じ域内経済の牽引や外需拡大が期待されるグローバル・ニッチ型企業の輩出支援策に力を入れる。白鳳堂（広島県熊野町）とカイハラ（広島県福山市）は，ともに伝統工芸の集積地に誕生したが，その枠にとらわれずに試行錯誤を繰り返すなかで，隠れた生産者として世界的な成功を収めた企業である。両社とも同族経営で一貫生産体制を確立し，品質重視の戦略的ポジショニングを展開する点に特徴がある。地域での雇用や税収面での貢献はあるにしても，地域内ネットワークが作用し産業集積やクラスターに大きく依存するタイプではない。熊野町や福山市の産業振興政策では，世界に冠たるGN企業が産出する伝統工芸を観光産業の振興や人材発掘を通して内需拡大や関係人口の増加を図る施策が展開されている。

第4章「地域商業の変遷と持続可能なまちづくりのあり方」（福田敦）では，1970年代以降の商店街を舞台とするコミュニティの変遷と政策対応を簡潔に振り返り，地域社会における商店街の本質的役割について検討する。また，商店街の構造問題を指摘するとともに，全国800か所以上で取り組みが進むエリアマネジメントの手法を活用したまちづくりリノベーションの意義について議論する。さらに，地域商業が住民の生活と地域コミュニティを支える地域企業（組織）として，さまざまなリスクへの対応力の強化と共に，異分野との交流促進，意欲ある担い手の輩出，生活者や事業者のニーズを汲み取り，生活者と事業者が共に暮らしやすい地域社会を共創する仕組みについて考える。

第5章「事業承継の現状・課題と自治体の支援策」（中山健）では，中小企業の事業承継について現状分析を踏まえ，今後の自治体の支援策について検討する。現状分析から後継者の不在状況については地域差がみられる，後継者不在率が低い地域は金融機関が伴走支援を行い，経営が安定している企業が多いという特徴がみられる。後継者候補に事業の安定性と将来性を示し，経営を引き継ぐことの魅力を訴求できるような支援のあり方を検討することの必要性を説く。子ども世代からみた事業承継の意向としては，規模が大きく，強みがある会社ほど後継者になることを決めている割合が高く，

（直近の）収支状況はさほど大きな影響はみられない。自治体に求められる事業承継支援策は，相談事業，専門家派遣事業のほかに，経営学などの理論が学べる高等教育機関と実務が学べる公設試との産学連携を望む声もあるという。自治体の支援も有限であることから，地域ごとのニーズに合わせた施策を検討する必要があるとしている。

　第6章「アニメ聖地巡礼と地域マネジメント－佐賀県唐津市と山梨県身延町を事例として」（岩崎達也）では，最初にツーリズムの時代区分と観光の流れについて整理する。発地主導の観光から着地主導の観光へ，そして旅人主導の観光に進化したとする。そして，観光地が主体のブランディングから，ブランディングに旅行者が関わるつながりの変化がみられることを指摘する。とくに，アニメ作品に深い関心を持ち，アニメに描かれた舞台や作者のゆかりの地を訪れる「アニメ聖地巡礼」は，一般のアニメ好きな生活者へ「推し活」としてコストをつぎ込む消費者行動が多くみられる。地方の市町村では少子高齢化と人口減少が深刻化しており，関係人口を増やす戦略にシフトしている。地域への誘客や関係人口づくりにおいて，アニメというコンテンツは有力な要素になっている。アニメ聖地巡礼は，もはや一時の流行でもマニアのものでもなく，地域は試行錯誤をしながらも有効な地域資源としてどう使うかが鍵になると述べる。

　第7章「観光資源の活用による着地型観光の推進に向けた課題」（才原清一郎）では，自治体は着地型観光をどのように認識し，どのようにかかわるべきかについて検討する。日本に多くみられる団体旅行やパッケージツアーといったマスツーリズムは，観光地側は従属的な立場に置かれ一部の観光事業者に利益が偏るために地域の活性化は困難である。これに対し，「地域が丸となって個性あふれる観光地域を作り上げ，その魅力を積極的に発信することで，広く観光客を呼び込む」形態の着地型観光は，その経済効果が域内で循環して他産業への波及効果も期待できる。ただし，着地型観光にも顧客のニーズが正しく理解されていない，ノウハウやスキルがない，事業主体が明確でない，事業推進力が脆弱であるという問題が内在する。日本版DMO（観光まちづくり法人）は，そうした問題解決のために創設されたが，着地型観光のノウハウやスキル不足を直ちに解消することにはならず，

自治体による主体的な参画と地域事業者が共に学び成長するスタンスをもつことが着地型観光の成否を決めると述べる。

第 8 章「基礎自治体の物流政策」（木島豊希）では，産業政策によって後押しされる企業の多くは事業活動の推進に物流が不可欠であるため，この立地要件となる地域資源の一つには物流基盤が該当するとして，自治体は，企業の事業推進に必要な物流基盤の整備などの物流政策を推進し，産業政策を推進することが重要であると述べる。そのうえで，1,747 の基礎自治体が公表する総合計画から，「物流」という用語を含む文章を対象に，計量テキスト分析の手法を用いて，基礎自治体の総合計画等にみられる物流政策を概観し，基礎自治体の物流政策が，主に地域経済活動を支える物流の整備，企業誘致と産業集積の形成による雇用創出，陸上物流基盤の整備と海上物流基盤の機能強化，国・県など関係機関との連携，物流基盤の維持管理であることを提示した。今後の展望としては，「総合物流施策大綱（2021 年度〜 2025 年度）」に沿って，それぞれ自治体の状況に沿った物流政策を推進することが重要であると説く。

第 9 章「地域資源活用の取組と事業評価—東京都「Buy TOKYO 推進支援事業」を事例として—」（山北晴雄）では，わが国の自治体において，管理会計的な取組に対する関心はいまだ低いのが現状であるが，事業の計画段階および執行段階での管理会計的手法の活用はその重要性を増していると述べる。ここでは，東京都が中小企業施策として 2015 年度から実施する「Buy TOKYO 事業」（都内中小企業による都産品の国内外に向けた販売・周知等の補助事業）を取り上げ，事業内容と採択審査プロセス中から整理し，事業評価のあり方として BSC（バランススコアカード）の活用の可能性を提起する。本事業は，都，ハンズオン支援業者，補助事業者の三者が，緊密かつ効果的に連携して進めるものである。したがって，この事業に BSC を適用して事業評価を行うためには，三者ごとに本事業の目的と特徴を考慮した戦略的目標と業績評価指標の設定を行う必要があるとし，それぞれ詳細な BSC の検討を行っている。財務指標だけでなく，非財務指標をも取り込んだ BSC による評価をすることで一定の評価を行いうると述べる。

第 10 章「地域企業の価値づくりに向けたローカル・プラットフォーム戦

略」（福田敦）では，これからの地域産業振興のあり方について，新たな需要を創造する取り組みや人生 100 年時代にあって，生活（暮らし）と産業を融合するプラットフォームを構想化する議論を深める必要があると述べる。その際に，政府が掲げる新しい資本主義の旗印の下で，民間需要主導の持続的な成長とデフレ脱却，成長と分配の好循環の実現に沿った政策展開が必要とされる。単純に事業所の存続や雇用維持を優先させるのではなく，コミュニティ型マーケティングやジョブ理論に基づき，付加価値の高い産業・企業を輩出するシナリオを構想化する方向で，地域や企業のブランド化をめざす産業振興計画の議論を進めることが大事である。従来の地域産業政策とは一線を画する，デジタル時代にふさわしい多様な主体による「価値共創型ローカル・プラットフォーム」を構築する方向で議論を深めることが重要であることを述べる。

　終章「自治体の戦略観が問われる産業振興政策」（福田敦）では，地域産業戦略の射程を確認したうえで，地域商業にみる具体的なイノベーションの取り組みと地域資源を活用した事業者の価値共創経営について概観する。地域産業計画（素案）のパブリックコメントは，他の身近な分野の計画と比べ相対的に意見が少ない。これは，市民が産業振興計画は既存事業者を対象にした計画と理解し，生活とは縁遠く身近な問題と考えられていないことが理由と考えられる。産業振興計画が事業者のための施策という思い込みを払拭し，市民一人ひとりの暮らしに関わることを内容と共に伝えることの必要性を説く。市民や学生が日常の生活者目線で産業振興について考える機会を増やすことが大事であると述べる。

　本書は，序章と終章を含めた計 12 章から構成される。その内訳は，2013年から 2024 年にかけて発表した論文等と新たに書き下ろしたものからなる。各章の初出は以下のとおりである。なお，本書の執筆にあたり，既に発表した論文等についても新たな調査や資料（データ）を加えるかたちで大幅に書き改めている。

序章　　書き下ろし

第1章　第2節と第3節と第4節3項と第5節は，福田敦（2021）「基礎自治体における産業振興計画策定上の今日的視座」『関東学院大学経済経営研究所年報』第43集の一部を加筆修正。それ以外は書き下ろし。

第2章　　書き下ろし

第3章　　書き下ろし

第4章　第1節と第2節は，福田敦（2024）「弱い紐帯の強さによる地域商業のマネタイズ戦略」『関東学院大学経済経営研究所年報』第46集を加筆修正。第3節5項と第5節は，福田敦（2022）「ポストコロナ時代の商店街プラットフォーム戦略」『関東学院大学経済経営研究所年報』第44集の一部を加筆修正。それ以外は書き下ろし。

第5章　　書き下ろし

第6章　第4節は，2019年に実施した調査・分析結果を掲載（『関東学院大学経済経営研究所年報』第43集（2021））を加筆修正。第5節1項は，大方優子，岩崎達也，津村将章（2020）『アニメ聖地巡礼の行動特徴と地域施策』（九州大学出版会）の唐津市商工観光部観光課取材内容の一部を編集加筆。それ以外は書き下ろし。

第7章　　書き下ろし

第8章　　書き下ろし

第9章　　書き下ろし

第10章　第2節と第3節と第4節3項は，福田敦（2023）「マクロ経済循環を巡る近時の議論―自治体の産業振興戦略で検討すべきこと―」『中小企業支援研究 別冊』第9巻を加筆修正。第5節は，福田敦（2024）「弱い紐帯の強さによる地域商業のマネタイズ戦略」『関東学院大学経済経営研究所年報』第46集の一部を加筆修正。それ以外は書き下ろし。

終章　　書き下ろし

謝辞

　本書は，それぞれの執筆者による自治体，機関，経済団体，企業などに対するインタビュー調査やインターネットを通じたアンケート調査を含む執筆者の研究を基に執筆されている。調査や資料提供にご協力いただいた多くの方に対して，この場を借りてお礼を申し上げたい。

　なお，一部の研究には，以下の公的研究費及び学会研究費を使用している。

・科学研究費・基盤研究（C）「高関与旅行者における意思決定プロセスのモデル化—アニメ聖地巡礼を事例として—」（研究代表者：岩崎達也，JP18K11858，2018 年 4 月－2023 年 3 月）
・科学研究費・基盤研究（C）「アニメ聖地巡礼者の行動特性分析と類型化—行動モデル分析に基づく地域誘客への応用—」（研究代表者：岩崎達也，JP22K12602，2022 年 4 月－2025 年 3 月）
・科学研究費・基盤研究（C）「国際環境における地域企業のレジリエンス能力研究—「伝統」と「革新」からの再生」（研究代表者：潮﨑智美，JP23K01609，2023 年 4 月－2027 年 3 月）
・科学研究費・基盤研究（B）「地域企業の国際化に関する研究－同族経営と地域連携」（研究代表者：岸本壽生，JP22H00876，2022 年 4 月－2026 年 3 月）
・科学研究費・基盤研究（B）「地方企業の国際ビジネスのパラダイムシフトに関する多角的研究」（研究代表者：岸本壽生，JP18H00883，2018 年 3 月－2021 年 3 月）
・科学研究費・基盤研究（C）「地域企業の変容・進化と国際展開に係わる研究：ルーティンとイノベーションの関与」（研究代表者：大東和武司，JP17K03942，2017 年 4 月－2023 年 3 月）
・科学研究費・基盤研究（C）「後継経営者の経営戦略と企業成長に関する研究」（研究代表者：中山健，JP19K01836，2019 年 4 月－2025 年 3 月）
・平成 5 年度関東学院大学経営学会特別研究費「地域商業振興政策のあり方に関する諸研究」（申請者・福田敦）

また，株式会社白桃書房代表取締役社長の大矢栄一郎氏には，厳しい出版事情のなかで，本書の刊行を快くお引き受けいただき感謝を申し上げる。

　最後に，本書は関東学院大学経営学会から叢書出版補助金の交付を受けて刊行されたものである。

執筆者を代表して

福田　敦

参考文献

植田浩史（2009）「地域経済の現状と地域産業政策の課題」植田浩史・立見淳哉編著『地域産業政策と自治体』創風社．

鈴木茂（2012）「地域産業政策の展開と課題」伊東維年・柳井雅也編著『産業集積の変貌と地域政策—グローカル時代の地域産業研究—』ミネルヴァ書房．

本多哲夫（2016）「地域社会づくりと自治体中小企業政策」『地域社会に果たす中小企業の役割』同友館．

前川洋平（2018）「伝統工芸品研究の現状と課題」『林業経済』71 巻 6 号．

渡辺幸男（2013）「第 6 章 もの作りと中小企業」『21 世紀中小企業論第 3 版』有斐閣アルマ．

地域産業振興戦略の
今日的意義と商工業の
新たな振興視点

第 I 部
地域産業振興戦略の今日的意義と商工業の新たな振興視点

第 I 部では，地方自治体における産業振興政策の系譜を整理し，産業振興戦略の今日的意義を検討する。地域産業政策を産業集積の維持や中小企業政策と狭く捉えるのではなく，持続可能な自治体経営の戦略的視点から生活と産業の共存を念頭にその意義を積極的に捉える。製造業では時代に即して成長分野を見極めた投資行動を促進することの重要性を指摘し，また新たな視点としてグローバル・ニッチ型製造企業の地域への関与について考察する。商業では地域商業の本質的役割を再考するとともに，地域商業が住民の生活と地域コミュニティを支える主体として，異分野との交流促進，意欲ある担い手の輩出を通じ，暮らしやすい持続可能な地域社会を共創する仕組みについて考える。

第1章
地域産業政策研究の系譜と
自治体における計画の位置づけ

1 はじめに

　地域産業政策について，鈴木（2012，259 ページ）は，「地域における産業集積を促進して雇用と所得を拡大し，地域経済社会の発展を促進する政策」と定義する。その対象について，大貝・池島（2014，49 ページ）は「国の産業競争力の強化に主眼があるものが含まれるため製造業である場合が多く，いかに競争力のある産業を創出するか，いかにしてイノベーションを実現できるプラットフォームを構築するかが課題とされてきた」と述べる。

　梅村（2019，9 ページ）は，「これまで（1979 年に先駆的な墨田区中小企業振興基本条例が制定されるまで＝筆者追記）多くの自治体では，−（中略）−国が示す政策の方向性に類似した政策を形成することが一般的で，独自に「産業政策を創る」ことはほとんど行われなかった」と言及する。そして「国の政策が奏功した時期は，自治体が独自に産業政策を創る必要性は小さかったが，大都市圏と地方の経済格差や人口の流出が続き，生活基盤と経済基盤の両面から支援策が望まれる状況になると，これまでの国主導型の産業政策の見直しと地方分権の流れから，自治体による政策の策定の要請は大きくなる」と述べる。

　製造業を中心に特化係数が顕著な自治体では，基幹産業・産業集積・下請企業等の振興が産業振興の中心テーマとなる。近年は，こうした企業が持続可能な取り組みができるように支援するとともに，社会・経済・環境の視点から，金沢市の「新産業成長ビジョン」（2023 年 3 月）が描くようにデジタル技術を活かした新産業への期待も込め，伝統産業，観光産業，コンテンツ

産業，飲食産業，生活関連サービス産業等を包摂する持続可能な地域社会の形成を目標に，特化係数の大小を問わず，産学官金の連携（企業，大学，公的研究機関・産業支援機関，金融機関が一体となってイノベーションの創出をめざす動き）により，地域資源を活かす方向で生活と産業の共生を目指す自治体もみられる。個性的で価値ある地域産業を創出する方策として，自治体の地域産業政策に対する期待と関心は大きくなっている。

　自治体の財政健全化の要請と共に，人口減少時代の地域経営で重要なのは，地域内で「どう稼ぐか」という視点である。例えば，「北九州市産業振興未来戦略」（2024 年 3 月）では，この戦略を「稼げるまち」の実現に向けた道しるべ（指針）と位置づける。具体的には，①地域企業の成長・発展と高付加価値化戦略，②産業の裾野を広げる成長産業創出戦略，③「民」が主役の資源活用戦略の三つの戦略を掲げ，2033 年までに市内総生産 4 兆円（2020 年は 3 兆 6,696 億円）の達成をめざす。

　すなわち，新たな技術を活かし，地域内に資源の循環を創り出し，雇用を維持し，地域の豊さ・暮らしやすさを追求する考えを自治体がビジョンで示し，これを広く共有することが大事になる。自治体は，「地域経営」や「地域振興」の観点から経済活力を高め，雇用と税収（収入）を増やす工夫が求められる[1]。こうした自治体の戦略観は，将来において社会資本の維持・更新を賄い，住民福祉を充実していくためには不可欠といえる。

　地域産業政策を自治体の中小企業政策と狭く捉えるよりも，持続可能な自治体経営の観点から，地域経済の維持・振興を図る政策としてその意義を積極的に捉える時期にある。大貝・池島（2014，59 ページ）は，地方自治体は，地域の生活と産業を統括する権能を有していると述べる。地方自治体が地域内の経済主体の連携を通じ，地域外との関係性を活かすことで，地域内に雇用，仕事，所得，生きがいが生み出され，地域資源を活用した循環型協働プラットフォームが形成されることが期待される。

　その際には，地域社会で顔のみえる関係を大事に，地域資源を把握し，こ

1　松下（2010，33 ページ）は，「地域産業振興戦略とは，地方自治体（基礎的自治体）が自治する地域において，産業を活性化させる方策を立案することである。地域産業の振興は自治体運営をする上で財源確保のためにも最重要事項となっている」と述べる。

れを最大限に活かす方向で議論すること，市民のライフシフトや暮らし方を理解して価値共創とエリア内での価値循環に向けた取り組みを進めること，隣接する自治体や鉄道の沿線で共通のプラットフォームを形成することなど，多様な個性を活かしつつ，デジタル技術の取り込みや従来の行政の境界を越えたコミュニティを形成することを検討すべきである。

　本章では，地方自治体における産業政策の系譜を簡潔に整理し，自治体経営の観点から産業振興戦略に期待される視点を議論する。また，先進的な取組事例として地域産業政策[2]を産業政策，地域政策，中小企業政策，さらに文化政策まで統合して「産業戦略ビジョン」（2016 年 3 月）を策定した京都市の計画について，京都市産業観光局産業企画室で 2024 年 2 月に実施したインタビューを踏まえて検討する。

2　地域産業政策研究の系譜

2.1　地域産業政策・中小企業政策の変遷

　1970 年代から 1980 年代において，産業構造調整の影響が各地で深刻化し，「地域経営」の視点で自らの意思を明確にし，地域のあり方について自治体が自立的なグランドデザインを構想する地域産業政策の議論が活発化した。その後，少数のリーディング・インダストリーが地域経済をけん引する時代ではなく，付加価値が高い新しい産業を振興するための政策を地域が主体的に立案・実施していくことが必要と認識されるようになった。

　清成（1986，1–3 ページ）は，「地域産業政策について，政策主体が中央政府の場合は，マクロ的観点から地域間の資源配分を変えたり，インフラを特定地域に傾斜的に用意したりする。これに対し政策主体が地方自治体の場合は，何より地域の産業振興（成長と安定）を目的とし，地域の立場で産業振興を図ることになる」と述べる。また，清成（1986，5–8 ページ）は，（1980 年頃までに＝筆者追記）地域産業政策研究の蓄積は乏しく，地域産業

2　自治体の地域産業政策の射程については，新古典派的な市場概念に基づき狭く捉えるのではなく，河藤（2008），植田・立見編（2009）が述べるように，産業政策，地域政策，中小企業政策の三つの政策にかかわる政策として位置づける研究者が多い。京都市のように文化政策まで範囲とする自治体は少ない。

政策の策定ノウハウの蓄積も浅く，地方自治体が自ら未来志向で開発してい
くほかはないと述べる。

　そのうえで地域産業政策のコンセプトとして，①市場志向，②イノベー
ション志向，③雇用志向，④統合志向（効率追求の企業の論理［インダスト
リアル・ミニマム］と人間の生命再生産としての生活の論理［シビル・ミニ
マム］との統合）の四つをあげる。すなわち，住民の主体性を喚起しつつ，
地域社会の形成者としての企業という視点も採り入れ，地方自治体が自らの
手で政策策定を経験することで策定ノウハウを蓄積していくことが期待され
ていた。当時は，①特に構造不況や過疎化など危機的状況がすでに生じてい
る地域，②地盤沈下が進行しているが当面は危機的状況が生じていない地
域，といった２タイプの地域において産業振興策の策定が必要であると認識
されていた。

　さらに，清成（1986，6ページ）は地域産業政策が必要な理由として，①
地域間の不均等発展が著しくなっていること，②産業構造の転換期にあり新
産業の集積を図らざるをえないこと，③内需主導型経済の要請から地域で魅
力的なプロジェクトの構築が重要になっていること，④国及び地方自治体の
財政力が低下していることをあげ，中央政府に依存せず地域ぐるみで産業振
興に取り組む必要性が増大していると述べる。地方分権化の潮流に即して政
策立案に向けた懸念[3]を抱えつつも期待感をもって述べていることが推察さ
れる。

　鈴木（2012，259ページ）は，「地域産業政策は，地域における産業集積
を促進して雇用と所得を拡大し，地域経済社会の発展を促進する政策であ
り，地方自治体が主要な政策主体となって推進する産業政策である。—（中
略）—中央政府が推進する産業政策は国際競争力の中枢をなす最先端産業の
育成とそのための科学技術政策の推進が課題となる。他方，地域産業政策の
対象となる地域企業の大半は中小企業であり，地域産業政策は中小企業振興

3　ここでいう懸念とは行政職員の政策策定能力についてである。当時の通産省には地域産業政策
　の策定経験が浅く，提案は多くともアイディア不足が目立った。一方，地方自治体においても
　地域産業政策の策定ノウハウの蓄積が不足していた。また，都道府県と市区町村でも産業政策
　のあり方は異なる。自治体の主体性とともに，民間企業との新たな協力関係を構築する必要が
　あるとしていた。

政策としての性格を併せ持っている」と述べる。

　地域産業政策の実施主体について，植田（2009，27 ページ）は，「都道府県の場合，広範囲を対象にするのであるから，①産業政策的な性格をもつ地域産業政策が重視される傾向が強い，②市区町村の範囲を越えることが必要な政策をとることができる，③対象となる企業数が増えるため特殊な問題に対して政策を実行することができるという特徴がある。そして，市区町村の場合は，①直接企業に対することが多いため企業に関するピンポイントな政策，②市区町村が行っているさまざまな政策を総合した政策，③市区町村の地域を限定した政策などが特徴となっている」と述べ，実施主体による政策スタンスの違いをあげる。

　都道府県は，国の産業政策との連携を視野に広域行政の観点から，エリア別の産業の特徴を最大限に活かすことで，地域経済をけん引する施策を遂行することになる。そして，市区町村に必要な財政支援をするとともに，技術や知財，経営に関する専門機関の設置や企業が専門人材を活用する機会の促進，市区町村の連携を促進し相互の政策に齟齬がないよう連絡・調整することが期待される。基礎自治体である市区町村は，国や広域行政の政策を利・活用する施策とともに，エリア内の産業実態やその動態を分析し，産業と生活が調和する産業構造を実現できるよう，市場への政策的介入を積極的に進めることで，中長期的に構造改善を図る戦略展開が求められる[4]。

　1990 年代は経済活動の世界的拡大に伴い，機械・金属関連製造業による都市型集積地域や全国各地の地場産業集積地域において産業の空洞化が一層進んだ。グローバリゼーションの影響は，ローカルな地域において顕在化していったが，ローカルな範囲に対する国の機動的な政策対応は困難な状況となった[5]。新自由主義者の主張も顕著になり，大規模小売店舗法の段階的な規制緩和など，さまざまな分野で市場開放が進められた。

　その一方で，バブル経済以降の長期にわたる不況や経済のグローバリゼー

4　大貝・池島（2014）は，日本の地域産業政策の場合，政策主体としての「地域」なのか，施策対象としての「地域」なのか，名称だけでは判然としないことがあることを指摘する。

5　大貝・池島（2014）は「多国籍企業が国家の GDP に匹敵する，もしくは，上回るほどの富を確保しつつある一方で，租税回避等の影響もあり，国家は財政難に瀕しており増大する社会保障が大きな負担となって国民生活を悪化させる構図が鮮明になりつつある。国家を媒介に経済成長の果実を分配し，住民生活の向上を図る方法はもはや期待できなくなっている」と述べる。

ション等により，平成以降には開廃業率が逆転して事業所数が減少した。これに伴い，新規創業，ベンチャー支援，産業集積の活性化を目的とする政策が実施された[6]。これらの中には，都道府県の産業支援機関や試験研究機関，大学等との連携を強調する政策もみられる。

　2000 年代以降には中央政府の地域産業政策として，産業クラスター計画（2001 年），地域イノベーショ・クラスタープログラムの創出（2010 年）が特徴的な政策といえる。クラスター概念とは，「特定分野における関連産業，専門性の高い供給業者，サービス提供者，関連業界に属する企業，関係

表 1-1　主な地域産業政策・中小企業政策の変遷

年代	政策・法律・制度
1970 年代	工業再配置法（1972 年） →　大都市圏から地方編工場移転・分散
1980 年代	テクノポリス法（1983 年） 頭脳立地法（1988 年） →　地方圏のハイテク産業・ソフトウエア産業等の立地促進
1990 年代	地域産業集積活性化法（1988 年），新事業創出促進法（1999 年），中小企業基本法改正（1999 年） →　既存産業集積の活性化 　　地域における新事業支援体制の整備 　　独立した中小事業者の多様で活力ある成長・発展
2000 年代	産業クラスター計画（2001 年），企業立地促進法（2007 年），中小企業地域資源活用促進法（2007 年），農商工等連携促進法（2008 年） →　地域の強みを活かした新産業・新事業創出 　　企業立地の促進による産業集積の形成 　　地域産業資源の活用促進 　　中小事業者と農林漁業者が連携し，相互の資源を有効活用して新商品等を開発
2010 年代	地域イノベーションクラスタープログラム（2010 年），小規模企業振興基本法（2014 年），地域未来投資促進法（2017） →　産学官のネットワーク構築によるクラスターの形成 　　小規模事業者の持続的発展 　　高い付加価値を創出して地域経済をけん引する事業を促進

出所：大貝・池島（2014），島田（2011），経済産業省（2016）より筆者作成

6　特定中小企業集積の活性化に関する臨時措置法（1992），中小企業創造活動促進法（1995），特定産業集積の活性化に関する臨時措置法（1997），新事業創出促進法（1999），中小企業経営革新支援法（1999）などが施行された。

機関，が地理的に集中し，競争と同時に協力している状態」（Porter 1998, 67 ページ）をいう。地理的に集中している状態という意味では産業集積と変わりない。しかし，クラスターでは，集積を形成する事業者間の交流，コミュニケーションを通じた知識の波及を通じ，産業集積のメリットとして，生産性の向上，イノベーション創出，外部からの人材・企業の流入が継続的に生じ，累積的にクラスターが拡大することを政策的に追及したものといえる。経済の活性化にはイノベーションが必要であり，これらは地域という場で競争力をもつ産業を創出させようとする政策である（大貝・池島 2014, 51 ページ）。

2.2　中小企業基本法と地方自治法の改正

1999 年の中小企業基本法の改正[7]と 2014 年の小規模企業振興基本法の制定[8]により，地方自治体では 2000 年代以降に産業振興条例等（中小企業振興条例，中小企業・小規模企業振興条例，小規模企業振興条例，まちづくり条例等を含む）を制定し，責務[9]として計画策定に取り組む地方自治体が増えている。地方自治体の中小企業振興条例等の意義と期待する効果について，河藤（2015，19 ページ）は「中小企業の自律的経営の促進とそれによる地域経済の発展を目指すことにある。条例により中小企業，自治体，市民など地域の諸主体が担うべき役割を明確化し，その諸主体が協働して中小企業振興に取り組む枠組みをつくる。さらに，地域を挙げて中小企業振興に積極的に取り組んでいることを地域外にもアピールして，地域外企業の誘致促進や地域企業との取引拡大など地域経済の発展につなげることである」と述

7　中小企業基本法改正により，地方公共団体の役割が「国の施策に準じる施策の実施」から「地域の実情に応じた施策の策定及び実施」へと見直され，地方公共団体は国との適切な役割分担を踏まえて，中小企業施策の企画及び立案並びに事業を実施する責務を有することとなった。

8　中小企業基本法は「独立した中小企業の多様で活力のある成長・発展」を基本理念に据えるのに対し，小規模企業振興基本法はこれに加え，技術やノウハウの向上により地域と共に活動する経営者，家族等の生活を安定的に支える「事業の持続的発展」を振興の基本原則と位置づけている。

9　中小企業基本法第 6 条及び小規模企業振興基本法第 7 条において，それぞれ中小企業や小規模企業の振興に関し，「国との適切な役割分担を踏まえて，その地方公共団体の区域の自然的経済的社会的諸条件に応じた施策を策定し実施する責務を有する。」ことが定められ，地方公共団体は施策の「策定」から「実施」まで行うことが「責務」とされた。

べる。

　また，地方分権の流れにおいて 2011 年 5 月に地方自治法が改正され，行政分野全体を網羅する総合計画《基本構想（Basic Concept），基本計画（Basic Plan），実施計画（Implementation Plan）》策定の義務づけが廃止された[10]。この方針は，地方分権の一環として自治体の自主性の尊重と創意工夫の発揮を期待する観点から措置されたものであり，総務大臣は通知により国の方針に沿った枠組みに捉われず，各自治体が自由と自己責任をもとに，創意工夫によって自らの特性に即した総合計画を策定するように促している。

　こうした流れは，総合計画の下位に位置づけられる個別計画（部門別計画，地域別計画等）の策定にも影響し，各地方公共団体において独自に基本構想と個別計画との関係を定義することが必要とされている。例えば，京都市の「行財政改革計画」にみられるように，行財政改革方針と並行して産業戦略を「都市の成長戦略」に組み込んで施策を体系化する先進的な自治体もある。

　梅村（2019，9–11 ページ）は，「社会経済の悪化により，－（中略）－福祉

表 1-2　地方自治体が策定する総合計画の概要

計画名称	概要	計画期間	策定状況(％)
基本構想	基本理念に基づき自治体がめざす将来像を描いた最上位のグランドビジョン	長期	93.5
基本計画	基本構想に定めた目標を実現するための具体的な施策体系で前期と後期に分けて策定される	中期	92.3
実施計画	基本計画で定める施策を実行するアクションプログラムで実施時期や予算等を明確化する	短期	77.9

出所：筆者作成

※策定状況は三菱 UFJ リサーチ＆コンサルティング「令和 4 年度 自治体経営改革に関する実態調査報告」8-10 ページによる。調査対象は都道府県 47 団体，全市 792 団体，東京都特別区 23 団体の合計 862 団体のうち，420 団体（回収率 48.7 ％）の回答を集計している。

10　大塚（2021，27-28 ページ）は，「地方自治体は多岐にわたる行政施策を分野間の重複や利益相反や，見落とされやすい課題などにおいて，無駄や非効率がないように統一的な方針に沿って進めるには，すべての分野を網羅し，全体の指針となる計画が必要とされる。1969 年に地方自治法で基本構想策定が義務づけられた当時は，経済の高度成長を背景として，産業振興を中心に地域開発が推進された時期であり，総合計画は大きな役割を有していた」と指摘する。

や教育政策は市民に受け入れられるが，実際の企業活動の支援となると産業政策に税を投入するには，自治体内部でも戸惑いがあるのも事実であろう。この考えの根本には，市民一般への政策は市民の理解を得られるが，営利活動を行う企業への支援は市民理解が得にくいという見識がある」と地域産業政策の特異性について言及する。

　これらの懸念については，自治体の戦略課題として市民には丁寧な説明が必要である。その際には，既存の中小企業者・小規模企業者やその団体等だけを対象として計画を議論するものではないこと，福祉政策等を遂行する上でも区域内の産業振興の必要性が高いこと，教育政策の効果を高めるうえで産業振興政策は一定の貢献が期待できること，人生 100 年時代においてむしろ市民一人ひとりが自分事として産業振興計画にコミットすることを啓発するなど，他の政策との関連性やその効果も視野に入れ，広く議論を行うことが有効と考える。

　上述したとおり，1999 年の中小企業基本法の改正の影響により，2000 年代後半以降に地方自治体による基本条例と呼ばれる理念型[11] の中小企業振興基本条例等を制定するところが増えている。また，2011 年の地方自治法の改正により同趣旨の条例が増加し，2014 年の小規模企業振興基本法の制定によって中小企業・小規模企業振興条例など小規模企業の振興を意識した条例が目立つようになった。中小企業家同友会全国協議会の調べによると，2023 年 11 月 22 日現在で 47 都道府県・692 市区町村（394 市 17 区 244 町 1 村）で基本条例（理念型条例）が制定されている（図 1-1）。これらのなかには，青森市や福岡市のように従来の助成型条例を廃止または改正して理念型条例を制定する自治体もある。

　こうした動きを改めて確認すると，1999 年の中小企業基本法が改正され"地方公共団体の責務"として条例制定と産業振興計画等の策定が半ば義務化されたこと[12]，地域の特性を踏まえた産業振興政策を策定できることが明確になったことにより，中長期ビジョン策定や施策の立案・改訂をサイクル

11　地方自治体の中小企業振興の基本方針，施策の基本方向，自治体の裁量，中小企業者や住民等の役割などの理念的な事項を中心に規定するもの。これに対し，中小企業への機械の貸与，融資の保証，資金の貸し付け等，具体的な助成措置を包括的または個別の助成措置を規定する条例として助成型条例がある。

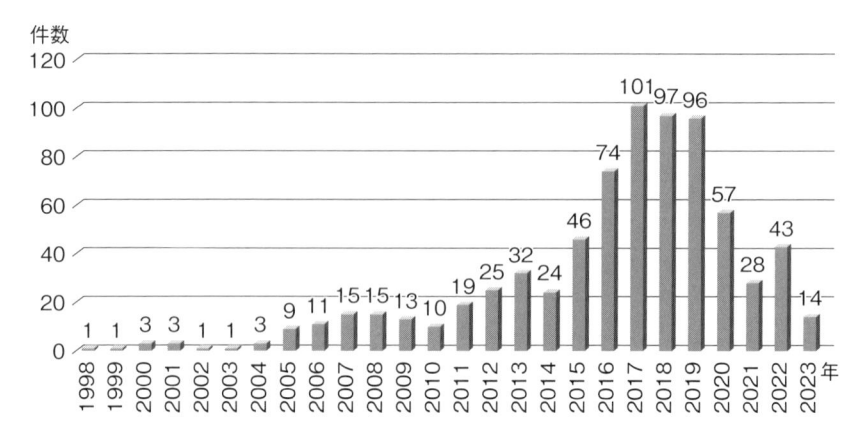

図 1-1　中小企業振興基本条例等の制定数の推移

出所：地方自治研究機構（2024）「中小企業振興に関する条例」より

化する自治体が増えたと考えられる[13]。また，2010 年には主に中小企業政策の主体性を確保する観点から中小企業憲章が閣議決定されたこともこうした動きを加速した[14]。さらに，2014 年に小規模企業振興基本法が制定されたこと，首長交代時でも政策の連続性を担保すること（大貝・池島 2014，57 ページ），地方自治体内外に地域産業政策についてその考え方や方針を示す必要性が高まったこと（植田 2009，36-37 ページ），なども条例制定が増加する理由と考えられる。なお，東京都中央区と大阪府八尾市では"大企業の責務"を，愛知県では"金融機関の責務"についても規定している（八幡 2019，2 ページ）。

　地方公共団体の責務規定については，2006 年に施行された中心市街地活性化法第 5 条において「地方公共団体は，地域における地理的及び自然的特性，文化的所産並びに経済的環境の変化を踏まえつつ，国の施策と相まっ

12　1999 年に改正された中小企業基本法第 6 条では，「地方公共団体は基本理念にのっとり，中小企業に関し，国との適切な役割分担を踏まえて，その地方公共団体の区域の自然的経済的社会的諸条件に応じた施策を策定し，及び実施する責務を有する。」と規定し，地方自治体においても中小企業に対する施策立案が必要とされた。

13　条例のモデルは事業所の東京都墨田区の中小企業振興基本条例（1979），悉皆調査，産業振興ビジョンの策定の取り組みであるといわれている。大貝・池島（2014，57 ページ）より。

14　中小企業憲章の制定とその意義については村本（2013）に詳しい。

て，効果的に中心市街地の活性化を推進するよう所要の施策を策定し，及び実施する責務を有する」といったまちづくりの視点からの要請もある。

　また，基礎自治体においては，地域産業振興政策とは別に地域商業振興条例や商店街振興条例等を制定するところもある。その類型について，佐々木（2013，85-86 ページ）は，①商店街加入促進特化型，②地域振興型，③産業振興（中小企業振興）型の三つに区分する。①は大型店やチェーン店に商店街組織への加入を図るように努め，商店街組織が商店街の活性化に寄与する事業を行う際には応分の負担をするよう努めることを求めるものである（文京区，渋谷区など）。②は大型店やチェーンストア等のみならず地域の商店街組織や商業者が果たすべき役割について，地域貢献という非経済的側面にまで拡大し位置づけている新しい領域のものである（立川市，藤沢市など）。③は既存の産業振興政策を改正することで地域商業振興政策に先鞭をつけるもの（世田谷区），既存の産業振興政策を基礎として新たに制定するものである（帯広市，吹田市）。このように，中小企業振興基本条例や産業振興計画は，形式にこだわらずそれぞれの地域の実情に即した自律的な政策を検討する機運が醸成されてきていることを確認できる。

　従来の地域産業政策は，製造業を中心に基幹産業・産業集積・下請企業等の振興を中心に議論される傾向がみられた。しかし，地域は産業を構成する企業が活動する場であると同時に，人間の生活の場でもあるため，人間の生活を成立させるための産業として地域産業を位置づけることが重要になる（中村 2004；岡田 2005）。槙平（2013，48-49 ページ）は，地域という場で，生活と産業をいかに有機的に結びつけるのかかが課題でなければならないと述べる。

　近年は，社会・経済・環境の視点から，内発的発展と外部との関係性を融合し，農業や観光業や生活関連サービス業やコミュニティビジネスまで包含した，持続可能な地域社会と企業経営を目標とする地域産業政策を議論する傾向がみられる。すなわち，地域産業政策では，ものづくりに関連する新産業を創出することだけでなく，既存産業を軸に，業種を問わず市民による創業も視野に，地域の実情に即した産業支援を展開していく必要がある（大貝・池島；2014，49 ページ）。

　本多（2013, 14–16 ページ）は，1990 年代から 2010 年頃までの地域産業政策の研究蓄積をレビューし，産業振興を生活や文化などを含めた広い意味での振興を強く意識し，福祉政策・社会政策・まちづくり政策までを含む総合的な政策として捉える点が全ての論者に共通していると述べる。そして，地域産業政策は新古典派的な市場概念に基づく狭い意味での産業と捉えるのではなく，広い意味での産業と捉えていることが特徴であると指摘する。

　黒瀬（2006）は，行政が中小企業の進むべき方向を示す時代は終わり，中小企業の草の根レベルの動きから発展的な芽を発見し，それに沿って支援することが必要であると述べる。そのうえで，日常的に地域の中小企業と接触している基礎自治体はその気さえあれば，現場主義に徹することができる。数字で表された情報だけでなく，国や都道府県では入手不可能な非定形の情報も獲得し活用することができると主張する。

　一方，本多（2013, 6 ページ）は，自治体は国の方針に従い実施していくという存在となっていたこと，自治体が地域内の産業・企業に関する状況に把握が不十分であったこと，中小企業の理論化の過程で地域の視点が入っていなかったことなどを指摘し，基礎自治体の役割や課題について考察した研究は手薄であると述べる。

　また，河藤（2015, 22–23 ページ）は，「地域産業政策では，利潤追求を目的とする企業や産業の振興を，純粋な公共主体である自治体が実施する。この相反する内包する政策は，とりわけ実戦経験の蓄積が十分でない市区町村の職員にとっては理解が容易でなく，実施手段としての施策やそれを実行に移すための組織体制づくりにおいても困難な課題の多い政策分野であるといえる。－（中略）－担当職員の専門性の確保と向上については，地域産業政策への提言を，学識経験者や事業者，地域産業の関係団体，公募制市民などが議論を重ねることにより行う「産業振興会議」のような公的な場を設置することで，職員は事務局を務めるなかで政策立案能力を高めていくことができる」と述べる。

　中小企業振興基本条例や産業振興条例を制定した地方自治体では，外部の有識者や事業者，公募委員を中心に構成される産業振興会議を設置することが多いため，新たな取り組みを要することではない。政策立案能力がある職

員の人材育成については，職員が事務局機能に特化し，外部の委員や委託先との調整だけに奔走する体制を続けても組織内に専門知識の蓄積ができないということである。もし地域産業政策の担い手人材を確保・育成するのであれば，英国のタウンセンターマネジメント機関（TCM）を参考に，任期付きであれミッションを明確にした管理職相当の専門職（マネジャー）を配置することである。さらに，産業振興会議を計画策定時だけに設置するのではなく，事業実施期間においても遂行状況を評価する常設の会議体とすることが必要である。

3　社会経済の潮流変化と自治体による産業振興の課題

　近年の地域社会及び地域経済を取り巻く環境変化（趨勢）と今後の地域産業政策で検討すべき課題を大括り化して整理を試みると以下のようになる。

① 　事業所数の減少，農業経営基盤の低下，製造品出荷額の減少，商店街利用者の減少，サービス業比率の増加，ネット通販の成長，情報化・デジタル化への対応不足，労働生産性の低下，雇用従業者数の減少，成長産業への未対応，行財政力の低下。

　⇒ 　*デジタル化対応及び生産性向上に向けた経営革新の支援（課題）*

② 　少子高齢社会，生産年齢人口の減少，社員の採用難，人手不足・人材不足，労働供給制約社会，転職市場の拡大，多様な働き方・働き甲斐の実現，創業支援に向けたハード・ソフトの支援，マッチングビジネス＆シェアリングエコノミーの促進。

　⇒ 　*働き甲斐改革，ワーキッシュアクト[15]，女性・高齢者の就業促進または創業機会の提供（課題）*

③ 　第四次産業革命（IｏT，AI 革命，ビッグデータ），デジタルエコノミーの浸透，Online と Offline の融合，キャッシュレス社会，リアルビジネスの再評価，ラストワンマイル・ビジネスシステムの普及，消費者行動

15 　リクルートワークス研究所が発信した用語で，誰かの困りごとに対して本業以外で何らかの報酬（金銭以外の心理的・社会的報酬も含む）を得る活動をいう。現在 2,000 万人規模と推定されている。

27

の変化。

　⇒　*小商圏時代に存立可能な生産性が高いビジネスの支援（課題）*

④　人生 100 年時代（LIFE SHIFT），定年延長，副業増加，単独世帯増加，社会的孤立者（お一人様）の増加，老後レス社会，コミュニティの維持・再生，フードデザート問題。

　⇒　*コミュニティカフェ等のソーシャル・ビジネス輩出の促進（課題）*

⑤　中心市街地（商店街）の衰退，新陳代謝の減速，共同経済事業とマネタイズの乖離解消，エリアマネジメントによる投資促進，中小農商工サの担い手不足，農商工連携（地産地消や地産外商），福祉・観光・交通・情報メディア・コンテンツ産業と既存産業の連携促進。

　⇒　*暮らしやすく持続可能な地域社会に向けた地域産業のあり方の追求（課題）*

⑥　地域資源の活用，異業種連携の促進，空き家・空き店舗・空きスペースの活用，市民目線や学生目線による課題解決型ビジネスの提案

　⇒　*エリアマネジメントの推進と地域資源循環型協働プラットフォームの形成*

⑦　今後 10 年間で 70 歳を超える中小企業・小規模事業者の経営者は 245 万者となり，うち約半数の 127 万者で後継者が未定。これを放置した場合に 2025 年頃までに累計 650 万人の雇用，約 22 兆円の GDP が失われる可能性あり[16]。親族に限定せず M ＆ A を含む社会的事業承継が急がれる。

　⇒　*金融機関や事業引継ぎセンターの活用による事業承継の取組み支援（課題）*

⑧　大企業の開発拠点や有力工場，理系大学等の研究機関，製品開発型中小企業，基盤技術型中小企業が産業クラスターを形成し相互連携を推進。大企業を上回る潜在力を有するニッチトップ型企業に光明を充てる。

　⇒　*潜在力がある中堅・中小企業の掘り起こしと情報発信（課題）*

⑨　ポストコロナ時代の働き方，サテライトオフィスの提供，デジタルエコノミーの推進，DX による産業の効率化，サイバー空間とリアル空間の

16　未来投資会議構造改革徹底推進会合（第 1 回 平成 29 年 10 月 12 日）　資料より

同期による生活者の暮らしやすさ（Well-being）に貢献する新たな価値
の提供，鉄道沿線型サービスプラットフォームの形成

⇒　*沿線版デジタルプラットフォームの構築（課題）*

⑩　女性活躍推進型企業・健康経営型企業・地域貢献型企業・地域に需要を
持ち込み他企業とのコーディネートを実践するプロヂュース型企業など
他社の模範となるロールモデル型経営を実践する中小企業の発掘。
表彰企業は市報やコミュニティ FM などの地元メディアに掲載すると
ともに，策定委員会や評価委員会で自社の取り組みを報告してもらう。

⇒　*自治体による地域企業のテーマ別表彰制度の導入（課題）*

⑪　地域内資源の循環をつくり出す，潜在需要及び担い手を発掘し，コミュ
ニティ型マーケティングによる信頼をベースに供給側が需要側のニーズ
を充足する商品・サービスを提供することにより，ビジネス機会の増加
と地域の豊かさ・暮らしやすさを高める事業のあり方を関係者が理解す
る必要がある。（第 10 章 4・5 参照）

⇒　*ローカル・プラットフォーム形成による地域ブランドの創造（課題）*

⑫　物価及び賃金の動向，可処分所得（実質賃金）と家計消費の拡大，業種
別人手不足感と賃上げの機運，デフレマインドの脱却，コスト上昇局面
におけるイノベーションの必要性，価格決定力を持つ地域未来牽引企業
（生活インフラ関連型）の輩出（第 10 章 2 参照）

⇒　*生産性向上と価格決定力を発揮しやすい環境整備（課題）*

社会・経済の潮流変化と取り組むべき課題についての概略は上述のとおり
であるが，これを自治体経営の観点から戦略的に取り組むことの意義と必要
な施策を体系的に整理することが必要である。また，具体的な施策による効
果と取り組みの評価についても議論することが求められる。

4　地域産業戦略の先進事例

4.1　多様な構成員からなる産業振興会議の設置

持続可能な財政確立の要請と地方分権の流れの中で，地方自治体には成長

戦略の道筋をリードする戦略的な地域産業政策の展開が期待される。植田（2009，33 ページ）は，産業構造，社会構造，地域経済システムが大きく変化するなかで，神野（2004）が述べる「生産と生活の公共空間」を持続的に発展させるためのシナリオが大事であると主張する。

　環境変化やライフスタイルの変化から充足されていないニーズを探り，それらを定量的または定性的に把握し，実需に変えるための知恵を働かせ，取り組みの成果を協働するコミュニティで共有することが大事である。また，地域に内在する資源を理解し，既存事業者だけでなく，創業意欲のある市民を含む広義の担い手が戦略観をもってそれらを最大限に活用できるような仕組みを整えることが必要である。

　そのうえで，自治体に必要な産業政策を提言するために地域企業，各種団体，公募市民，有識者等を構成員とする産業振興会議を規程で設置し，あるべき姿と現状の乖離から基本理念と基本目標をつくり，さらに施策を体系化する方向で，中期的に取り組むべき地域産業ビジョンを策定することが求められる。

　産業振興会議は多岐にわたる分野で人数が多い懇談会形式のもの，関係機関の充て職委員を中心に構成されるもの，審議会と専門部会の 2 層制とするもの，本委員会とワーキングを並行して進めるものなど，目的に応じて多様な会議体が考えられる。会議体は市に必要な政策を提言する場であって，市は何をしてくれるのかというように受け身で参加する場ではないことを委員は認識することが大事である。また，事務局は資料収集やアンケート調査やインタビュー調査などの一連の作業をコンサル会社に委託することがあるが，こうした場合でもイニシアティブは市が取ることが望まれる。

4.2　先進事例としての京都市産業戦略ビジョン

　以下では，産業振興を都市経営の重要な成長戦略と位置づけ，地域の「稼ぐ力」を向し，経済の好循環と安定した雇用の創出に向けて策定した「京都市産業戦略ビジョン」（2016 年度〜 2020 年度）を先進的な取り組みとしてみていく[17]。

　同ビジョンには冒頭に以下のような記載がある。

　「このビジョンは，産業の振興それを通じた市民生活の向上，都市の魅力創造を実現するために，将来の変化を見据え，向こう 5 年間の産業振興の基本指針と施策展開の方向性を示したものである。複数の分野にわたる課題の解決や産業活動の舞台である都市全体の魅力を高めることに寄与する施策の展開の方向性を取りまとめるとともに，このビジョンに示す考え方を共有して市政全般にわたり様々な施策を推進することによって，京都の活力向上を図っていく。同時に，国の成長戦略や地方創生戦略との整合を図り，わが国の発展に資するものとする」

　今後，産業の振興と産業の力を利用した都市の課題解決や魅力創造を目指す新たな施策を立案する際には，このビジョンを指針として具体化を図るとしている。京都市におけるこのビジョンの位置づけは図 1-2 のとおりである。また，新たな視点での産業政策（京都市がめざす方向性と基本方針，施策展開の方向性）については図 1-3 のとおりである。京都市基本構想と基本計画で記載されている「めざす姿」に向け，産業振興の基本方針と施策展開の方向性が産業戦略ビジョンによって具体的に示されている。

　施策展開の方向性（図 1-3 の右側）については，具体的に以下のように述べる。

方向性 1：成長市場を獲得する新たな産業分野の振興

① 　成長市場の獲得，新ビジネスの創出
　　1）　社会構造やライフスタイルの変化に伴う成長市場の獲得を支援する
　〈想定する市場・ビジネス〉
●生活スタイルの変化に対応した課題解決ビジネス
●定年退職後も趣味や様々な活動に意欲的なアクティブシニアを対象とするビジネス
●コミュニケーションや移動を支える新産業，新ビジネス
　　2）　文化財の魅力を伝え，世界の富裕層，目利き層市場の獲得をめざす
　　　　文化財の保存・修復を担う技術者の育成と技術を活かして世界の文化財修復等の市場の獲得をめざす

17　2024 年 2 月 13 日に京都市産業企画室を訪問して「戦略ビジョン」を中心にヒアリングを実施した。

　　3)　文化や歴史，産業技術など資源の蓄積を活かした新ビジネスの創出
　　　を支援する

〈想定する市場・ビジネス〉

●文化芸術・歴史資源などの文化資源を活用した新ビジネス

●セルロースナノファイバーなど世界の最先端技術を活用した新ビジネス

　　4)　IoT・ビッグデータ・人工知能を活用した戦略的なビジネスなど，
　　　新ビジネスを研究する

②　サービス分野の振興による産業連関の強化と産業に付加価値化

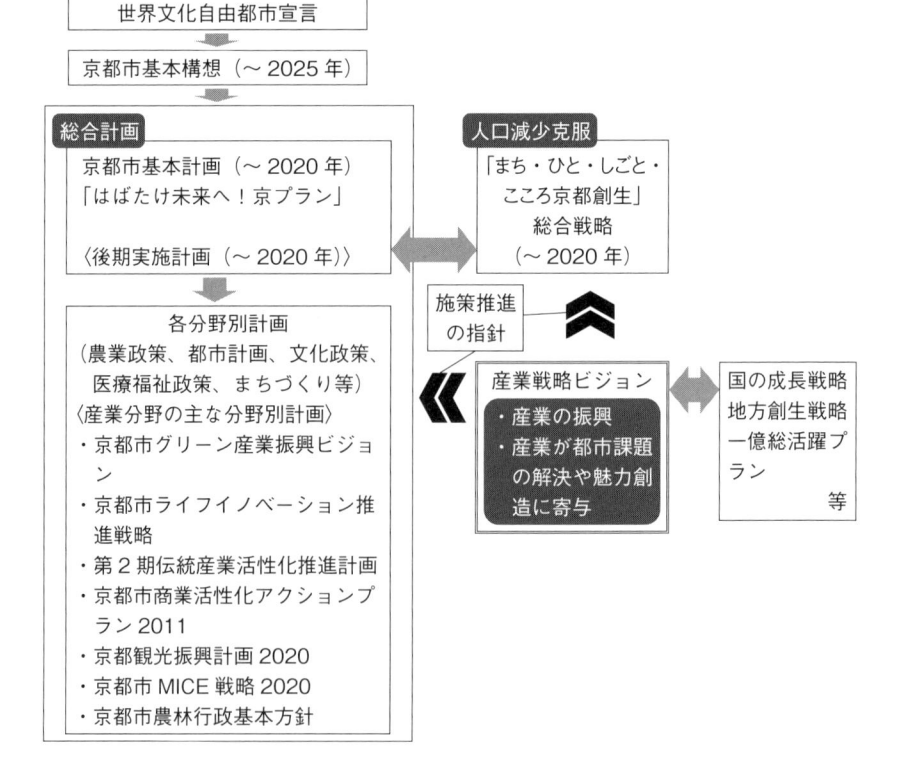

図 1-2　「京都市産業戦略ビジョン」の位置づけ

出所：「京都市産業戦略ビジョン」より

目指す姿	産業振興の基本方針	施策展開の方向性
「京都市基本構想」 ○安らぎのあるくらし ・すべてのひとがいきいきとくらせるまち ・ひとりひとりが支え、支えられるまち ・だれもが安心してくらせるまち ○華やぎのあるまち ・活力あふれるまち ・魅力あふれるまち ・市民のくらしとまちを支える基盤づくり	○所得と雇用の創出 ・グリーン（環境・エコ）、ライフ（健康・医療）、コンテンツ（マンガ・アニメ）の成長分野を中心に新事業を創出すること、サービス分野の振興を図ることなどにより、地域の稼ぐ力を高める。 ・市内での調達・再投資や消費を促進することにより、経済の域内循環を生み出す。 ・新たな産業集積を生むために、企業の育成や誘致を推進する。 ・中小企業・小規模事業者が持続的な発展を遂げられるよう支援する。 ⇒安定した所得と雇用の創出	成長市場を獲得する新たな産業分野の振興
	○活躍の場の提供 ・女性や高齢者、子育て中の人、障害のある方など誰もが働きやすい職場環境を整え、これらの人々の就業を促進する。 ⇒産業活動に必要な労働力を確保 ・働くことを通じて自己実現や成長できる環境を作る。 ⇒所得の確保と自己実現の機会を創出	
「はばたけ未来へ！京プラン」 ○地球と環境にくらしが豊かに調和する「環境共生と低炭素のまち」 ○伝統と知恵を生かし、豊かな生活を支える「環境と社会に貢献する産業を育てるまち」 ○歴史・文化を創造的に活用し、継承する「日本の心が感じられる国際都市」 ○だれもがともに成長し、未来を担う若者が育つ「学びのまち」 ○いのちとくらしを守り、安心・安全で幸福を実感できる「支え合い自治が息づくまち」 ○人間らしくいきいきと働き、家庭・地域で心豊かに生活できる「真のワーク・ライフ・バランス実現するまち」	○新たな価値の想像、都市のブランド化 ・伝統文化、宗教、学術など京都が有する資源を活用して、国内外から様々な分野の創造的な人を呼び込む。 ・彼らが交流し、活躍できる場をつくることで、文化と融合した創造的な産業や新事業を創出したり、彼らの意見を社会のデザインに反映させる。 ⇒新たな価値を創発するまちをつくる。 ・京都の持つ多様な魅力を世界に発信する。 ⇒想像都市・京都のブランドを確立し、国内外の注目を集める。	創造的なまちづくり
	○中小企業・小規模事業者の地域活動への貢献 ・中小企業・小規模事業者が果たしている役割の市民の理解を促進するとともに、企業、市民の交流を支援する。 ⇒市民が、地域コミュニティにおける中小企業・小規模事業者の多面的な役割を再認識し、関心を深めるとともに、企業の事業活動の発展にもつなげる。 〈中小企業・小規模事業者が果たしている役割〉 雇用や税収に寄与、市民や企業が生み出した所得を域内で循環。まちづくり・防災・防犯活動など地域活動にも貢献。	だれもが働きやすい職場や技術、ノウハウを継承できるビジネス環境の整備

図 1-3　京都市の新たな視点での産業政策

出所：図 1-2 と同じ

　　1)　消費者向けのサービスの利用を促進し，市場の拡大，形成を図る

　　2)　異業種の連携を促進し，産業全体の付加価値を向上させる

　　3)　サービス分野の人材育成や生産性向上を支援する

③　海外市場や首都圏市場の開拓

　　1)　世界の市場で高いシェアを獲得できる企業への成長を支援する

　　2)　海外展開が期待できる製品やサービス掘り起こすとともに，魅力を発信することで販売を促進する

　　3)　京都企業が有する技術，ノウハウ，アイディアなどを海外に伝え，海外のニーズを京都企業が知る仕組みをつくる

　　4)　海外や首都圏の顧客を京都に招致し，京都の産業情報に触れる機会を提供する

　　5)　海外展開に必要な能力を持つ人を育成し，中小企業が一歩踏み出すきっかけをつくる

方向性2：創造的なまちづくり

④　世界規模の交流環境整備，グローバルに活躍できる人の育成

　　1)　世界から創造的な人を誘致するとともに，交流を促進する

　　2)　創造的な人が暮らしやすいまちをつくる

　　3)　グローバルに活躍できる人を育成する

⑤　若者の意欲や力を引き出すビジネス環境の創出

　　1)　京都で企業に挑戦する人を増やす

　　2)　ベンチャーやソーシャル・ビジネスの起業を促進する

　　3)　若者に魅力的なまちをつくる

⑥　だれもが働きやすい職場や技術，ノウハウを継承できるビジネス環境の整備

　　1)　京都ならではの働き方改革を推進する

　　2)　不本意な非正規雇用の正規化を推進する

　　3)　魅力ある中小企業の働き手の確保を支援する

⑦　新たな企業の誘致，企業の立地環境の整備

　　1)　国内外から企業を誘致し，新たな産業集積を生む

　　2)　企業の成長段階に応じた事業環境を提供する

　　3)　新たな産業用地を確保・創出する

⑧　事業や技術の継承

　　1)　円滑な中小企業の事業継承を支援する

　　2)　伝統産業技術の継承を支援する

　　3)　計画的な廃業を希望している事業者を支援する

　　4)　空き工場や空き店舗，空き家となった京町等の財産活用を推進する

⑨　企業の地域貢献

　　1)　中小企業・小規模事業者を中心とした経済循環を促進する

　　2)　中小企業・小規模事業者の地域に根差した魅力的な取組を発信する

　「京都市産業戦略ビジョン」は，2020 年度までに計画期間を終了しており，産業企画室では 2019 年度を目途に後継のビジョン策定に取り組んでいたものの，新型コロナウイルス感染症拡大が人々の生活スタイルや経済活動等に大きな影響をもたらすと考えたため，後継ビジョン策定の作業を中断した経緯がある。

　そこで，京都市基本計画（第 3 期）「はばたけ未来へ！　京プラン 2025」（2021 年度〜 2025 年度）の「行政経営の大綱」に掲げる財政構造の抜本的な改革を着実に実行すべく取りまとめた「行財政改革計画（2021 年度〜 2025 年度）」[18] において，一般財源収入の増加策が不可欠であるため「Ⅴ 都市の成長戦略〜進化する戦略〜」を設け，新たな価値を創造するまちに向けて 67 のチャレンジ項目を記載している。

　チャレンジ項目の多くは「京都市産業戦略ビジョン」の後継事業が記載されている。京都市基本計画（第 3 期）[19] において，産業戦略は 27 の政策分野の七つ目に「産業・商業〜地域企業の持続的発展と，文化と経済の融合，異分野との交流促進で次世代産業を生み出す産業創造都市をめざす〜」として記載があり，他の分野と同様に［基本方針］，［みんなでめざす 2025 年の

18　行財政改革推進本部には，論点整理を行う「財政改革チーム」「成長戦略・資産活用チーム」「業務改革チーム」の 3 チームが幹事会の基に構成されている。歳出管理と同時に収入増加に向けた都市の成長戦略として産業振興が明確な形で位置づけられている。「行財政改革計画」のパブリックコメントには約 9 千件にのぼる意見があり，市民の関心の高さがうかがえる。

姿］，［推進施策］が掲載されている[20]。また，毎年各政策分野の総合評価（客観指標評価と市民生活実感評価）を実施している。

　上述のとおり，京都市の産業戦略ビジョンについては，総合計画との関係，行財政改革計画との関係において，きわめて戦略性と優先順位が高い計画であることが確認できる。

　京都市では 2019 年 4 月に「地域企業[21] の持続的発展に関する条例」を制定しており，「京都市新価値創造ビジョン」（2011 年 3 月）や産業戦略ビジョンは条例を機に責務として取り組まれたものではない。2000 年以降は経済のグローバル化によって製造業の成長力・雇用吸収力は低下する一方で，業務の外注化やライフスタイルに適った多様な働き方が求められており，非製造業分野で新たなビジネスが誕生している。

　こうした背景から，京都市ではものづくり分野でもサービス分野との融合が進む，産業のサービス化の動きを踏まえ，ものづくり分野に加えて，生活に密着したサービス分野の振興を図ることが地域経済の好循環を実現する上で重要になると認識しており，新たな視点での産業政策を取りまとめ，今後の産業振興指針とするとともに，産業振興を通じて社会課題の解決や都市の魅力創造に寄与することを目指している。京都市らしく文化的市場も含め，稼ぐ力の向上，経済の好循環と安定した雇用創出を一貫した推進目標として掲げている。

　また，「京都市行財政改革計画（2021 年度〜 2025 年度）」の「4.『知』が集うオープン・イノベーション都市」において産学公連携による取組を通じて「知恵産業の森」が創造されていることを達成目標（キーポイント）にあげている。「知恵産業の森」とは，京都の地域特性や企業独自の強みを活かしながら「顧客創造」をめざす「知恵ビジネス」を発掘・育成し，伝統産業からハイテク産業まで多様な産業群が集積する状態をいう。

　具体的には，市の中心部にある四条烏丸に京都の経済団体が集結し，さま

19　第 3 期基本計画策定の視点として，さまざまな主体と行政が共に汗を流して協働する「共汗型計画」，京都の未来像と重点戦略と行政経営の大綱を盛り込む「戦略的な計画」，厳しい財政状況にあっても新しい時代の京都をつくる「未来志向の計画」をあげている。

20　「京都市基本計画（第 3 期）「はばたけ未来へ！　京 プラン 2025」53–56 ページ参照。

21　規模を基準とする中小企業ではなく，人と自然と地域を大切に，地域に根ざし，地域と繋がり，地域と共に継承・発展する企業をいう。

ざまな知恵が融合して新たな価値を生み出す交流と融合のリアルの場として2019 年 1 月に「京都経済センター」を建設した。この建物は地上 7 階・地下 2 階で延べ床面積は 2 万 9 千㎡あり，商工会議所や経済同友会をはじめとして経済団体や業界団体，信用保証協会，中小企業団体中央会，金融機関，商店街振興組合連合会，商店街創生センター，ホール，会議室，記者クラブ，京都知恵産業創造の森等が集約して入居している。これに大型書店や飲食店等が入居している。

　産業振興ビジョンで計画策定後の推進体制が課題になることが多いなかで，京都市の「知恵産業の森」は商工会議所の理事長が一般社団法人のトップに就任し，オール京都の産業支援機能を強化することを目的に，連携支援のほかにスタートアップ支援，スマート社会の推進，産業人材の育成，オープンイノベーションカフェなどの機能を発揮している。

4.3　産業振興の分野と施策についての議論

　地域産業政策を考える際に，重要な意味をもつのは地域社会に散在する多様な個性である。地域に基幹産業があれば，当該産業はライフサイクルでどの時期に該当するのか，地域資源をどのように活用すれば次なる展開が描けるのか，新しい技術との融合やチャネルの開拓に必要とされる方策は何か，地域の潜在的なニーズを事業者サイドと生活者サイドのネットワークで共創し新たな価値をみいだすためにはどのような取り組みが有効かなど，地域経済の発展や再生に向けたビジョンや取り組むべき課題を整理し，改善に向けたシナリオを産業振興会議で議論し，関係者と庁内の会議体で共有し必要な措置を講じることが重要である。

　地域産業の振興分野は多様である。例えば，農林水産業などの一次産業，観光・ツーリズム関連産業，伝統産業，地場産業集積，都市型産業集積，城下町型産業集積，新都市型産業集積，重厚長大関連産業，機械金属関連産業，メディア・コンテンツ系産業，商業まちづくり関連産業，生活関連関連サービス産業，事業所向けサービス産業，デジタル関連産業，通信関連製造業，物流倉庫・トラックターミナルなどがある。

　こうした分野に対し，新陳代謝の促進策（事業承継支援，後継者育成支

援，事業転換支援，創造的事業活動促進支援，創業支援など），事業環境の支援（資金繰り支援，事業再生支援，経営安定支援など），人手不足・生産性向上支援（テーマ別表彰企業制度の導入，雇用・労働環境の改善，高齢者・障碍者の就労支援，人材教育，情報化支援，経営・技術相談など），稼ぐ力の強化（新製品開発支援，販路開拓相談，地域資源の活用対策，産学官連携支援事業など），商業活性化（商店街共同経済事業支援，環境整備事業支援，空き店舗対策事業支援，エリアマネジメント研究支援，オンライン事業化支援，ラストワンマイル配達事業支援など），その他（調査研究事業，ビジョン策定支援事業など）の施策を組み合わせることで産業振興の方向性を導出する。

　このように地域産業政策について議論する際には，対象と考える振興分野と具体的な振興施策をセットで考える必要がある。併せて，自治体の政策体系において産業政策と親和性がある政策については，相互に紐づけして考えることが必要である。例えば，交通政策（MaaS），観光政策，住宅政策，都市整備政策，環境政策，福祉政策，教育政策，労働政策，雇用政策，コミュニティ政策，文化・スポーツ振興政策など，その範囲は広く，総合的・複合的に関連政策として位置づけ議論していくことが大事である。

　地域産業政策は，市民の就労・所得・消費との関連が深く，市税収入にも影響が大きい。何より暮らしやすさや地元愛着性の評価向上に直結する政策分野であり，職員の政策形成能力の向上に適した行政分野といえる。多摩地域の自治体の産業振興課職員が横断的に情報を共有するインフォーマルな活動もある。また，近隣都市では職員が所属にかかわらず政策形成，市民サービス向上，事務改善を発案できる提案制度を設けている地方自治体もある。職務に縛られない他分野の職員が共通のテーマで議論し，調査研究の成果を公表する制度をつくることも検討すべきであろう。

　さらに，産業振興計画策定委員会や評価委員会には，固定メンバー以外に地域の実情に詳しい経営者（大型店の店長やレギュラーチェーン店の店長を含む），諸団体の代表，学識経験者，社会福祉法人代表，国際交流団体代表，不動産業界の幹部，鉄道事業会社の幹部，防災・防犯などコミュニティ団体，専門サービス業の代表，NPO の代表などを委員として招聘し，社会

性と経済性を兼ね備えた議論をすることが望ましい。そして，自治体職員に調査事業やビジョン作成を一切任せることは現実的でないことから，コンサル系会社に業務委託することは否定しないが，その際に産業振興ビジョンの作成実績が豊富な業者をプロポーザル方式で選定すること，そして会議運営の主体は事務局（担当課）が担うことが望ましい。

5　おわりに

清成（1986，51–52 ページ）は，「企業はもはや単なる地域の利用者にとどまらず，地域社会の形成者でなければならないと思われる。企業はあくまで地域社会の一員であり，長期的に地域のあり方を考え，地域とともに繁栄するという発想をもたなければならない。企業が地域住民の生活の論理に着目し，その向上に配慮するならば，企業は地域住民に支持され，地域社会とともに反映することができるのである」と述べている。これは，地域社会と企業の役割について，パブリック・アフェアーズを企業がどう処理するかという課題に関して述べた件である。平たくいえば，企業のあり方として地域社会対策を的確に行わなければ，企業の繁栄はないとする企業観を述べたものである。

今日，地方自治体の産業振興計画で議論する際には，こういうコミュニティ・アフェアーズも念頭に置くが，むしろ地域社会や生活者が抱える構造的課題をビジネスの手法でどのように解決できるか，人生 100 年時代のライフシフトを念頭に，自己実現を目指す生活者や市民に対し創業や就労する条件を柔軟に整えて提供できるような方途を考えることが重要である。

例えば，飲食業で創業希望する者に居ぬきで空き店舗を改造し，NPO 等がワンデイシェフを募り，商店街でシェフとして飲食店を開業することの実現可能性を見極める機会を提供する。その後，物件探し，店舗改装や厨房機器の修理・入れ替え，開業に至る手続き，資金繰り，広告宣伝，商売の勘どころを授ける世話好きな商業者や専門サービス業者を活用する。従来の創業者向けプログラムには，講習会や中小企業診断士による経営相談が中心であったが，具体的なアクションに通じるまでのプログラムは用意されていな

かった。

　こうしたハンズオン型支援をオーダーメイドで行うサービスを提供するには，地域資源を循環させる協働型プラットフォームの構築が必要である。実はこの構想は既に筆者が 20 年ほど前に商店街の内部資源の限界を突破するモデルとして提案している（図 1-4）。

　これは内部資源に依存する「商業者の商業者による商業者のための」商店街活動は時代と乖離した活動理念であると考え，商店街を地域主体の一つとして捉え，中間支援組織を機能させることにより，人材を含む多様な地域資源を循環させる協働型プラットフォームの構築を提示したものである。東京都や横浜市など一部の自治体で施策に反映されたが，①多層なレイヤーを構造化できなかったこと，②啓発不足により地域全体での取り組みに発展しなかったこと，③参加者のミッションを調整するエコシステムが形成できなかったことから，運営上の課題が先送りされてきた。

　今日では，デジタル化によって広範な提供者と利用者の多様な主体が関わり，まちの魅力向上に向けたエコシステムをビジネスの手法によって構築す

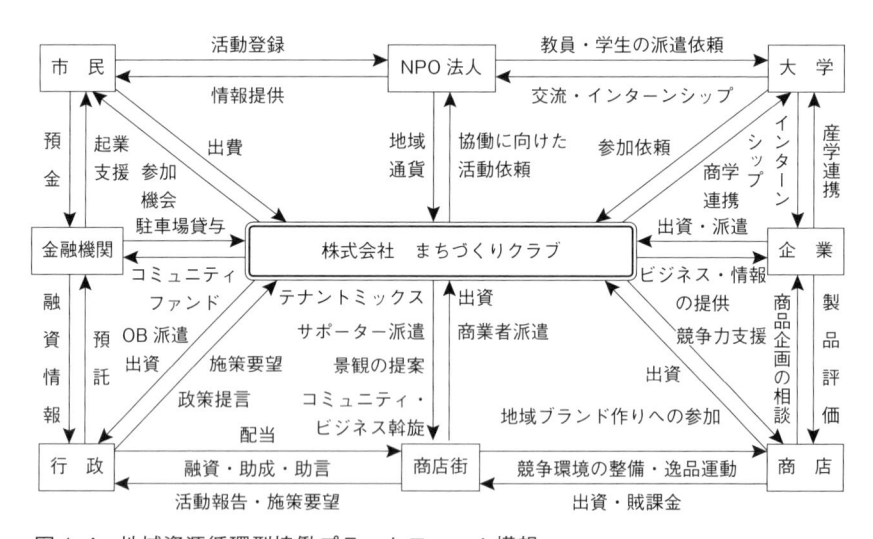

図 1-4　地域資源循環型協働プラットフォーム構想

出所：福田（2006，46 ページ）

ることが可能となり，ネットワーク効果と 2 面市場を通じ経済性が働くデジタルプラットフォームの形成が期待できる。こうしたプラットフォームは余剰能力の再配分や共有，再利用を可能にするシェアリングエコノミーの中心的存在である。地域商業問題に限定されずに参加者全てに価値をもたらすデジタル版ローカル・プラットフォームの構築を視野に入れて考えることが可能である。もっとも，これから事業や副業を開始しようとする人については，住所の開示はビジネスの基本であるが同時にプライバシー上のリスクを伴う。しかし，デジタル空間だけでは住所が確定できず，金融機関で法人口座を作ることさえ困難な場合がある。そこで，まちなかの空き店舗や廃工場を借り，共通のバックオフィス・サービスを提供する法人登記が可能なリアル拠点を設けるとともに，登録メンバーのスクリーニングとモニタリングをしっかり行うことで，メンバー同士による機会主義的行動を抑止し，顧客に寄り添って彼らが成し遂げたい目標をエリア内で達成できる協働型プラットフォームの形成を促進する方策が期待される。

　副業やセカンドライフあるいは経済的自立を目指す人たちが増えるなかで，横浜市内にはすでに開業支援と関連した起業講座，経営講座，事業承継手続き，SNS 対策，ネットショップ開設講座などの地域課題の解決をテーマとするメニューや健康増進，地産地消，主婦のしゃべり場，シニア向けライフサポート，コンテンツづくりサポート，マルシェ開催など，提供する側と学習・参加する側をつなげる社会貢献型コミュニティを運営する NPO 法人が存在する。プラットフォームのレイヤーについては，産官学金労言士（産業界・官公庁・大学・金融機関・労働界・士業）によるネットワークの形成を目指した活動を展開している。こうした協働型ネットワーク構想を念頭に，中小・小規模企業がエリア内で規範を持って参加できるローカル・プラットフォームを整えていくことも政策上の課題となる。

参考文献

植田浩史（2004）『「縮小」時代の産業集積』創風社.
植田浩史（2007）『自治体の産業政策と中小企業振興基本条例』自治体研究社.
植田浩史・立見淳哉編著（2009）『地域産業政策と自治体』創風社.
梅村仁（2019）『自治体産業政策の新展開』ミネルヴァ書房.

大貝健二（2016）「地域資源の活用による価値創造の取り組み―北海道・十勝の事例を中心に―」『地域社会に果たす中小企業の役割』同友館.

大貝健二・池島洋文（2014）「地域産業政策の展開とその到達点」『地域経済学研究』第27号.

岡田知宏（2005）『地域づくりの経済学入門―地域内再投資力論―』自治体研究社.

河藤佳彦（2008）「地域産業政策の新展開：地域経済の自立と再生に向けて」文眞堂.

河藤佳彦（2015）『地域産業政策の現代的意義と実践』同友館.

北九州市（2024）「北九州市産業振興未来戦略」.

京都市（2016）「京都市産業戦略ビジョン」.

京都市（2021）「京都市基本計画（第3期）はばたけ未来へ！　京（みやこ）プラン2025」.

黒瀬直宏（2006）『中小企業政策』日本経済評論社.

経済産業省（2016）「地域経済産業政策の現状と今後の在り方について」.

佐々木保幸（2013）「自治体の地域商業振興条例と産業振興の取り組み」関西大学経済・政治研究所 第198回産業セミナー資料.

島田春樹（2011）『戦後日本中小企業政策年表』日本図書センター.

鈴木茂（2012）「地域産業政策の展開と課題」伊東維年・柳井雅也編著『産業集積の変貌と地域政策―グローカル時代の地域産業研究―』ミネルヴァ書房.

地方自治研究機構（2024）「中小企業振興に関する条例」
http://www.rilg.or.jp/htdocs/img/reiki/068_small_and_medium-sized_enterprises.htm
2024年3月15日閲覧.

中村剛治郎（2004）『地域政治経済学』有斐閣.

福田敦（1991）「大都市における産業振興と自治体の役割」『商工指導』No.461.

福田敦（2006）「地域資源循環型協働プラットフォーム構想による商店街存立モデルの提案」『流通』No.18.

福田敦（2021a）「基礎自治体における産業振興計画策定上の今日的視座」『関東学院大学経済経営研究所年報』第43集.

福田（2021b）「プラットフォームビジネスの動向と流通研究上の課題」『流通』No.48.

本多哲夫（2013）『大都市自治体と中小企業政策』同友館.

本多哲夫（2016）「地域社会づくりと自治体中小企業政策」『地域社会に果たす中小企業の役割』同友館.

槙平龍宏（2013）「地域再生の理論と農山漁村」小田切徳美編『農山村再生に挑む』岩波書店.

松下隆（2010）「地方自治体の地域産業振興戦略立案に関する一考察―岸和田市を事例に―」『産開研』21号.

三鷹市（2022）「三鷹市産業振興計画2022（第二次改定）『産業と生活が共生する都市』」.

武蔵野市（2024）「第Ⅲ期 武蔵野市産業振興計画（令和6（2024）年度〜令和10（2028）年度）」.

村本孜（2013）「中小企業憲章の制定とその意義　―中小企業政策のイノベーション―」『成城大学経済研究所研究報告 No.65』.

八幡一秀（2019）「地域経済と自治体による中小企業振興条例」『商工金融』商工総合研究所.

Porter, Michael E. (1998), On Competition, A Harvard Business Review Book. (竹内弘高 訳 (1999)『競争戦略論Ⅰ・Ⅱ』ダイヤモンド社).

（福田　敦）

第2章

日本の GDP の成長可能性

1 はじめに

　なぜ日本の平均賃金は 20 年以上にわたり上昇していないのか。国税庁の資料によると，平均給与（実質）の推移では，1997 年時点で 467 万円が 2019 年では 433 万円と 7.3% の減少となっている。賃金の原資となるのは，企業における付加価値額であり，国においては国内総生産（GDP）である。

　公益財団法人日本生産性本部[1] が 2023 年 12 月 1 日時点で OECD 等のデータに基づき公表した「労働生産性の国際比較 2023」によると，経済的な豊かさを表すには国民 1 人当たりの GDP を用いることが一般的である。

$$国民 1 人当たり GDP = \frac{国内総生産}{人口}$$

によって算出された値を各国通貨から米ドルに換算するには，物価水準の違いなどを調整した購買力平価[2]（Purchasing power parity／PPP）レートを利

1　公益財団法人日本生産性本部は，1955（昭和 30）年に「生産性向上対策について」の閣議決定に基づき，政府と連携する民間団体として設立され，経営手法を学ぶための視察団を米国に派遣し，戦後の日本経済の復興と高度経済成長を支えた。また，経済界・労働界・学識者の三者から構成されるユニークな組織として運営されている。今日本は，グローバル競争の激化や急速なデジタル技術の進展への対応，地球温暖化や人口減少にともなう労働力不足など山積する解決困難な課題を抱えており，生産性の再起動に向けて取り組んでいる。
2　購買力平価には，「為替レートは長期的には 2 国間の通貨の購買力によって決定される」という絶対的購買力平価と，「為替レートは 2 国間の物価上昇率の比で決まる」という相対的購買力平価がある。購買力平価（PPP）により各国の GDP を比較するには，米ドル換算で割り出す必要がある。日本の場合，同一の製品の日本での価格を米国の価格で割り，1 ドル当たりの日本円での製品価格を算出し，次のように為替換算する。
　購買力平価＝日本での価格（円）／米国での価格（ドル）
　ビッグマック指数のように，2024 年 1 月において米国での価格は 5.69 ドル，日本での価格は 450 円なので，1 ドル当たり 79.08 円と算定される。1 月 1 日時点の為替レートは 141.83 円な

用する。OECD（経済協力開発機構）に加盟する先進 38 カ国の 2022 年の国民 1 人当たりの GDP をみると，第 1 位はルクセンブルク（140,150 ドル／1,367 万円）で，27 位の日本の GDP は 45,910 ドル（448 万円）である。日本は 1996 年に OECD 加盟国中 5 位まで上昇したが，1990 年代後半からの経済停滞により順位が低下した。

　世界各国の名目 GDP の推移をみると，総務省統計局の「世界の統計」によると 2000 年と 2019 年との対比で，世界全体では 2.6 倍だが日本はわずか 1.06 倍，アメリカ合衆国では 2.09 倍，イギリスでは 1.71 倍，ドイツでは 1.98 倍，フランスでは 1.99 倍，イタリアでは 1.76 倍，中国では 11.84 倍，韓国では 2.93 倍，タイでは 4.29 倍となっている。

　諸外国と比べても，日本の GDP はいかに低水準のまま推移しているかがみて取れる。したがって 1 人当たりの GDP も伸び悩み，消費を増加させる賃金も上昇しない。

　経済的豊かさを実現するには，より少ない労働力で多くの経済的成果を生み出す必要がある。それを表すには，付加価値の総体としての GDP を就業者数で割って算出した労働生産性を使用する。

$$労働生産性 = \frac{GDP（付加価値）}{就業者数}$$

　日本の就業者 1 人当たりの労働生産性は，2022 年時点で 85,329 ドル（833 万円）であった。1970 年以降 20 位前後を推移していたが，2022 年には OECD 加盟 38 か国のなかで 31 位に低下している。（図 2-1）

　労働生産性がトップを続けているアイルランド[3] であるが，これは 1990 年代後半から法人税率などを低く抑えるなどして外国企業誘致を積極的に行

のので，大きく円安に乖離している。

3　アイルランドの労働生産性が高い要因について，アイルランド政府産業開発庁（IDA）の日本副代表が 2021 年に講演した内容は，なぜこの国の生産性が高いのかを詳細に示している。日本と異なり，35 歳以下が人口の約 50 ％を占めるほど若い人口構成となっている（国民平均年齢 36.2 歳）。欧州で首位の出生率で合計特殊出生率は 1.98 人である。教育は全レベルで授業料免除されている。外国からの ICT や医療機器・製薬企業を積極的に受け入れ，それを担っている。世界の ICT 企業の上位 10 社中 9 社が，インターネット企業は上位 10 社中 9 社が進出し，ITC サービスの輸出は世界一となっている。
世界の医療機器企業は上位 15 社中 14 社が，また製薬企業上位 10 社すべてが誘致されている。医療機器の輸出は欧州ではドイツに次いで 2 位。製薬企業ではファイザーをはじめ，日本から

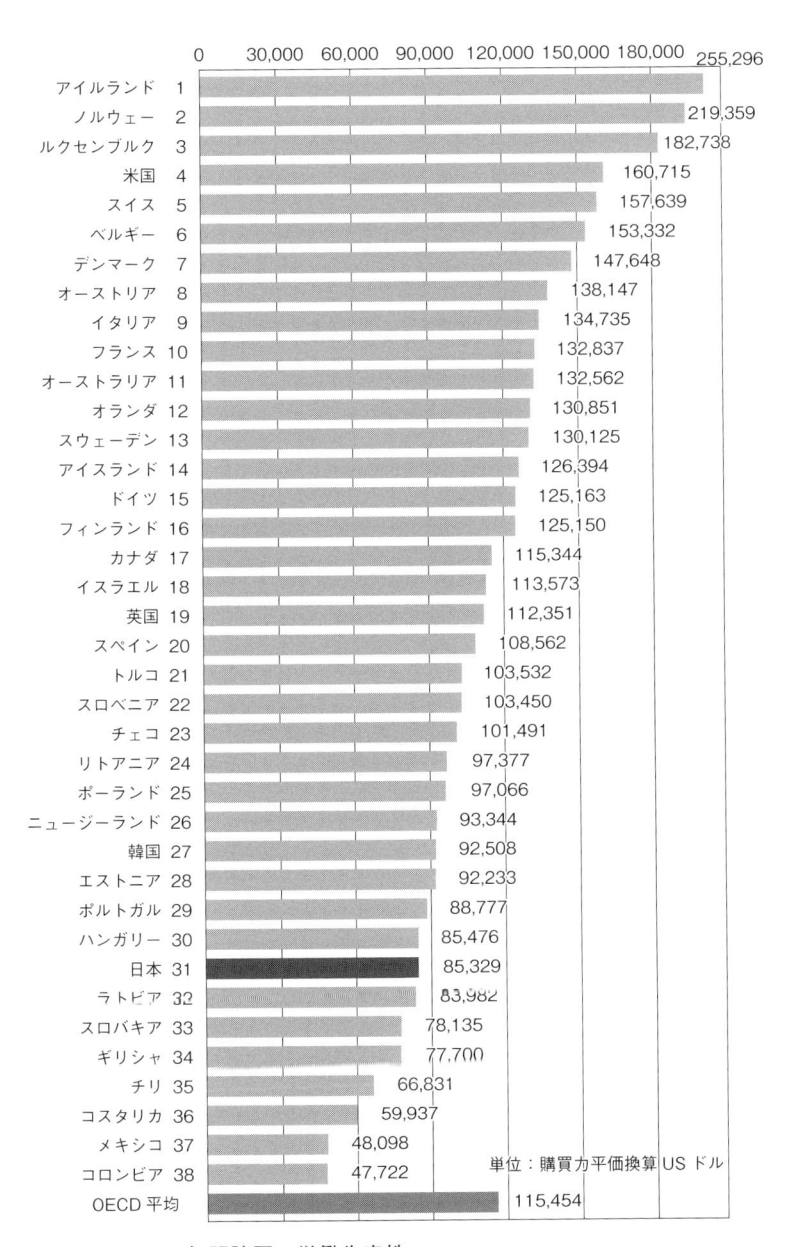

図 2-1　OECD 加盟諸国の労働生産性
　　　　（2022 年・就業者 1 人当たり／ 38 カ国比較）

出所：日本生産性本部（2023）『労働生産性の国際比較 2023』5 ページより

うようになり，Google や Apple といった米国の多国籍企業などを呼び込むことに成功したことが大きく貢献している。ルクセンブルグも米 Amazon など多くのグローバル企業が欧州拠点を構えているほか，労働生産性が産業構造的に高くなりやすい金融業や不動産業，鉄鋼業が GDP の半分近くを占めている（日本生産性本部「労働生産性の国際比較 2023」）。特質される業種としては，医療機器・医薬品を中心とする医療産業である。

　人口が減少し続ける日本において，労働生産性を高めることは社会保障を維持する上で必須の課題である。企業経営体にとっては，収益拡大の上で労働生産性を高め，付加価値を上昇させることが重要である。もちろん生産性の向上に当たっては，業務の効率化という作業工程の見直し，時間の管理など組織的な対応が不可欠である。作り上げる製品の生産効率が向上しているか，流通面の不都合が生じていないかなど，現状の生産活動の改善が必須である。しかし，より重要なことは，現状の製品やサービスが変化するニーズに適応しているかである。付加価値を実現するためには，取り扱っている事業領域が需要にとって拡大方向なのか，あるいは縮小方向なのかで大きく左右される。

2　製造業における生産性の低下

　戦後日本の経済成長を支えてきた製造業だが，高度成長後の近年においては生産高である製造品出荷額等を比較すると 1998 年では 305 兆 8,399 億円で，2020 年は 302 兆 32 億円となり 0.987 倍となった。付加価値額では 113 兆 1,930 億円から 96 兆 8,251 億円となり，0.846 倍に減少した。なお，付加価値額を産業全体で総計すると GDP を構成することは前述したとおりであ

はアステラス・武田薬品が進出し，世界の医薬品生産は 7 位となっている。グローバル医療機器企業トップ 15 社中 10 社が進出し，開発に勤しんでいる。日本からも大塚医療機器や NIPRO の現地子会社を通じて開発を進めている。

国が資金面で優遇制度を有しており，12.5% の法人税率で，二重課税防止条約を 74 か国と締結している。25 % の研究開発税額控除や研究開発補助金を制度化している。

製造業の GDP 比率は，ヨーロッパ全体で 15% なのに対し，アイルランドではその 2 倍となっている。また，世界の金融機関の 50 % が進出しており，国際金融サービスセクターがサポートする体制をとっている。銀行取引業務・保険・投資サービスや航空機リース・フィンテックなどが充実している。何よりも，EU にあって唯一の英語圏であることも強みとなっている。

る。製造業全体の付加価値額（GDP）は 20 年以上成長していない。

　工業統計でみると，1998 年以来の 20 年にわたり製造業全体における 1 人当たり現金給与総額は，420 万円から 460 万円までの間を上下するだけで停滞を続けている。その原因として考えられるのは，製造企業が労働分配率を低下させて，内部留保額を高めているためではないかという見方もある。そこで業績の客観的状況を判断するには，製造業の生産高及び付加価値額の推移を捉える必要がある。

　GDP は国内総生産であり，付加価値の伸長が経済成長をもたらす。いずれの指標も，日本経済は 20 年もの間，量的には全く成長しないばかりか，むしろ縮小に陥っている。この間，海外への生産シフトが拡大し，現地法人からの配当なり国内還元が急増している。こうした海外進出が進行して，第一次所得収支が増加しているにもかかわらず，国内の総生産は低迷を続けている。

　製造業における日本の労働生産性は，1990 年代から 2000 年にかけて OECD のなかでもトップに君臨していた。しかし，21 世紀に入ってからは順位が大きく下落し 2019 年では 18 位に後退している（表 2-1）。OECD 平均の労働生産性は 107,932US ドルとなっているが，日本は 95,852US ドルに止まり，2021 年には 94,155US ドルとさらに低下した。

　戦後の経済成長を推進した工業生産も，今日では牽引力を失っているようにみえる。ここで人口も減少する高齢社会において，これからの成長性をもたらす産業を発掘してみたい。

3　成長力の之しい生活サービス産業分野

　人口減少が止まらない日本国内において，生活関連産業の需要動向はどのように推移しているのか。ここでは工業統計における「飲料・たばこ・飼料製造業」分野のうち，飲料部門について述べる。

　近年では，茶の消費が茶葉から茶器に入れて飲む習慣から清涼飲料に置き換わり，コーヒーも焙煎，粉砕して荒びきコーヒーやインスタントコーヒーを購入することからコーヒー飲料に代替されてきている。細分類統計で捉え

表 2-1　製造業の労働生産性上位 20 カ国の変遷

	2000 年			2005 年			2010 年	
1	日本	86,894	アイルランド	149,456		アイルランド	203,893	
2	米国	78,876	スイス	123,884		スイス	169,327	
3	スイス	77,790	ノルウェー	108,844		ノルウェー	137,504	
4	アイルランド	75,679	フィンランド	105,588		米国	126,865	
5	スウェーデン	72,433	スウェーデン	104,541		スウェーデン	126,451	
6	フィンランド	70,948	米国	103,874		デンマーク	124,687	
7	ベルギー	65,037	ベルギー	101,716		ベルギー	120,801	
8	ルクセンブルク	61,548	オランダ	100,120		フィンランド	118,551	
9	オランダ	60,665	日本	94,120		日本	117,522	
10	カナダ	59,683	英国	91,512		オランダ	114,655	
11	デンマーク	59,517	デンマーク	90,251		オーストリア	108,266	
12	英国	59,209	オーストリア	88,346		フランス	102,477	
13	フランス	59,049	ルクセンブルク	86,686		カナダ	96,416	
14	ノルウェー	57,697	フランス	85,788		ドイツ	96,111	
15	イスラエル	57,457	ドイツ	79,041		英国	95,872	
16	オーストリア	56,279	カナダ	76,327		オーストラリア	91,544	
17	ドイツ	52,401	オーストラリア	68,684		アイスランド	91,083	
18	アイスランド	47,056	アイスランド	67,399		ルクセンブルク	87,268	
19	イタリア	45,213	イタリア	63,895		イスラエル	86,393	
20	オーストラリア	39,956	イスラエル	62,533		スペイン	76,331	

　ると製茶業として把握される荒茶製造業・茶再製業という業種から，清涼飲料類の茶系飲料製造業という業種に移行していると見做すことができる。また，コーヒー製造業も同様に清涼飲料業種にシフトしている。

　にもかかわらず清涼飲料製造業は，製造品出荷額等は 1998 年の 2 兆 3,327 億円から 2020 年の 2 兆 3,176 億円に 99.4% の微減となった。さらに付加価値額は 1 兆 0,088 億円から 8,571 億円と 84.97% に大きく減少している。新型コロナの影響もあってか，自宅で飲むコーヒーの需要が増加し飲料に対する嗜好が変化したと考えることもできる。付加価値額でみる限りこの 3 業種は総体的にも縮小化の方向へ向かっている。付加価値額と現金給与総額／従業者数は，2021 年に少し持ち直したが，減衰傾向が続いている。

（単位）US ドル（加重移動平均した為替レートにより換算）

2015 年		2020 年		2021	
アイルランド	450,387	アイルランド	561469	アイルランド	617383
スイス	180,234	スイス	200687	スイス	221531
デンマーク	138,289	デンマーク	163994	デンマーク	181428
米国	137,973	米国	152827	米国	168989
スウェーデン	130,877	ベルギー	128389	スウェーデン	143197
ノルウェー	124,548	スウェーデン	123618	ベルギー	138858
ベルギー	122,464	オランダ	123401	オランダ	137315
オランダ	113,417	イスラエル	121047	フィンランド	124175
英国	107,094	ノルウェー	116590	イスラエル	123844
オーストリア	105,823	フィンランド	115443	ノルウェー	120876
フィンランド	105,646	ルクセンブルク	110126	ルクセンブルク	117923
ルクセンブルク	105,303	オーストリア	106962	オーストリア	117774
フランス	102,028	英国	98854	アイスランド	115023
イスラエル	98,328	ドイツ	96587	英国	107938
カナダ	96,210	アイスランド	96581	ドイツ	104298
ドイツ	94,849	フランス	95651	韓国	102009
日本	91,844	日本	94344	フランス	96949
アイスランド	90,759	韓国	94137	日本	94155
韓国	85,628	ニュージーランド	79841	イタリア	82991
オーストラリア	80,948	スペイン	71731	スペイン	80244

出所：日本生産性本部（2023）『労働生産性の国際比較 2023』

　労働生産性が縮小している原因は，付加価値額が低下しているにもかかわらず，従業者数が清涼飲料製造業等 3 業種で増加しているからである。日常的に盛んに CM を流し，いかにも業績を拡大しているようにみえるが，内実は経営的に厳しいと思われる。

　清涼飲料製造業では，特定保健用食品や機能性表示食品など健康志向に適応した飲料の開発といった付加価値の向上，また PET ボトルの有効利用など資源循環の取り組みが求められる。なお，身体の免疫力機能の維持に役立つとしてプラズマ乳酸菌を飲料に付加するなどは，従来の清涼飲料の枠に縛られない機能性表示食品として消費者庁に認められ，好評を博している。

　生活サービス産業には飲料製造業以外に食料品製造業，繊維工業，木材・

木製品製造業，家具・装備品製造業などがあるが，食料品製造業以外は付加価値額がこの 20 年間で減少している。

　食料品製造業は，労働生産性が 1998 年の 800 万円から 2001 年以降 700 万円台に低迷した。2015 年以降付加価値生産額が上昇し，労働生産性が 800 万円台を回復し 2019 年には 9.08 百万円に上昇した。1 人当たり現金給与も 300 万円に達した。細分類業種では，1998 年と 2019 年対比で冷凍調理食品の製造品出荷額等が 1.52 倍で付加価値額が 1.55 倍に，惣菜製造業の製造品出荷額等が 1.68 倍，付加価値額が 1.68 倍，2008 年に分類に登場した，すし・弁当・調理パン製造業の製造品出荷額等が，2019 年には 1 兆 7,075 億円で 1.4 倍，付加価値額が 1.41 倍に伸びた。食生活の形態が変化していることが反映していると思われる。しかし，食料品製造業全体は，製造品出荷額等で 1.21 倍，付加価値額は 1.12 倍に止まっており，高い成長性を示していない。2020 年の統計では対 1998 年比が 1.11 倍にとどまった。翌 2021 年にはさらに 1.10 倍に減少したが，新型コロナが収束に向かった 2022 〜 23 年にかけて，インフレに転換してきたので，食料品価格の上昇に変化をもたらす可能性がある。

　繊維産業においては，過剰生産による使い捨ての商品として常態化されてきたアパレル等は，新型コロナウイルスの感染拡大により大きく売り上げが落ち込んだ。経済産業省の検討会として，「繊維産業のサステナビリティに関する検討会報告書」が 2021 年 7 月に提言された。新しい製品開発として，吸汗速乾，吸湿発熱，抗菌などの高機能繊維を生産し，世界のブランドとして認められてきた。また，電気を通す繊維（導電性繊維）等の素材を用いて，着るだけで心拍・心電等の生体データ取得が可能となるスマートテキスタイルの開発が進められている。

　こうしたイノベーション型の取り組みは必要であるが，同時に環境配慮への対応として廃棄する生地の削減や，多くの二酸化炭素を排出する染色整理事業においての脱炭素化，また消費後の衣料品回収など資源循環の取り組みが必須の課題となっている。

　何よりも繊維工業においては，2019 年では労働生産性が 6.08（2020 年 6.17）百万円と中分類統計で最低の数値を示している。1 人当たりの現金給

与総額は 2.95（2020 年 3.09）百万円で，これも最低値である。この状況を脱して，労働改善を図らなければ新しい時代に即した新技術や製品は生み出せない。

　総じて衣食住を中心とする生活サービス産業の分野は，生産性が低く，新製品・サービスを生み出しがたい状況に置かれている。高齢化社会の深まりに即した高年齢層のニーズの変化を把握し，商品開発へ向けた発想の転換が求められる。

　労働生産性に端的に表れたように，これらの産業にはこのままでは発展の可能性が極めて低いといわざるを得ない。海外への輸出や現地生産化も進んでいると考えられるが，国内の人口減少がこうした生活サービス産業には大きな影響をもたらしていると推察できる。したがって，これからの生活サービス産業の将来は，従業者数を削減しても生産力を維持できるような抜本的な設備投資を行うと同時に，新しいニーズを掘り起こす挑戦が必要となる。また，ホタテ貝などの食品やウィスキー・日本酒などのアルコール飲料のように海外市場の一層の開拓を図る農林水産物輸出戦略が求められている。

4　生産性の上昇がみられる生産財・資本財関連産業分野

　生活サービス産業が苦戦を強いられるなか，日本の製造業が得意としてきた生産財・資本財の状況変化を捉えてみる。

　製造業の中分類業種で 1998 年と 2021 年の付加価値額を比べてみると，倍率が 1 を上回るのは先述した食料品製造業以外に化学工業（1.06 倍），石油製品・石炭製品製造業（2.02 倍），プラスチック製品製造業（1.17 倍），非鉄金属製造業（1.57 倍）に，旧一般機械器具製造業（新産業分類ではん用機械器具製造業，生産用機械器具製造業，業務用機械器具製造業の合計）（1.25 倍）と輸送用機械器具製造業（1.24 倍）がある。その他金属・機械分野で重要な鉄鋼業は 0.94 倍，金属製品製造業は 0.82 倍であり，旧電気機械器具製造業（電子部品・デバイス・電子回路製造業，電気機械器具製造業，情報通信機械器具製造業の合計）は 0.84 倍に減少している。

　成長性が高い業種はどういうものであるかを工業統計から分析する（表

2–2）。製品と技術の内容を絞るには，工業統計表の産業別統計表により産業細分類別に各業種の推移を追う必要がある。1998 年からの推移を調べると，付加価値額を増加させている業種は非常に限られた分野である。

　1998 年と 2021 年の付加価値額を対比すると，非鉄金属業種の銅第 1 次製錬・精製業が 3.73 倍，機械製造分野である油圧・空圧機器が 1.67 倍，冷凍機・温湿調整装置が 1.64 倍，建設機械・鉱山機械が 2.19 倍，半導体製造装置が 4.35 倍，ロボット製造業が 2.81 倍，医療用機械器具が 1.48 倍を示している。運輸機械分野の自動車部分品・附属品が 2.99 倍，航空機用原動機が 3.72 倍となっている。なお，これらの産業細分野別製造業の出荷額等は 1 兆円を超える規模となっており，経済的影響力が大きい業種である。付加価値の増加率が大きくとも，製造業の規模が小さい業種は除外している。

　このなかで，2021 年の半導体製造装置製造業は付加価値額が 1998 年と比べて 4 倍以上に伸びているが，その装置を利用して作る半導体素子製造業は付加価値額が最近盛り返したとはいえ，結果は 97 ％と以前には戻っていない。また，半導体集積回路などを製造する集積回路製造業も同様に付加価値額が 1998 年比 95% に減少している。かつて世界を席巻していた日本の半導体製造業は影を潜めた。半導体製造装置製造業については，地域産業の動向に関連して後述する。

　日本標準産業分類に従って，順次細分類業種の説明を行う。

　銅第 1 次製錬・精製業は，中分類である非鉄金属製造業に属する。主として銅鉱石を処理し，銅の精錬及び精製を行う事業所をいう。

　独立行政法人石油天然ガス・金属鉱物資源機構（JOGMEC）の「銅ビジネスの変遷」によると，世界の銅消費量は 2000 年 15,191 千 t から 2016 年には 23,331 千 t と増加した。中でも中国は 2000 年 1,928 千 t（世界の約 13%）から急速に伸び，2016 年には世界の約 50% である 11,642 千 t を消費することになり，アジアの消費が世界全体の 70% を占めるに至った。経済発展の途上にある国々では電線等の需要が拡大しているが，産業構造が第二次産業から第三次産業に移行している国では銅の消費量は減少していく。そのため，日本，韓国など先進地域の消費量は減少している。

　ところが，銅第 1 次製錬・精製業の製造品出荷額等が 1998 年と 2021 年対

比で 7.89 倍，付加価値額が 3.73 倍と伸びているのはなぜかというと，半導体用リードフレームや自動車用電子部品などに要する高機能の銅製品が技術的進化とともに不可欠になっているからである。銅地金を生産する段階で，必要となる高度技術を日本が保有しており，それが国内需要だけでなく中国，タイ，インド，インドネシア，ベトナムなどへの輸出量の増加となっている。

　はん用機械器具製造業に分類される油圧・空圧機器製造業は，主として油圧または空気圧により作動する機器を製造する業種をいう。油圧ポンプ，モーター，バルブ，シリンダ，また，空気圧フィルタ・バルブ，流体素子などがある。

　この分野の大手企業である SMC 株式会社は，自動車工場などでプレス工程や溶接工程に空圧シリンダを供給し自動化制御機器でサポートすることで生産性の向上に寄与している。また，油圧シリンダにはアルミニウムを世界で初めて導入し軽量化を図っている。消費者向けメーカーとして表に出ることなく，生産基盤を支える設備を供給している。海外には 29 か所の国・地域に生産拠点を設け，アメリカ・イギリス・ドイツ・中国・日本の技術開発拠点から世界的な対応を可能にし，80 を超える国・地域に 500 以上の営業拠点を展開しているグローバル企業である。

　同じはん用機器に分類される冷凍機・温湿調整装置製造業は主として工業用及び商業用冷凍機，冷蔵装置，製氷機，冷凍・冷蔵ショーケース及び温湿調整装置を製造する業種をいう。電気冷蔵庫，家庭用エアコンディショナを製造する業種は，これに該当せず，電気機械器具製造業のなかのちゅう房機器製造業と空調・住宅関連機器製造業に分類される。近年急速に技術開発が進み，時短料理を求める共働きの消費者に冷凍食品が好評となるにつれて，業務用の冷凍装置が増加してきた。

　生産用機械器具製造業に類する建設機械・鉱山機械製造業は，主として建設工事，土木建設，鉱山業に使用される重機械器具及び鉱山業，他に分類されない一般産業用に使用される破砕機，摩砕機，選別機を製造する業種をいう。

　金属を含めた様々な資源を取り出すには鉱山機械が必要であり，発展途上国の国土開発には建設機械が不可欠である。機械に特化した統計としては内

表 2-2　成長の可能性が高い製造業細分類業種の推移

産業分類		事業所数	従業者数	現金給与総額
	年次		（人）	（百万円）
2311 銅第 1 次製錬・精製業	1998	6	1,544	11,438
	2021	8	2,294	15,913
	2021/1998	1.33	1.49	1.39
2523 油圧・空圧機器製造業	1998	1,112	34,992	165,909
	2021	816	37,704	184,696
	2021/1998	0.73	1.08	1.11
2,535 冷凍機・温湿調整装置製造業	1998	674	28,426	152,772
	2021	357	31,167	187,073
	2021/1998	0.53	1.10	1.22
2621 建設機械・鉱山機械製造業	1998	1,460	40,382	223,218
	2021	1,507	77,295	394,544
	2021/1998	1.03	1.91	1.77
2671 半導体製造装置製造業	1998	839	32,223	179,621
	2021	1,720	93,006	497,822
	2021/1998	2.05	2.89	2.77
2694 ロボット製造業	1998	684	16,445	82,707
	2021	477	28,051	173,483
	2021/1998	0.70	1.71	2.10
2,741 医療用機械器具製造業	1998	755	25,631	111,862
	2021	710	42,060	197,428
	2021/1998	0.94	1.64	1.76
3,110 自動車・同附属品製造業	1998	10,111	520,763	2,708,472
	2021	7,407	867,400	4,975,269
	2021/1998	0.73	1.67	1.84
3,142 航空機用原動機製造業	1998	66	5,908	37,117
	2021	72	10,760	73,726
	2021/1998	1.09	1.82	1.99

製造品出荷額等 (百万円)	付加価値額 (従業者 29 人以下は粗付加価値額) (百万円)	現金給与総額／従業者数 (百万円)	付加価値額／従業者数 (百万円)	労働分配率 (現金給与総額／付加価値額) (％)
303,931	83,222	7.41	53.90	13.74
2,399,083	310,127	6.94	135.19	5.13
7.89	3.73			
825,937	389,250	4.74	11.12	42.62
1,577,302	648,636	41.83	17.20	28.47
1.91	1.67			
957,496	298,578	5.37	10.50	51.17
1,533,633	489,142	6.00	15.69	38.25
1.60	1.64			
1,578,005	547,421	5.53	13.56	40.78
4,449,602	1,198,722	5.10	15.51	32.91
2.82	2.19			
1,117,689	342,087	5.57	10.62	52.51
4,142,055	1,486,963	5.35	15.99	33.48
3.71	4.35			
483,019	200,097	5.03	12.17	41.33
1,415,311	562,583	6.18	20.06	30.84
2.93	2.81			
699,834	309,085	4.36	12.06	36.19
1,111,881	457,439	4.69	10.88	43.16
1.59	1.48			
16,661,011	5,024,449	5.20	9.65	53.91
56,367,850	15,001,308	5.74	17.29	33.17
3.38	2.99			
316,888	171,409	6.28	29.01	21.65
1,016,491	637,204	6.85	59.22	11.57
3.21	3.72			

出所：経済産業省「経済構造実態調査」，旧「工業統計調査」

閣府の「機械受注統計調査」がある。そのなかの建設機械・鉱山機械の統計調査結果と財務省貿易統計に表されている主要商品別輸出の数値を見比べると，表2-3のとおりである。

　最近の統計であるが，建設機械・鉱山機械の伸び率は機械全体より顕著であり，また，輸出額の伸びも大きいことが受注額を引き上げている。（なお，両統計のデータに相互の関係があるかは確認していない）

　同じく生産用機械器具製造業に分類されるロボット製造業は，2007年以前は産業用ロボット製造業という名称であった。用途開発が進み，技術開発が飛躍的に進化し，産業用だけでなく福祉ロボット，医療ロボット，アミューズメントロボット，メンテンナスロボット，災害対応ロボットといったサービス用ロボットが誕生した。2017年・18年には1兆円をオーバーし，2019年には9,000億円台に下落したが，2021年時点では製造品出荷額等が1兆4,000億円台と再成長している。

　業務用機械器具製造業に位置づけられる医療用機械器具製造業は，主として外科用，内科用，眼科用，耳鼻いんこう科用，その他の医療用機械器具を製造する業種である。内視鏡，手術用，血液体外循環器具（人工腎臓装置，透析器，人工心肺装置）人工呼吸器，麻酔器具，注射器具など今日の医療の発展を支える機械器具の開発が急速に進んでいる。製造品出荷額等は2017年に1兆円となった。

　なお，医療用機械器具の納入先であり密接な関連のある医薬品製剤製造業

表2-3　建設機械・鉱山機械の受注額と輸出額　（単位：100万円）

	機械受注統計	建設機械・鉱山機械の受注	同左輸出額	受注額に対する輸出割合（％）
2016年	20,352,933	1,700,640	932,988	54.86
2017年	20,962,703	2,108,712	1,103,877	52.35
2018年	22,232,839	2,310,622	1,232,777	53.35
2019年	22,213,707	2,131,033	1,139,680	53.48
2020年	20,664,201	1,761,346	896,520	50.90
2021年	23,296,246	2,316,631	1,309,424	56.52
2021／2016年	1.14	1.36	1.40	

出所：内閣府「機械受注統計調査」，財務省「貿易統計」

（化学工業に分類される）は，製造品出荷額等が 7 兆円を超える巨大な産業である。付加価値額の製造品出荷額等に対する 2021 年の構成比が 37.8% にも達している。1998 年にはさらに高い 66.5% もあったことから，2021 年までの付加価値額の伸び率は減少している。したがって，製造品出荷額等の伸びは 1.59 倍であるが，付加価値額の伸びは 1.48 倍に止まっており機械器具と比べると低い成長性にある。

輸送用機械器具製造業に分類される自動車部分品・附属品製造業の製造出荷額等は，本体である自動車製造業が 15 ％の伸びに止まっているのに対し，2.1 倍の伸びを示している。付加価値額は自動車製造業が 10 ％減少しているが，自動車部分品・附属品製造業は 76 ％の伸びとなっている。つまり自動車生産にとって重要な箇所は部分品・附属品という基幹部品であると見做すことができる。

最後に航空機用原動機製造業である。1998 年から 2019 年までに製造品出荷額等は 4.6 倍に伸び，付加価値額は 4.21 倍に伸長した。完成航空機の製造や組み立てを行わないが，ピストンエンジン及びジェットエンジン空気取入口，ターボスーパーチャージャ，潤滑装置，冷却装置，排気装置，始動機及び航空原動機用ポンプがある。また，オーバーホールを行う事業者もこれに含まれる。ただし，航空機用原動機製造業は，2020 年からのコロナによる影響で製造品出荷額は 2.34 倍に，付加価値額は 1.96 倍に落ち込んだが，2021 年には再度持ち直した。

このように成長型の製造業は，完成品目というより構成部品や基幹的な装置であるといえる。本体の生産に不可欠な部品や装置は，必ずしも量産できるものではなく，多種多様な関連企業の集積とネットワークがあって成り立つものである。そうした集積を成立させる地域的な産業の集中度を次に述べることにする。

5　成長型製造業の地域集中

前章で述べた高い成長性が見込まれる製造業細分類業種を，2019 年次工業統計に基づき付加価値額の高い県別立地順に並べ，上位 5 県に絞って列挙

してみると表 2-4 のとおりである。

　銅第 1 次製錬・精製業の企業は事業所数が少ないので，データが秘匿されている。

　また，冷凍機・温湿調整装置製造業の労働分配率で，愛知県のデータが100% を超え，静岡県も 90% を超過するなど付加価値生産額以上の給与支

表 2-4　産業細分類別成長産業の立地地域（2021）年

細分類番号・都道府県番号	産業細分類別都道府県別	事業所数	従業者数（人）	現金給与総　　額（万円）	原 材 料使用額等（万円）
2311	銅第 1 次製錬・精製業				
07	福島県	1	485	X	X
08	茨城県	1	33	X	X
33	岡山県	1	209	X	X
38	愛媛県	2	387	X	X
44	大分県	1	505	X	X
2523	油圧・空圧機器製造業				
08	茨城県	43	3,404	1,730,719	13,751,187
11	埼玉県	66	3,452	1,650,289	7,058,770
28	兵庫県	70	4,491	2,350,845	14,946,889
03	岩手県	8	1,487	583,303	5,160,915
07	福島県	15	1,691	796,313	7,101,048
2535	冷凍機・温湿調整装置製造業				
30	和歌山県	18	3,058	1,626,358	8,070,360
27	大阪府	44	3,070	2,880,120	15,808,373
23	愛知県	15	4,896	3,984,828	37,849,089
10	群馬県	36	3,177	1,374,846	5,426,518
22	静岡県	35	5,056	2,529,782	11,877,246
2621	建設機械・鉱山機械製造業				
27	大阪府	125	11,348	6,853,453	62,123,729
08	茨城県	115	9,112	4,482,022	53,845,848
17	石川県	133	8,051	3,720,732	36,498,265
28	兵庫県	117	7,045	4,079,781	35,880,463
34	広島県	64	3,937	1,981,467	14,765,287

払いをするという異常な数値を示しているが，前年のデータも同様なのでこのまま掲載する。

　これらの業種のなかで特徴のあるものに絞って解説する。

　銅第 1 次製錬・精製業では，福島県にある三菱マテリアルの関連会社小名浜製錬株式会社が，売上高 285 億円，従業者 478 名の企業で，純度 99.99%

製 造 品 出荷額等 （万円）	付加価値額 （従業者 29 人以下 は粗付加価値額） （万円）	1 人当たり 現金給与 （万円）	付加価値額／ 従業者数 （万円）	労働分配率 （現金給与総額／ 付加価値額（%））
X	X			
X	X			
X	X			
X	X			
X	X			
24,012,975	10,597,192	508.44	3,113.16	16.33
15,719,086	8,515,760	478.07	2,466.91	19.38
21,520,361	6,577,132	523.46	1,464.51	35.74
10,870,180	5,898,871	392.27	3,966.96	9.89
12,051,649	5,019,662	470.91	2,968.46	15.86
26,641,095	17,894,952	531.84	5,851.85	9.09
22,569,713	5,758,462	938.15	1,875.72	50.02
37,026,702	969,889	813.89	198.10	410.85
10,824,344	4,952,919	432.75	1,558.99	27.76
14,733,815	2,395,648	500.35	473.82	105.60
83,492,022	22,442,550	603.93	1,977.67	30.54
68,636,800	18,678,616	491.88	2,049.89	24.00
44,056,714	8,167,734	462.15	1,014.50	45.55
42,933,745	7,798,189	579.10	1,106.91	52.32
22,088,094	7,133,712	503.29	1,811.97	27.78

（表 2-4 つづき）

細分類番号・都道府県番号	産業細分類別都道府県別	事業所数	従業者数 （人）	現金給与総額 （万円）	原材料使用額等 （万円）
2671	半導体製造装置製造業				
43	熊本県	76	8,509	5,466,208	32,599,647
04	宮城県	23	5,226	3,546,136	39,388,640
23	愛知県	40	6,177	3,234,096	18,568,399
14	神奈川県	177	6,966	4,394,226	13,518,024
34	広島県	30	1,926	1,529,532	7,429,630
2671	ロボット製造業				
19	山梨県	19	5,106	4,310,614	19,400,561
23	愛知県	77	3,478	1,976,431	12,246,036
20	長野県	37	2,756	1,700,839	13,824,858
28	兵庫県	30	6,871	4,589,148	16,119,378
40	福岡県	21	2,210	1,326,073	15,538,599
2741	医療用機械器具製造業				
13	東京都	103	2,501	1,561,348	4,227,652
19	山梨県	13	1,882	1,048,470	2,779,351
11	埼玉県	94	2,934	1,272,578	3,955,008
07	福島県	21	4,293	2,012,237	8,562,207
10	群馬県	36	1,751	1,037,263	2,710,180
3113	自動車部分品・附属品製造業				
23	愛知県	1,589	237,304	147,421,688	1,428,113,913
22	静岡県	945	65,045	33,744,802	141,246,762
14	神奈川県	399	34,766	18,977,043	140,998,270
10	群馬県	422	33,408	16,480,824	87,614,093
11	埼玉県	502	29,824	15,799,986	70,179,749
3142	航空機用原動機製造業				
13	東京都	8	2,362	2,072,719	11,737,999
23	愛知県	8	1,171	796,148	5,784,671
07	福島県	7	1,513	904,262	6,127,781
34	広島県	8	1,044	666,751	2,007,808
28	兵庫県	14	1,709	878,238	3,827,950

製 造 品出荷額等（万円）	付加価値額（従業者 29 人以下は粗付加価値額）（万円）	1 人当たり現金給与（万円）	付加価値額／従業者数（万円）	労働分配率（現金給与総額／付加価値額（%））
54,482,808	23,141,119	642.40	2,719.61	23.62
54,195,000	14,675,866	678.56	2,808.24	24.16
32,704,683	13,581,851	523.57	2,198.78	23.81
24,454,467	10,552,313	630.81	1,514.83	41.64
17,570,210	10,141,719	794.15	5,265.69	15.08
45,351,462	27,455,145	844.23	5,377.04	15.70
19,543,035	7,904,952	568.27	2,272.84	25.00
18,512,878	4,442,378	617.14	1,611.89	38.29
22,117,776	4,157,032	667.90	605.01	110.39
18,493,629	3,017,328	600.03	1,365.31	110.39
7,911,002	3,448,503	624.29	1,378.85	45.28
6,802,028	3,901,329	557.10	2,072.97	26.87
8,589,725	4,030,057	433.73	1,373.57	31.58
12,339,429	3,389,068	468.73	789.44	59.37
6,426,203	3,154,944	592.38	1,801.80	32.88
1,865,444,704	417,675,441	621.24	1,760.09	35.30
224,513,933	70,534,483	518.79	1,084.40	47.84
207,149,156	63,098,251	545.85	1,814.94	30.08
125,359,067	33,351,751	493.32	998.32	49.42
107,420,117	33,176,128	529.77	1,112.40	47.62
42,589,182	28,761,404	877.53	12,176.72	7.21
24,037,040	19,123,737	679.89	16,331.12	4.16
15,628,650	8,260,365	597.66	5,459.59	10.95
6,619,874	4,133,983	638.65	3,959.75	16.13
4,582,454	−326,793	513.89	−191.22	−268.74

出所：経済産業省「経済構造実態調査」、旧「工業統計調査」

の電気銅を製造している。用途は，電線・車載用端子・コネクター材・エアコン等の銅管・パソコン・携帯電話・ゲーム機等の電子機器材料・銅屋根・銅食器など広く使用されている。小名浜製錬は無酸素銅のトップメーカーとして約 40 年にわたる実績と，世界最高水準の品質を実現している。また，その供給量は出資会社の三菱マテリアルと併せて世界シェアの 30% にも及んでいる。用途は，半導体関連用材料・エアコン等の銅管・パソコン・携帯電話・ゲーム機等の電子機器材料である。

　三菱マテリアルの子会社であるマテリアルエコリファイン株式会社は小名浜工場において，銅電解機器を扱うとともに，PGM という白金属金属（白金，ルテニウム，ロジウム，パラジウム，オスミウム，イリジウムの 6 元素の金属グループ）を製造している。売上高 180 億円，168 名の従業者の規模である。

　茨城県にある JX 金属は，日立鉱山の創業以降，1992 年に日鉱金属となり新日本石油との統合を経て現社名となり，現在は ENEOS ホールディングスの 100% 子会社となっている。スマートフォンの基板となる圧延銅箔の世界シェア 80% を有している。また，21 年 12 月に日立市に銅箔の増産に向けた新工場を設け，22 年 3 月にはひたちなか市にも半導体の微細な回路の形成に使うスパッタリングターゲットという金属薄膜材料を増産するために，工場も新設すると発表した。大分県佐賀関にも巨大な精錬所を操業している。

　次に，愛媛県別子銅山で創業した住友金属鉱山は，現在新居浜市と西条市にある工場で事業を継続している。銅権益生産量は 2017 年度 26 万トンで世界 16 位の水準である。ニッケルの生産量は 9.2 万トンで世界 5 位に当たる。世界トップクラスの製錬技術，生産管理，環境保全技術を確立している。

　続いて油圧・空圧機器製造業であるが，付加価値額がトップの茨城県にあるのが先に述べた SMC である。他にも多くの企業が集積している。様々な装置にとっては欠かすことができない縁の下の力持ち的な技術であり，世界中に供給する技術水準を有している。

　ブルドーザーやショベルカー，クレーン・フォークリフト・高所作業車等の建設荷役機械，車両試験や振動実験台などの試験設備等に用いられる。産

業機器・工作機械・プレス機などの生産機械や自動機器の駆動源として必要である。また，タンカーから LNG 等を荷揚げする設備であるローディングアームの他，免震化に寄与するオイルダンパーなどにも使用される。

　冷凍機・温湿調整装置製造業では，和歌山県がトップである。

　三菱電機冷熱システム製作所の前身，和歌山製作所は 1943 年に操業を開始し，56 年には開放型冷凍機を販売した。現在ではビル・業務用空調機，業務用冷凍・冷蔵機器及びこれらの制御機器・システムなどの開発・設計，冷熱・空調システムの企画・技術提案・空調制御盤開発，メカトロシステムの開発・設計を行っている。アルミニウムの扁平管を用いて細い管を複数通し，熱交換効率を高め，省エネ性能を大幅に向上させる扁平管熱交換器や，また配管内の不純物を短時間で効果的に除去するために，液冷媒とガス冷媒を混合する気液二相洗浄方式の開発など先駆的な技術を実現してきた。

　建設機械・鉱山機械のトップ県も茨城県である。ひたちなか市に立地しているのが，日本を代表するコマツと日立建機である。

　ひたちなか市と東海村にまたがる常陸那珂港（ひたちなかこう）は，日立港，大洗港を加えた茨城港にまとめられ茨城港常陸那珂港区に改称された。交通面では常陸那珂有料道路や国道 245 号，北関東自動車道と結ばれ，海運の拠点となっている。

　2007 年 1 月にコマツが茨城工場（面積：19 万平方メートル）の稼動を開始し，2008 年 4 月に日立建機が常陸那珂臨港工場（面積：18 万 3 千平方メートル）の稼働を開始した。巨大な建設機械・鉱山機械を生産し，陸上輸送をすることなく分解せずに大型機器を輸出できる。この業種に関連する100 社近い部品製造企業が集積している。

　付加価値額が 2 番目の大阪府では，クボタやヤンマーといった大手の建設機械・鉱山機械製造業が立地し，3 番目の兵庫県では神戸製鋼や三菱重工機械システムが稼働している。このようにグローバルな大企業を中心とした企業連携が成立することで，地域の存在価値を高めている。

　その他のロボット製造業，医療用機械器具製造業，航空機用原動機製造業なども，大企業立地を中心としたネットワークが形成されているとみることができる。これらの業種は今後の製造業の先端分野であり，豊かな生活を牽

引する技術の進化が求められている。また，自動車部分品・附属品製造業は，トヨタが立地する愛知県を中心に巨大な部品産業の集積となっている。

　補足的な情報であるが，茨城県というと民間調査会社のブランド総合研究所による「地域ブランド調査 2021」の都道府県魅力度ランキングで最下位の 47 位となった。調査項目に対する見解は分かれるところであるが，成長型製造業が多く集積しているところはもっと評価されてもよいのではないかと思われる。県民は高い誇りを抱いて欲しい。

6　先進国経済をけん引する半導体産業

　最後に半導体製造装置製造業の立地展開をみてみよう。

　日経平均が 2024 年 2 月 22 日に 34 年ぶりに最高値を更新し，3 万 9,098 円の終わり値を記録した。3 月 4 日には初の 4 万円台を付けた。株価をけん引しているのは，米国経済の安定感と生成 AI に必要不可欠と見做されているエヌビディア社の半導体技術の実績が国際的に評価され，日本の経済に波及したことがあげられる。今回の日本の株価の急上昇は，東京証券取引所などが上場企業に対し国内株式市場の PBR（株価純資産倍率）の改善を呼びかけたり，賃金引上げが妥結したりしたことも影響している。また，外資が日本に投資する意向も高まったことも左右している。しかし，何よりも世界的な先進技術開発力が半導体を中心に推進されていることに起因している。

　もともとは，日本の半導体供給の世界シェアは 50 ％を占めていた。アメリカとの貿易摩擦や，通信機器と大型コンピュータへの需要にこだわったこと，総合電機メーカーが手掛けてきた半導体部門に対する軽視などが要因と考えられる。しかし，半導体製造装置や材料部門は強固な技術が存続しており，この分野を活かす道を探るべきだと思われる。

　一例として，株式会社ディスコをみることにする。半導体や電子部品を製造するのに欠かせない素材であるシリコン・ガリウム砒素を用いて，髪の毛の断面を 35 分の 1 程度に小さく切り分け，ウェアハーを 5 μ m（ミクロン）レベルまで薄スライスし，鏡のように磨き上げることが可能となった。これを加工する装置や技術サービスによって断トツの世界シェアを獲得してい

る。株価は，2023 年に 2 分割して 1 株 1 万 5 千円程度になったが，上昇して今年 2024 年 5 月には 5 万円を超えて続伸した。日経平均が最高値を付けた 7 月 11 日以降は，8 月 5 日に大暴落もあり，継続的に下落してきた。2024 年 9 月に入ると 4 万円台を割り込んで下降トレンドが続いている。生成 AI の世界最大手のエヌビディアなど，アメリカ半導体関連企業の株価の下降に連動している。しかし，徐々に反転の兆しがみえる。

　同社は広島県呉市で 1937 年砥石メーカー「第一製砥所」として創業。戦後，電気の使用量を計測するため，積算電力計内の薄型砥石の研削・研磨を手掛け，また万年筆メーカーからの依頼で極薄型砥石の量産にも成功した。今日の削る技術の原型となった。

　他にも，有望な企業は存在する。例えば，感光剤の塗布と現像を行う世界でも最先端技術などを有する半導体製造装置メーカーである東京エレクトロン。半導体回路のもととなるフォトマスク検査に不可欠な装置を開発するレーザーテック。半導体・部品テストシステムとメカトロニクス関連製品群の製造・販売を主力とするアドバンテスト。さらにウェハーの洗浄装置で世界のトップであり，ディスプレー製造装置，成膜装置およびプリント基板関連機器の製造・販売する SCREEN ホールディングスなど世界に冠たる装置メーカーが存在し大きく伸びている。

　今回取り上げるのは，台湾メーカーの日本進出の動向である。

　半導体製造装置産業で日本の付加価値額の第 1 位県は熊本県である。その熊本県に世界最大の半導体メーカーであり台湾に本社のある TSMC[4] が立地することになり，2024 年 2 月 24 日に熊本工場の開所式が行われた。この企業はファウンドリと呼んでいるが，自社で半導体の設計は行わずに，半導体デバイス（半導体チップ）を生産する工場である。従来下請け企業とみられていた受託業務は，半導体の微細化に伴って高度な製造能力を必要とするよ

4　TSMC は自社の半導体工場で他社の半導体製造の前工程を請け負う，専業のファウンドリとして知られている。2022 年の売上高は 2 兆 2,639 億台湾ドル（約 9.9 兆円）で，営業利益率は約 49 ％という驚異的なレベルを示している。世界シェアの 5 割以上を獲得している。2022 年の株主への手紙では，2 ナノメーターの技術開発に取り組み，3 ナノメーターの大量生産を実現することに成功したと述べている。アリゾナ州に最初のファブを開設し 2 番目のファブの建設を開始した。熊本県の設立に触れ，世界の名門大学との提携による研究開発投資と人材採用パイプラインの構築に熱心に推進すると示している。

うになった。歩留まり率を高めるため，クリーンルームの清浄度を飛躍的に向上させる必要性が生じるなど膨大な設備投資を要するようになった。2021年の設備投資額は 3 兆円の規模であったが，その後の 3 年間で 11 兆円にも上った。加えて技術人材の厚みを増している。時価総額は 2021 年 6 月時点で約 63 兆 5 千億円に達し，トヨタのほぼ 2 倍となっている。ファウンドリ市場の世界シェアは 2021 年第 2 四半期で 52.9% を占めている。特に 7 ナノ，5 ナノ，3 ナノといった微細化技術では他の追随を許さない技術力をもち，価格決定力を有している。

　なぜ熊本県を選択したのか。一つはソニーセミコンダクタソリューションズ（SSS）という熊本県菊陽町にあるソニー系の企業が出資し，TSMC と合弁で半導体の受託製造を行うジャパンアドバンスドセミコンダクタマニュファクチャリング（JASM）を設立したからだ。また，自動車部品大手のデンソーも 400 億円の出資で参加し，トヨタも出資することになった。回路線幅 22 〜 28 ナノメートルのロジック半導体（制御や加工，演算処理などを行う半導体）を生産するとしている。世界最先端開発の半導体 1.4 ナノメートルと比べると旧モデルと思われるが，自動車用半導体には適合しているといわれる。台湾本社で取り組む最先端技術ではないが，多くの用途がある分野として収益の柱になるとみられる。12 ナノ 〜 16 ナノの半導体も製造できる設備を導入する。

　さらに，TSMC は第 2 の工場も熊本県に建設することを決定した。より微細な 6 ナノの半導体を製造する計画である。日本政府は第 1 工場と合わせて 1.2 兆円もの補助金を支給する予定である。

　元々熊本県には，いくつかの有力な半導体関連企業が集積している。世界的な半導体製造装置メーカーである東京エレクトロンのグループ会社である東京エレクトロン九州が，SSS への距離が車で 5 分の所にある。東京エレクトロンは半導体製造装置・FPD（フラットパネルディスプレイ）製造装置の研究開発・設計製造・据付などを事業内容とする世界第 3 位のメーカーである。また，ポンプメーカーとして発展し，現在は環境対応に力を入れている荏原製作所が，半導体設備投資に対応するため，精密・電子事業の基幹生産工場である熊本工場の増強を図っている。この事業所も SSS から車で 20

分台の位置にある。

　その他，NEC の関連企業，三菱電機，富士電機やルネサステクノロジの関連企業，またグローバル企業であるテラダインの事業所など多数の半導体関連企業が立地している。機械関連の中小企業も存在している。

　進出先となる菊陽町では，今回の新工場立地に合わせ令和 3 年の 6 月に「菊陽町中小企業・小規模企業振興条例」[5] を制定した。平成 23 年制定の「菊陽町中小企業振興条例」を全部改正したものである。当時の後藤町長は「大きな投資，多くの雇用などによる菊陽町，熊本県の経済活性化につながる」と述べ，熊本県の蒲島知事も「熊本地震からの創造的復興を目指す県にとって，50 年後，100 年後に向けてポテンシャルを大きく高める，シンボルとなる」とコメントし，半導体の国内生産で国全体の経済安全保障に大きな役割を果たすことになるとの見解も示した（日刊建設工業新聞 2022 年 3 月 14 日）。

　半導体製造装置製造業にとって，TSMC の立地は需要先の拡大に直結する。高度化する半導体の技術革新への貢献は，装置メーカーの存続にとって必須事項である。

　熊本大学は「半導体研究教育センター」を大学院先端科学研究部に設置して専門人材の育成拠点とし，県立技術短期大学校（菊陽町）や高等専門学校と連携した人材育成プログラムの作成をめざす。JASM は約 1700 人を新規雇用する予定である。

　もう一つの自然条件が「水資源」である。半導体製造に欠かせない水が豊富な熊本県は，生活用水の 8 割が地下水である。「地下水保全条例」によって大口の事業者に対しては知事の許可が必要となっており，ソニーを筆頭に多くの進出企業が農家と協力し，地下水の水質保全や水量保全に取り組んでいる。

　今回のグローバルな企業による地域への進出が，地域と共存し持続的な発

5　菊陽町中小企業・小規模企業振興条例は，「（目的）第 1 条 この条例は，中小企業及び小規模企業が菊陽町（以下「町」という。）における経済の発展に果たす役割の重要性に鑑み，その振興に関し，基本理念を定め，菊陽町の責務，事業者及び商工会の役割等を明らかにするとともに，中小企業及び小規模企業の振興に関する施策を総合的に推進することにより，中小企業及び小規模企業の成長発展及びその事業の持続的発展並びに地域経済の活性化を図り，もって菊陽町民の生活の向上に寄与することを目的とする」と制定した。

展につなげる契機となり，衰退に直面した半導体産業の再生を促し，九州一帯だけでなく日本全体の産業復興のモデルとなることを期待する。

　また，国内の企業として半導体の微細技術に取り組むラピダスが，千歳市に工場の立地を進めている。政府からも1兆円近くの補助金を支給するということである。

7　おわりに

　日本の製造業の多くが停滞し続けるなかにあって，ごく限られた分野の業種が成長の経過をたどり，今後の発展の可能性を有している。

　資源を取り出し，それを素材として加工する分野，医療や食品冷凍保存に役立つ機械器具，自動車でも本体よりもそれを形成する部品産業，航空機では不可否なエンジン回りの機器，産業のコメとなった半導体を生産するための装置とそれを応用するロボットなど，表からはみえづらい縁の下を支える産業こそ日本の熟練技術者が極めてきた技術である。

　日本経済新聞社は2024年3月25日に，東京証券取引所に上場する主要な半導体関連銘柄で構成する「日経半導体株指数」の算出・公表を始めた（図2-2）。時価総額加重平均の指数で，2011年11月末を基点にして算出し，半導体株指数はこれまでの12年4か月で，11.5倍に上昇し，同期間の日経平均株価4.8倍を大きく上回っている。半導体産業は，製造装置の他，世界的な競争力を持つ素材関連の銘柄と，電子材料となる感光性樹脂やベークライト，シリコンウェハーの大手メーカーも国内に有していることで，成長に向けた供給力を支えている。大きな発展力をもった産業に重点を置くことが日本の戦略として必須である。

　こうした分野に着目し，地域の集積を保持し厚みを増すような政策が求められていると考える。人づくりの面でも地域をあげて取り組むことが重要となる。

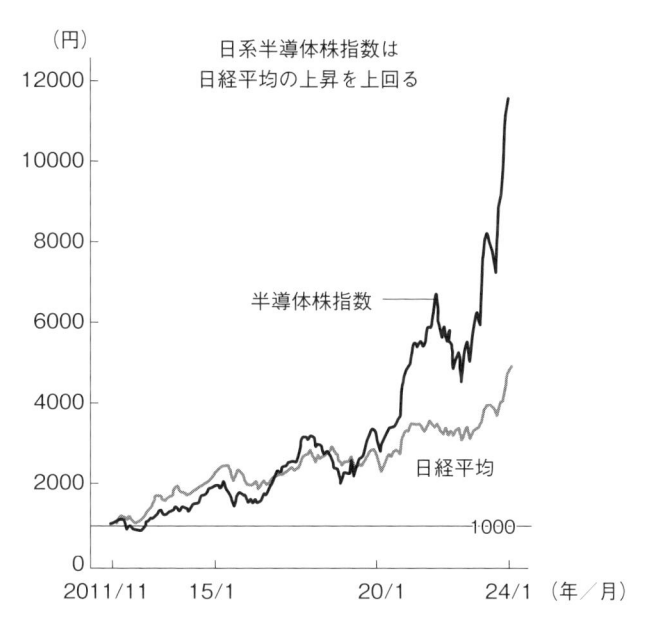

（注）日経平均は 11 年 11 月末を 1000 として指数化

図 2-2　日経半導体株指数の変化

出所：日本経済新聞 2024 年 3 月 26 日

参考文献

アイルランド政府産業開発庁（IDA）（2021）『アイルランド・ファクトシート』.

小川雅人編著（2018）『中小企業の経営と診断』創風社.

太田泰彦著（2021）『2030 半導体の地政学』日本経済新聞出版.

佐藤淳一著（2019）『最新半導体製造装置の基本と仕組み』秀和システム.

高乗正行著（2022）『ビジネス教養としての半導体』幻冬舎.

日本生産性本部（2023）『労働生産性の国際比較 2023』.

湯之上隆著（2023）『半導体有事』文藝春秋,

（山田伸顯）

第3章
グローバル・ニッチ型製造企業の 地域への関与

1 はじめに

　本章では，グローバル・ニッチ（GN）型製造企業の地域への関与について考察する。GN にかかわる政策的背景を探ったうえで，とりわけ伝統工芸にかかわる事例企業をあげて，その発展経緯，また地域関与を検討し，自治体等の今後の政策的示唆を導くことを目的とする。

　GN の議論は，特定分野で秀でた実績また高い市場シェアをもつ，ドイツの小規模な企業に着目し考察したサイモンの研究（Simmon, H.1992）に通ずる。サイモン（1996a）は，世界 500 社を「Hidden Champion（HC）」（隠れたチャンピオン）として示した。隠れたチャンピオンの定義は，①世界市場シェアが 3 位以内あるいは特定の大陸市場シェアが 1 位，②売上高は 40 億ドル以下，③一般的な注目度は低い，となっている。サイモンは，さらに 2009 年には「21 世紀の隠れたチャンピオンたち」として，世界市場における成功に導いた知られていない企業の戦略をまとめた。こうした経緯は，認知度の低い，いわば無名の中堅企業が，経済的にも，また地域の維持・発展のために必要かつ重要であることを，研究者や行政・自治体が認識することに大きく寄与した。

　同書の書評をいくつかあげれば，コトラー（Kotler, Philip）は，「大企業の多くが忘れてしまった集中力，品質，サービス，革新性，顧客との距離の近さの重要性についての教訓を伝えている」といい，ウォール・ストリート・ジャーナル（The Wall Street Journal）は，「独自の道を歩むそれらの企業の成功の秘訣は，常識，ビジョン，柔軟性だ」とし，さらに，エコノミス

ト（The Economist）によれば，「サイモンの視点に立てば，経営の流行への抵抗は弱点ではなく強みである。それらの企業は，何十年もの間，複雑さを避け，多角化を避け，コアスキルに集中することで成功してきた」といっている。つまり，独自の道を歩むことが大切であり，それは小さなことを日々改善することであり，それによって企業は世界市場のトップクラス企業へと上り詰めることができる，と換言できる。また加えて，山を登るには，そうした健全な常識に基づくべきだということを示唆している[1]。

　ドイツの「隠れたチャンピオン」がグローバル化になぜ成功したのかについて，岩本（2017）は，その解明に向けて，国際展開によってもたらされる成果において日本の中小企業が劣っていることを踏まえ，相対比較している。HC 企業が，ドイツ南部からオーストリア，スイスに広がるギルド（同業組合），家内制手工業組合地帯に多いことを踏まえつつ，①人的要因，②構造的要因，③制度・政策要因から検討をした。人的要因には先天的なものと後天的なものがあり，「マインドセット」，「アントレプレナー精神」，「世の中にために役立ちたい熱意」，「リスクをとる覚悟」などが先天的，英語教育や OJT（On the Job Training）などが後天的としている。構造的要因は，概して営業販売，マーケティング，企画・開発機能が不要となる系列構造がない点，また大陸ゆえに物理的，文化的，心理的などの外国の壁が低い点などをあげている。また，制度・政策的要因は，産業クラスターや日本に比してきめ細かく厚みをもって支援しているといわれる経済振興公社や商工会議所の存在などである。

　日本においては，「GN」という用語が出てくるのは，宮崎（2008）に基づけば，中部通商産業局（1999）『中部地域・21 世紀へのシナリオに関する調査報告書：グローバル・ニッチ企業群の世界的集積拠点の形成による世界のものづくり文化の創造圏域の実現』が最初かもしれない。同報告書は，中部地域 6 県への企業アンケートに基づき，「グローバル・ニッチ企業群」として，183 社を抽出している。①自社製品を持ち，②資本金 10 億円以下の中小・中堅企業であり，③世界市場に参入しているという 3 条件を満たす企

1　参照 https://link.springer.com/book/10.1007/978-0-387-98147-5 （アクセス日：2024 年 1 月 6 日）

業である。それらは，「高度な研究開発，製品化ノウハウの蓄積などにより，ニッチ分野を極める「隙間市場制覇戦略」を有し，また，世界の研究者，パートナー企業と独自のネットワークを形成しつつ，世界市場で比較的高いシェアを維持する「世界市場戦略」に基づく経営活動を行っている」[2]企業である。資本金 1 億円未満が 73.1%，従業員 300 人未満が約 80 %，自社製品の世界市場シェア 10 %以上の企業が 52.9 %（99 社，うち世界シェア 50% 以上が 10 社）であった。

　その後，織畑（2002），六車（2002）は，日東電工を事例としてグローバル・ニッチトップ（GNT）を検討している。同社は，1989 年から事業部制を導入し，1996 年から「Global Niche Top 戦略」をスタートさせ，液晶向け光学フィルムなど世界トップ製品を保有していた。同社のプロダクト・イノベーションによる製品の差別化，競合基盤の差別化，また新素材・新技術・新発明について言及した。2003 年の『日東電工技報』では，「表面実装型電子部品用トップカバーテープ」などの製品紹介などが展開された[3]。岡田（2005）は，日東電工を事例としつつ，GNT にかかわる同社の技術開発と知的財産をからめた中間財の高付加価値化の源泉を，①異分野への技術の複合化による成長分野の継続的追求，②パテントマップにコスト項目を明記したコスト削減の実現，③特定分野トップへの固執による顧客・取引先からの良質な情報の修得であるとみた。顧客・取引先からの有益な情報を基礎に，保有技術の展開に基づく成長分野の絶え間ない探索，それと併せてコスト削減努力があって，GNT に導かれていくことを示した。

　あらためて，グローバルの前にニッチトップ（NT）であるが，NT 企業は，「競争力の高い独自の製品等を保有する独立型の中小・中堅企業」（細田 2013 ほか）である。そして，NT 企業のなかで，「NT 製品を複数保有し，そのうちの少なくとも一つは海外市場でもシェアを確保している企業」がGNT 企業である。これは，優れた製品開発能力を有して，しかも高い非価

2　中部通商産業局（1999, 7 ページ）
3　2007 年以降になると，日東電工は，2013 年に標記を「Nitto」として企業ロゴを変更し，2014 年にはブランドスローガンを「Innovation for Customers」と制定している。また，2022 年には「Nitto グループカーボンニュートラル 2050」を宣言し，脱炭素社会の実現をめざし，ESG を経営の中心に据えている。（参照：日東電工株式会社『Nitto グループ統合報告書 2023』）

格競争力の製品を持ち，併せて世界市場シェアが高い企業と置き換えることもできる。

そうして，今後の日本経済を牽引してくれるモデルとなるような企業，特にニッチな分野で世界的に評価されている企業 100 社を，2014 年 3 月に経済産業省が「GNT 企業 100 選」として選定し，GNT 企業という用語が広く知られるようになった。

ただ，その後，デジタル経済のさらなる進展，政治経済情勢の変移的ともいえる変わり方，少子化など社会構造の変貌など，企業を取り巻く外部環境は大きく変わった。そこで，外的要因に左右されず安定した収益基盤をもつ，他社にない強みをもっている企業から新たな知見を得ることが，あらためて重要となった。それが，2020 年版 GNT100 選の実施であった。大企業，中堅・中小企業を問わないが，大企業では「世界市場規模が 100 ～ 1000 億円，概ね 10 ％以上のシェア保有」，中堅・中小企業では「概ね 10 ％以上のシェア保有」を要件として，特に「世界シェアと利益の両立」，「技術の独自性と自立性」，「サプライチェーン上の重要性」に着目した。113 社が選定され，その平均世界シェアは 43.4 ％，平均営業利益率 12.7 ％，平均海外売上高 45 ％であった[4]。

本章の事例企業としては，広島に本社を置く 2 社に焦点を当てる。2014 年版 GNT100 選の高級デニム素材のカイハラと，2020 年版の新 GNT100 選の高級化粧筆の白鳳堂である。カイハラは，高級デニムの織布・生地を製造し，この中間財を専業ジーンズメーカーまたはファストファッション企業に供給し，高級デニムではそのシェアは 50 ％を超えているといわれる。いま一つの白鳳堂は，高級化粧筆の分野でシェアが 70 ％にのぼるともいわれている。なお，白鳳堂は，2006 年経済産業省「元気なモノ作り中小企業 300 社」にも選定されている。

4　「6 年ぶりの『100 選』背景にある変化とは」『METI Journal』（2020 年 9 月 10 日付）参照
　https://journal.meti.go.jp/p/11950/（アクセス日：2023 年 12 月 10 日）

2　政策的背景

　GN 型と呼ばれる企業の誕生は，1963 年制定「中小企業基本法」の 1999 年改正にかかわっている。

　まず，1963 年基本法であるが，同法は，経済白書（1957）で指摘された「経済の二重構造」の是正・解消を目的として制定された。つまり，概して前近代的で零細な中小企業と近代的な大企業との間の生産性・資本集約度・賃金などの大きな格差のなかで生じている中小企業の不利性の補正・是正・解消に本意があった。「中小企業構造の高度化（企業規模の適正化，事業の共同化，工場等の集団化）」を意図し，それは規模の経済を追求したものであった。

　同白書によれば，雇用者割合は 43 ％程度にすぎず，家族労働者の比重が大きく，低生産性，低所得の不完全就業の存在が問題とされた。また，企業規模別の賃金格差は，大企業を 100 とすれば，30 〜 10 人の小企業のそれは 50 で，2 倍ほどあった。そして，中規模企業（100 〜 999 人）の比重が極端に低く，それ以下の小規模（10 〜 99 人）や零細規模（10 人未満）の比重が大きかった。こうしたなかで経済発展をしていくとなると，国内の所得水準の格差は拡大し，ひいては社会的緊張が増していくとの懸念があった。

　そうならないためにも，中小企業，特に中規模企業の育成が必要であった。それは，大企業が技術向上・革新とともに資本集約度を高めて，当時でいえば，途上国への輸出を拡大させていき，他方で中規模企業は労働集約度の有利性を高めていくことで，相対的に賃金の高い先進国への輸出を促進させていくことにつなげるとの思惑もあった。さらに，戦後のベビーブーマー，とくに 1960 年代における生産年齢人口の吸収においても有効である，と考えた。

　さらにいえば，同白書では，特に中規模製造企業の育成強化について，次の点で重要であるという。まず，中小企業の輸出は，輸入原料に対する依存度が少なく，先進国向けが多く，ドル獲得に重要な役割がある。次いで，中小企業の大企業との相互補完関係の役割がある。当時の公正取引委員会の下

請依存度調査によれば，ミシンで 50 %，繊維二次製品で 40 %，造船，機械等で 20 〜 30 %であり，大企業の成長は中小企業に助けられた部分が大きい。そして，中小企業は，大企業に比して生産性，賃金水準，利潤率などでは劣っているものの，資本の生産性及び資本回転率など資本効率の面では，はるかに良い。また，増産などで小回りが効く。さらに，中小企業の単位あたりの投資に対する雇用吸収力は，大企業に比してはるかに高いものがあった。

　他方で，こうした中小企業の力がこれまで発揮できなかった理由は，次の点にあるという。まず，設備機械が貧弱で老朽化している。次いで，技術水準の遅れがあった。そして，中小企業相互間の過当競争がある。特に，輸出面では，一般に手工業に依存することが多く，業者が乱立すれば，その伸びに悪影響がでる。同白書では，これらを解消するためにも，劣った条件を固定させがちである保護政策でなく，劣った条件をさらけ出し，それを改善しようとする内発的動機を鼓舞するような育成策が必要であるとした。

　1948 年に「中小企業庁」が設立され，1963 年に「中小企業基本法」が制定されたことで，中小企業政策が体系化されることとなった。とはいえ，中小企業政策は，主なものだけでも経済政策，産業政策，独占禁止政策，社会政策，貿易政策，地域政策などと関係・関連している（川上 2011）。そして，他の関係・関連政策が中小企業政策と正に連携することもあれば，負になる場合もある。例えば，1967 年紡績・織布対象の特定繊維工業構造改善臨時措置法は，1969 年にメリヤス製造と特定染色業が追加され，日米繊維貿易摩擦に起因する米国への輸出自主規制に連なるなど，産業調整政策の意味合いが強かった。他方で，第 2 段階の全繊維工業・異業種垂直連携にかかわる知識集約化，新製品・新技術開発を企図とした 1974 年繊維工業構造改善臨時措置法（3 次の改正を経て 1999 年廃止）においては，1980 年代の知識集約化政策と重なり，研究開発やデザインなどにおいて中小企業に寄与する部分も多かった。また，1979 年第 1 次改正は，高付加価値・差別化にかかわるアパレル産業の充実強化を掲げ，1984 年第 2 次改正は新素材開発をふまえ文化的創造性との連携，1989 年第 3 次改正ではさらなる高級化，多品種・少量・短サイクル化対応などが企図された。

　しかし，1985 年プラザ合意後の 2 年間でほぼ円の価値が倍となる急激な円高，そしてバブル崩壊，併せて途上国の追い上げ，結果として長引いた平成不況などによって，従前の下請分業体制は流動化し，既存の産業集積効果は削がれた。さらに 1990 年代半ば以降の ICT（情報通信技術）の急速な発展は，さまざまな分野でのアウトソーシングを容易にし，人びとの生活も変わり，多様となった。ライフスタイルはさまざまとなっていき，製品差別化のあり方も多様なニーズに応えることが求められるようになっていった。

　そうなると，中小企業の位置づけも，単に，大企業に対して劣っている，弱い立場というだけではなくなってきた。逆に，大企業を超える存在としての中小企業という期待が生まれてきた。規模の小ささの強みを活かした俊敏性や柔軟さによって，新たな発想に基づくイノベーションを起こして新たな時代に応え，社会を好転させてくれる存在としての中小企業の待望であった。こうして，1999 年中小企業基本法は抜本的に改正され，中小企業政策の理念が「多様で活力ある中小企業の育成・発展」に置かれることとなった。

　ところで，第二次世界大戦後の中小企業政策には，三つの段階があるといわれる（松島 2014）。まず，1948 年の中小企業庁設立，次いで 1963 年の中小企業基本法制定，そして 1999 年の中小企業基本法の抜本的改正である。

　それぞれの特徴をあらためて要約すれば，第 1 では戦後復興期の厳しい制約条件があり，そのなかで個々の中小企業を対象として経営の合理化や技術の向上を図ることが目的であった。第 2 では開放経済体制への移行期であり，中小企業性の高い業種を対象として設備を近代化させ，業種全体の生産性の向上を図ることによって二重構造を解消し，日本経済の体質を強化することを目的としていた。そして，第 3 では，日本経済が成熟期・転換期を迎え，再び個々の中小企業が力をつけることで，多様で活力のある中小企業群の創出を図ることを目的とした。各々の時代に，日本全体がかかえる大きな課題があったが，企業の大多数を占める中小企業を支援することで，それぞれの課題解決に向けての役割を意図・期待する政策であった。

　終戦直後には，生活のために必要な物資供給の多くは中小企業であった。また，限られていた輸出への貢献は繊維や雑貨だったが，その中核は中小企

業であった。それによって，貴重な外貨（ドル）を得ることができた。1970年代以降になると，電機，自動車といった産業が日本経済を牽引していたが，それを支えたのはそれぞれの産業に部品を供給していた中小企業であった。

　そうして，1950 年代からの日米繊維摩擦，その後の鉄鋼・カラーテレビ・自動車・半導体などへと摩擦は深まり，貿易摩擦から経済摩擦へ，さらにプラザ合意（1985 年），急速な円高，バブル景気（1986 年末〜 1991 年 2 月頃），日米構造協議（1989 〜 90 年），バブル崩壊，平成不況と続き，失われた 30 年ともいわれる時代へと入っていった。併せて，1990 年前後からの社会主義国の市場経済への移行，それと重なるグローバリゼーションの進展，また ICT 革命，さらに 1996 年に始まる日本版金融ビックバンなどと連なり，大企業との系列関係の流動化，また護送船団方式も崩れていった。

　国土計画の考え方は，国家総動員体制の本格化と相まったといわれている（伊藤 2014）。1940 年に昭和研究会が「国土計画に関する覚書」を，1943 年には企画院が「中央計画素案」を策定した。そして，1950 年に，「自然的条件を考慮して，経済，社会，文化等に関する施策の総合的見地から，国土を綜合的に利用し，開発し，及び保全し，並びに産業立地の適正化を図り，あわせて社会福祉の向上に資する」（第 1 条）ことを目的とし，国土総合開発法が制定された。その後，1960 年に「太平洋ベルト地帯構想」（経済審議会答申）が提示され，国民所得倍増計画の柱に置かれると，非ベルト地帯から反発が生じた。それを受けて，1962 年の「全国総合開発計画」（全総）で「地域間の均衡ある発展」という基本目標が明記された。そして，前後して，地域振興法と総称される特定地域関係法と産業振興関係法が立法化された。特定地域関係法では産炭地域振興臨時措置法（1961 年），豪雪地域対策特別措置法（1962 年），山村振興法（1965 年）など，産業振興関係法では低開発地域工業開発促進法（1961 年），新産業都市建設促進法（1962 年），工業整備特別地域整備促進法（1964 年）などである。

　その後の 1969 年「新全国総合開発計画」（新全総）では，高度成長による過疎過密問題，地域格差問題などの歪みの顕在化是正を，さらに 1977 年「第三次全国総合開発計画」（三全総）では，新ネットワーク構想，定住構想

などによって格差是正を，いずれも国土利用の均衡化で対応しようとした。

　しかしながら，三次の全総によっても地域格差是正は進展せず，かえって東京一極集中が加速化されるばかりであった。そこで，1987 年「第四次全国総合開発計画」（四全総）が「多極分散型国土の形成」を基本目標とし，高次都市機能を東京圏のみが担うのでなく，多極的に分担する交流ネットワーク構想が提示された。

　その後，1998 年の「21 世紀の国土のグランドデザイン」では，全総という用語を使わず，多極型国土構造形成の基礎づくりとして，地域の選択と責任に基づく地域づくりの重視を基本目標とした。国主導での「地域間の均衡ある発展」（全総）から決別したとも捉えることができる。五つある基本的課題の第 1 は，「自立の促進と誇りの持てる地域の創造」であった。それは，「地域の個性ある発展」への転換を目指すべきだという自治体の首長の声とも重なった[5]。

　しかし，他方で，「国土の均衡ある発展」という考え方は，国・地方双方の財政悪化をもたらし，それがさらに地方の財政依存を強め，工業立地（企業誘致）によって地方を国ないし大企業の手足とする方向を進めた。結果として，伊藤（2014）のような，国の政策の肥大化を媒介し，地方の役割と権限と責任が明確化されず，地方自立の契機を失い，東京一極集中につながった，という逆説的見方が生じる。

　その後においては，2008 年「国土形成計画」，2015 年「新国土形成計画」，2023 年「第三次国土形成計画」が提示された。それぞれ「多様な広域ブロックが自律的に発展する国土の構築」，「対流促進型国土の形成」，「シームレスな拠点連結型国土」を基本目標として，「持続可能な地域の形成」，「個性ある地方の創生」，「『地方の豊かさ』と『都市の利便性』の融合」などを目標ないし具体的方向性としている。

　「地域の個性ある発展」，地域の活性化といえば，大分県で 1979 年に提示

5　例えば，沢田秀夫（「新しい常識」『横須賀市 Web 広報』2001 年 6 月）は，次のようにいっている。「21 世紀の国土政策の目標は「国土の均衡ある発展」から「地域の個性ある発展」に転換すべきだ。個性とは「自分らしさ」「よそにないもの」のことで，自然，歴史，伝統，文化，産業などの地域資源をうまく使って創出するものだ。人びとは「均衡（よそ並み）」では地域に誇りを持てない。よそにない個性こそ誇らしさを感じる」

され，1980年から始まった「一村一品運動」が思い起こされる。この原点は，1961年に始まった大山町（現・日田市）の「桃栗植えてハワイに行こう」（N.P.C運動）にある[6]。この大山町の事例を知事だった平松守彦が参照し，「一村一品運動」として大分県内全体に拡げた。平松は，「県民一人ひとりがやる気を起こす」ことが一村一品運動の精神だといっている。やる気を起こすためには，大脳の側座核の刺激が有効のようであるが，そのための情報発信の重要性は意識していた。そして，運動の三原則として，①「ローカルにしてグローバル」なものづくり，地域的に特化した良い特産品のための②「自主自立・創意工夫」，そして③「心の過疎」にならず地域を愛して頑張ってくれる「人づくり」を掲げた。オンリーワン，そこだけの「シカナイ文化」構築のための運動であった。行政，自治体は，原則的に，技術支援やマーケティング，また情報発信などの側面支援を中心とした。シイタケ，カボス，関アジ，関サバ，豊後牛，大分麦焼酎，別府の竹細工など，全国的に知られるブランド品を生み出した。一村一品運動は，とりわけ農林水産業の収益構造の改善には寄与したといえる。また，国際関係論，社会学，地域経済論など幅広い分野で検討されている「内発的発展」にも通じる一村一品運動の考え方は，上海「一街一品運動」（1987），大分の姉妹都市・武漢「一村一宝運動」，タイ「一村一製品運動」，「台湾一村一品運動」，またマレーシアなどと海外にも広まっていった。

　一村一品運動の推進にあたって，平松は，「補助金で釣るようなまねはしない」が「やる気のある運動には行政が支援を惜しまない」としていたが，

6　基本設計は，村長（1955-71）と農協組合長（1954-87）を務めた矢幡治美が描いた。第一次N.P.C（New Prum and Chestnuts）運動は1961年からで，農地に適さない山村での土地収益性を追求し，耕地農業から果樹農業，さらに高次元農業への転換を図り，週休3日農業を目指した。「メンタル農業」，つまり感受性の強い，知識集約型の完成された農業，愛情豊かな農業を目指した。1965年からの第二次N.P.C（New Personality Combination）運動では，所得ばかりでなく，心も豊かな人をつろう！という運動となった。そして1969年からの第三次N.P.C（New Paradise Construction または Community）運動では，所得向上し，豊かな心を持った隣人に恵まれても，なぜ若者が大山にとどまろうとしないのか，の問いかけから，住みよい環境づくり運動となった。さらに，1975年からの第四次N.P.C（New Public Creation）運動では，文化と産業とを一体としたコミュニティ施設，「文産工場」などによる公共創造がテーマとなった。（参照：山本勝「第4章一村一品運動の具体例　1．地域経営戦略の歴史と思想」大分県地域経済情報センター（1982）『大分県の「一村一品運動」と地域産業政策』87-114ページ）

公的資金である農林水産業補助金，過疎対策事業債，ふるさと創生基金，雇用対策設備投資助成制度などは活用していた。また，技術支援では，大分県農水産物加工総合指導センター，花卉総合指導センター，水産物加工指導センター，キノコ研究指導センターなどが生産・加工技術の開発に果たした役割には大きいものがあった。さらに，マーケティングの側面では，情報発信の重要性を平松は早くから認識し，「知事はセールスマン」として中央省庁への陳情，卸売市場のセリへの立ち会うなどもした。その後の各県などのモデルともなった「大分フェア・イン・東京」などのイベントも積極的に開催した。また，地元百貨店トキハなどによる大分一村一品株式会社は，既存流通チャネルを補完し，当時では新しい方式であったダイレクト・メールやテレショップ，顧客情報獲得のために温泉地での試食会などの努力を積み重ねた。加えて，ネットワーキングの側面では，漬物などの農産物加工のアイデアをイスラエルのキブツから学んだ大山町（学習型ネットワーク），目黒のサンマ祭りでのカボス添えでの知名度向上（相互補完型ネットワーク），直入町とドイツのバードクロイツィンゲンとの炭酸泉温泉保養地姉妹交流と村外不出のワイン輸入（相乗効果型ネットワーク）などによって，地域の個性と活力を強化した（足立2015）。

　さらにいえば，一村一品運動は，農林水産物の1.5次産業化につながる動きであったし，「環境にやさしい」観光振興との絡み，エコツーリズム，グリーンツーリズム，ファームステイなどと連動し，6次産業化につながる動きでもあった。特産品販売額でいえば（平松2006），当初の358億5,300万円（143品目）が，1990年には1,177億4,500万円（272品目），1999年には1,416億200万円（319品目）となった。

　1998年の「21世紀の国土のグランドデザイン」を受けたと考えられる1999年の「中小企業基本法」の抜本的改正によって，中小企業政策は，「多様で活力ある中小企業の育成・発展」へと転換が図られた。また，「地域の産業資源を活用して地域産業の自律的発展を促す」ことを目的として「新事業創出促進法」が1998年に制定され，中小企業の研究開発から販路開拓までを一貫して支援する中核的支援機関である地域プラットフォームが都道府県，政令市に設置された。さらに，「各地の産業集積から高い国際市場シェ

アを誇るグローバル・ニッチトップ企業が多く生まれている」という政策立
案者の視点から，こうした企業を増やすことも目標にされた。加えて，「中
小企業経営革新支援法」（1999 年）で，国や都道府県による承認は必要であ
るが，さまざまなイノベーションへの取り組みを示した中小企業の経営革新
計画に種々の支援が行われた。いわば，シュンペーターのいう「新結合」を
中小企業に期待したものであった（細田 2013）。上から目線的とも捉えられ
るが，公的なお墨付きを与えるものでもあった。なお，この二つの法律は
2005 年に統合され，今日の中小企業等経営強化法に連なっている。

　2001 年からは，経済産業省地域経済産業グループが，各地域の経済産業
局とともに，地域資源を活かす視点で「産業クラスター計画」を始めた。二
つの政策目標があったが，重心は，世界に通用する国際競争力を有する産
業・企業の創出から，新商品，新技術が継続的に生み出される環境整備を図
ることに移っていった。つまり，「産学官のネットワークを通じイノベー
ションを継続的に生み出していく仕組みとしての産業クラスター形成」に重
みが置かれるようになった。2005 年には，「中小企業新事業活動促進法」が
制定され，「新連携」支援として，複数の中小企業が限られた内部資源を有
効に活用する有機的連携による新製品開発などのサポートをした。中小企業
関連政策は，第二創業や新製品開発促進なども含めて，独自の機動性・創造
性を発揮して新たな価値を生み出す中小企業を支援する方向に大きく舵を
切っていった（細田 2013）。また，中小企業庁は，並行して優れた中小企業
を社会に紹介・表彰することで，その企業・事業を後方支援することを行
なった。その一つに，2006 年から 4 年間行われた「元気なモノ作り中小企
業 300 社」がある。既述の新事業創出促進法や産業クラスター形成計画での
支援ターゲットは，独立性の高いニッチトップ型の中小ないし中堅企業
（NT 型企業）であったが，実際にこれらの企業は広く全国に存在していた。
「元気なモノ作り中小企業 300 社」で選ばれた企業の多くは NT 型企業で
あった。

3 事例にみるグローバル・ニッチ型製造企業

3.1 グローバル・ニッチ型製造企業の特徴

　ニッチトップ（NT）型企業の特徴は，先行研究にそえば，取引先や大学などとの幅広い交流のなかで質の高い情報を収集し，技術革新にあたっては自社（内部資源）のみの力だけでなく，外部資源も積極的に活用して独自の製品開発につなげ，他を寄せ付けない製品にまで展開し，結果として競合他社も少なく，下請け的でなく独立性が高い企業，とまとめられる。そして，そうした企業のなかで特段に高い製品開発能力と非価格競争力をもち，世界市場シェアも高い企業がグローバル・ニッチ（GN）型企業といえる。GN型企業にまでなるには，製品開発のきっかけとなる情報収集の質，製品開発期間の内部資源の展開と外部資源の活用のバランス，さらに国際的な販路の確保・拡大につながる方策という 3 点が有効に機能していることが求められるだろう。それぞれのイノベーション機能が十全に発揮できるかどうかである。

　細谷（2011a, 2011b）は，NT 製品を複数保有し，そのうちの少なくともひとつは海外市場でもシェアを確保している企業を GNT 型企業としているが，それらに共通する特徴を次のようにまとめている。①極めて高い製品開発力，②基本的にニーズ主導（needs-oriented）製品開発，③評判の確立，④内部資源の最大限の活用，⑤基層的レベルでは共通するが，新たな要素技術が付加された製品開発，⑥ネットワーク（企業間連携ほか），⑦吸収能力,⑧模倣困難性の確保,⑨無理をしない国際展開などが主なポイントである。

　独自のコア技術を保有し，差別化製品を生む製品開発力であるが，最初はシーズ主導（seeds-oriented）だとしても，継続的に開発される製品は，取引先のニーズへの対応・解決策となる場合も多い。となると，開発製品の販路確保は比較的容易となる。だが，販路先は限定されることも多く，結果としてニッチとなる。ただ，対応策・解決策を持ち込まれるためには，優れた企業・技術だという評判・信頼がなければならない。製品開発のためには。もちろん自社内に蓄積された技術などの内部資源を最大限に活用する。しかし，足りない部分は外部資源を積極的に活用する。そうすると，既存製品の単純な発展・革新版ではない製品開発となる。共通性がみいだせる基層レベ

ルはあるとしても，新たな要素が付加された新製品を生み出す。そうなるためには，企業間だけでなく，大学なども含む広範かつ独自のネットワークの構築・形成が求められるし，その成果は，当該企業の感知能力・吸収能力の多寡によって左右されることになる。優れた感知性とともに，高い吸収能力によって，模倣困難性の高い製品を生むことができれば，さらにその確保の長期化に向けて，当該企業は工夫を凝らすことになる。そうであれば，国際展開は，無理をしない形となることが多くなる。

3.2　事例からの示唆

　白鳳堂とカイハラは，縮小傾向にある二つの伝統工芸の集積地（産地）に誕生したが，その流れに逆らい，ほぼ隠れた生産者として世界的な成功を収めた企業である。基礎となった集積地（クラスターあるいはエコシステム）は，広島県熊野町の熊野筆であり，いま一つは広島県福山市近郊の備後絣である。大東和（2023）また土井ほか（Doi *et al.* 2024）に依拠しながら，事例を検討していこう。なお，工業化以前にルーツをもつ繊維・織物，筆記具，時計製造，醸造，旅館など広義の Craft（手づくり・工芸）・クリエイティブ産業は，大量消費社会にそった産業に対して，「伝統的ニッチ」と呼ばれるが，事例企業は，それに属している。それらの企業は，社会的・経済的に変化し続けるなかで，適応し，変化しなければならないが，伝統的なやり方は守るなど変化しないことも生き残り続けるために不可欠なことであった（Westney *et al.* 2024）。

　熊野筆については，冬の間に出稼ぎ労働者として奈良，京都，紀伊などで働いた農民が，その帰りの糊口を稼ぐために奈良や大阪などから仕入れた筆を売り捌くところから始まった。持ち帰った一部は，熊野から各地に販売もした。その経験が広島（安芸）藩の財政改革の一環である産業振興奨励[7]と合致し，地元の支配者層は，筆づくりに記録保存の必要性と事業機会の両方をみいだし，有望な少年を筆づくりが確立していた幕府直轄領の有馬に送り

7　1830 年，広島藩は，沼田郡新庄村に墨製造所を設け，奈良より製墨師・中川半次郎を招き，墨の製造専売を始める（堀川町御触帳）。［広島県史編纂室（1984）『広島県史年表』］
1830 年代は，天保の飢饉の時代と重なる時期であるが，熊野地域は，急峻な山，南北に比較的狭い川という地形から，ほぼ毎年のように水害や旱魃などの被害にあってきた。筆づくりに

込んで技術を学ばせ，帰郷後に地元でそれを共有させた。江戸末期には熊野は筆づくりの中心地の一つになった。1868 年の明治維新後，義務教育制度が創設され，また他の中心地が工業化の進展による就業移動もあって筆生産から撤退し，急峻な山あいの盆地にあった熊野の筆生産は大きな恩恵を受けた。1939 年には，国産筆の 90 ％を熊野が占めるまでになった。

　絣は，前もって木綿を藍で斑に染め分けた糸を，経糸か緯糸，あるいはその両方に使って織りあげて文様を表わしていく技法の一つである。世界各地にそうした織技はみられるが，備後絣は，福岡の久留米絣，四国愛媛の伊予絣と並ぶ三大絣の一つで，製作技法は江戸末期に富田久三郎が考案した井桁模様である。備後絣は，1950 年代後半から 60 年代前半には年間 300 万反ほど生産され，日本一の絣の生産量であった。

　しかしながら，理由は若干違うとしても，この二つの集積地（クラスターないしエコシステム）は 1960 年代から衰退し始めた。熊野筆は，1975 年に法に基づき「伝統工芸品」の経済産業大臣指定を受けたが，衰退をくい止めて，再発展させるほどまではできなかった。備後絣の製造メーカーは，2024 年 3 月現在，2 社である。

　そうしたなかで，熊野筆を出自とする白鳳堂と備後絣を創業とするカイハラは，それぞれ高級化粧筆と高級デニム生地を製造・供給する世界最大手の企業となっている。コロナ渦中の 2022 年，白鳳堂は，世界で販売される高級化粧筆の約 70 ％を生産し，17 億円の売上高（2014 年 25 億円），約 300 人を雇用している。同年，カイハラの売上高は 106 億円（2018 年 163 億円），従業員数は 700 人近くで，リーバイス，ギャップ，ポロ，ユニクロなどが販売するジーンズにデニム生地を供給している。白鳳堂は，既述のように2006 年「元気なモノ作り中小企業 300 社」，2020 年版経済産業省「グローバルニッチトップ企業 100 選」，カイハラは，2007 年ポーター賞[8]，2014 年版経済産業省「グローバルニッチトップ企業 100 選」など，両社は数々の賞を受賞している。

---

13 歳の佐々木為次を派遣した 1835 年する前の 1831 年には洪水，32 年には旱魃，さらに派遣した翌年の 36 年には天候不順による旱魃・凶作によって死者 500 余人にのぼった。38 年 5 月にも 1 か月もの長雨，洪水，家屋・橋流出，39 年 10 月にも洪水があった。［広島県安芸郡熊野町（1987）『安芸熊野町町史 通史編』254–255 ページ］

　両社の歴史的経緯を確認することによって，みいだされることの一つは，両社ともに伝統工芸から出発しているが，伝統工芸という枠のなかだけに収まっていない点である。

　白鳳堂は，3 代にわたって書道筆を軸に展開してきた家業・髙本製作所に飽きたらなさを感じ，1974 年に家業 2 代目の三男夫婦によって設立された。より高い品質に焦点を当てた独立であった。当初は，高級書道筆で生き延びることを模索し，その後にそれは高級化粧筆に展開した。

　カイハラの創業者は，絣糸を染める藍玉販売から絣の手織り製造そのものに展開した。ただ，第二次世界大戦中は，主要原材料の配給制のために，軍用バンコクハットやかづら縄を作ることで生き延びた。そして戦後，創業者の孫世代を中心とし，1951 年に 34 台の自動織機を備えた織布工場を設立し，5 年後には 100 台を超える規模に成長した。同時に，1954 年には染色関連の特許を取得し，また広幅織機械を自社開発するなど，染色工程に重心を置きながら差別化を図っていった。

　さらに重要な点として，両社ともに，自社製品を，これまでの伝統的な市場ではなく，国内外を問わず非伝統的な市場に引き寄せて，それに応じた製品開発あるいは製造技術の継続的な革新をいとわなかったことをあげることができる。

　白鳳堂は，日本では十分に発展していなかった化粧筆，なかでも高級化粧筆にいち早く着目した。当初は，卸売仲介によって日本の化粧品メーカーに簡易版の化粧筆を供給していたが，1981 年には自社ブランド製品〈Misako〉をスタートさせた。

　カイハラは，問屋や商社との接触を通じて，開発した広幅織機による洋服用の絣を米国向けに販売する機会をみいだそうとしたが，この機会はデザイン的制約のために閉ざされた。しかし，さらなる広幅の織機開発によって，アデン（現在のイエメン）の会社を通じた中東や東南アジア向けのサロン販売が成功した。ただ，この事業は非植民地化（独立）にともなう混乱・影響によって打ち切られ，絣からの脱却を余儀なくされた。

8　参照 https://www.porterprize.org/english/pastwinner/2007/12/02174519.html （アクセス日：2024 年 1 月 8 日）

　白鳳堂は書道筆から化粧筆に，カイハラは備後絣からデニム生地へと，事業ないし製品の軸を明確にした。より高い品質レベルでの製造技術の革新をすることは可能であったが，顧客へのアクセスには苦労した。両社，とりわけ白鳳堂は，消費者に直接に販売し，その需要を理解しようと試みたが，結局 OEM（相手先ブランドによる受託生産）に落ち着かざるを得なかった。

　白鳳堂が飛躍的な成長を遂げたのは 1995 年，1984 年にトロントで設立され，1994 年にエスティ・ローダー（M・A・C 創業者の一人が早逝した後，1998 年に残りの株式を取得）に経営権を売却したメイクアップアート・コスメティックス（M・A・C）と高級化粧筆の供給契約を結んだときだった。白鳳堂は，依然として自社ブランド〈Misako〉での販売を目指し，1996 年にビバリーヒルズに販売組織を設立したが，わずか 2 年後に再び閉鎖し，代わりに OEM 受託生産，とりわけ国際 OEM 受託生産に専念した。

　カイハラは，最終的に，1971 年にジーンズ用の織布の提供者を探していた米国リーバイス社との関係を築くことができた。1970 年以降，カイハラは，藍染めの糸を織布メーカーに供給していたが，1970 年 10 月に「チーズ染色法」に代わるロープ染色機を開発した。それによって，日本で初めて，糸の芯を白く残して染める「芯白染色」が可能となった。そして，染色から始まったリーバイス社との関係強化のなかで，1974 年に染色から織布製造に，1980 年に整理加工に，1991 年には紡績へと，徐々にバリューチェーン全体を自社内で統合させていった。ただ，最後の縫製には手を出さなかった。1998 年には，急成長するファストファッションのユニクロが主要顧客となった。

　両社は，広い意味での“技術”を駆使して事業規模を拡大してきた。

　既述のように，カイハラは，紡績，染色，織布，整理加工までの一貫した社内生産体制を徐々に確立していった。しかし，この垂直統合をスタートさせた技術は藍染であった。1954 年の最初の絣用の機械に続き，1970 年にデニム用の連続式機械を開発した。

　白鳳堂は，サプライチェーンと生産工程全体をよりよく理解し，最終的にはコントロールすることができた。大半の競合他社が特定の製造工程を外注していたのに対し，白鳳堂はすべてを自社内で生産していた。1997 年，生

産量の増加に対応するため，創業者夫妻の長男が東芝から入社し，サプライチェーン・マネジメントを担当した。さらに 2003 年には，地元の銀行に勤めていた次男も入社し，財務と経営管理を担当するようになった。

　さらに，両社ともに価格競争はほとんど拒否した。増え続ける中国メーカーの低コストに対抗しようとするのではなく，品質に重点を置いている。白鳳堂は，最終的に失敗に終わった米国での販売組織と同様，生産面でも失敗から学んだ。1995 年に中国・深圳に工場を開設したが，4 年で閉鎖し，代わりに生産拡大に際しては日本国内（広島）に第 2 の生産拠点を建設した。カイハラは 2014 年にタイに生産拠点を設立したが，これは主にユニクロのグローバルサプライチェーンシステムと連携させるためだった。しかし，タイの工場は日本の工場よりも近代的で，厳しい品質管理が行われている。ただ，紡績工程は含まれていない。

　両社が，特に品質への強いこだわりをもっている点には，伝統工芸の原点とのつながりがみられる。両社は，少なくとも部分的になったとしても，確固とした企業文化と自社製品に対する特定の共通理解を通じて，伝統工芸の原点とのつながりを維持しようとしている。

　白鳳堂の場合，「道具としての化粧筆」という概念や穂先への注力，また二次元の紙でなく，三次元の顔に焦点を当てることで，安価な絵筆や書筆にはない書道筆本来の機能を反映させようとする考え方に表れている。また，白鳳堂は，たとえ売上の 2 ％以下であったとしても，高品質の書道筆の生産を止めることはなかった。その結果，白鳳堂は，その伝統を守ることに誇りを持ち，さまざまな賞の受賞となっている。

　カイハラは，品質へのこだわりを示すために「一本の糸」という表現を使っている。これは彼らの原点にさかのぼる。他の備後絣の生産者と比べて，やや周辺に位置していたため，より懸命に働き，より良い品質の製品を提供することで，結果として生じるコストの不利を補うことを余儀なくされたのだ。

　最後に，両社においてファミリーの所有と経営が継続されたことが，どのような役割を果たしたかを問う必要がある。白鳳堂では，もともと別の分野でキャリアを積んでいた次の世代（息子 2 人と娘 1 人）が入社し，会社の成

長に役立つ知識を得たし，そのファミリー経営は，伝統工芸の保存に役立ったかもしれない。カイハラの場合，大きな分岐点では世代間の意見の相違がみられた。ただ，かなりのリスクをともなうが，最終的に意思決定をした後は，ファミリー一丸となって選択した戦略を貫く傾向があった。全体として，ファミリー経営は，例えば，ホフマンほか（Hoffman *et al.* 2006）がファミリー・キャピタル水準から示唆したように，その高さが長期的な視野をもつことを可能にしたようだ。

　以上のように，両社の歴史的な出来事がどのような効果を与えてきたかを述べ，それらにつながる条件，また関係する社内外の主なアクターを取り上げてみた。さらに，両社の発展・展開における「技術」の役割に焦点をあてて，類似点，あるいは異なるやり方をみいだそうとした。こうしたプロセスを分析することによって，ささやかな，しかし高度に専門化された伝統工芸にかかわる生産者という出発点から，予期せぬ結果だったかもしれない世界レベルで特定の製品ニッチをコントロールしている中小・中堅企業へと成長を遂げることができた要因を明らかにしようとした。

　以上の考察は，これら二つの企業とその背景に関する 20 年近くにわたる広範な調査に基づいている。2007 年から現在に至るまで，両社の創業者や歴代のリーダー，その他の経営幹部，機能管理職に対して定期的にインタビューを行った。インタビューは，エスノグラフィック・アプローチに近く，一方では回顧的・内省的（「オーラル・ヒストリー」の視点を提供）であり，他方では意思決定プロセスをリアルタイムで観察するのに役立った。また，両社に関する出版物を，現物及びオンライン上のさまざまなリポジトリからほぼ完全に入手した。さらに，クラスターあるいはエコシステムが発展し，両社が事業を展開した背景に関する情報を収集するため，自治体，地域，国の機関や準公的機関を数多く訪問した。

　スティンチカム（Stinchcombe 2005）は，歴史研究のためには，「自然環境において起こった条件，行動，結果の連続を，因果関係のある連続の兆候を得るのに十分なほど詳細に研究すること」が必要だといっている。インタビュー記録／メモを含む特定の文書は，こうした歴史研究の方法論に従って，概ね調査した。また，批判的なテキスト分析は行い，それは現在も続い

ている。

　とはいえ，伝統工芸の技術や技能がこの変革に果たした可能性，役割については，十分に考察できたとはいえない。また，ヨン（Yong 2023）などの指摘する消費者の認識については，さらに議論が必要である。さらに，ホルト＆ポップ（Holt & Popp 2016）は，ウエッジウッドを考察し，伝統工芸と工業化が一つの実践のなかで互いに刺激しあったことに気づいたが，そうした伝統工芸（職人）と工業・産業（機械化）の論理についての議論もさらなる検討が必要である。

4　おわりに：地域への関与をめぐって

　グローバル・ニッチ型製造企業でGNT100選に選ばれた白鳳堂とカイハラの 2 社の事例をみると，雇用創出，税収面などのいわゆる経済面，また地域のいわゆる評判を高めることに，両社が少なからず貢献したことは明らかである。ただ，GNT 企業である両社が地域集積やクラスターの中核として牽引する役割を充分に果たしたのかという点ではプラスの影響はかならずしも十分にはみえてこない。立地している地域規模などの影響で両社の間で違いが生じていると思われるが，いわゆる集積効果として，地域に新たな需要を呼び込み，地域内の他の企業群に具体的に生産を配分するといった側面とか，地域内の企業と連携してイノベーションを生み出すといった側面は，かなり限られている。

　白鳳堂本社がある広島県熊野町は，人口 2.3 万人規模[9]，町税約 24 億円水準（2021 年度決算額），法人事業税交付金約 1,700 万円水準（同），従業員 4 人以上の事業所の製造品出荷額等 284 億円（2018 年），商工会会員数 131 人（同）である。コロナ禍の影響もあり変動しているが，白鳳堂の売上高は 20 〜 27 億円規模，本社でパートも含め 200 人超雇用規模である。これをみれば，白鳳堂自体が，地域経済面に比較的大きな影響を及ぼしていることは明らかであると思われる。

　現在，熊野町では，人口の 1 割弱ほどの約 2,000 人（2022 年）が筆産業に

9　2024 年 3 月末現在の人口は，23,472 人（熊野町 WEB サイト：town.kumano.hiroshima.jp）

たずさわっている。1975 年に熊野筆が伝統工芸品に認定され，原材料の共同購入や生産技術の向上，後継者の確保・育成，さらには伝統工芸品産業の振興に関する法律に基づく振興計画策定や推進実行にあたって，1976 年に熊野筆事業協同組合[10] が発足した。伝統工芸士[11]，筆職人，軸・金具・包材・筆事業者等の 82 組合員（2023 年 8 月現在）で構成され，筆事業者は 29 会員である。2004 年に取得した"熊野筆"の団体商標の浸透に加えて，1 組合員である白鳳堂が，化粧筆の開発過程において，他の事業者から影響を受けた点もあるだろうし，他方で，白鳳堂の発展過程が，他の 28 事業者の戦略策定に少なからず影響を与えたのは間違いないだろう。書筆が忘れられたわけではないが，"熊野筆"に占める化粧筆の割合は増しているし，それが広島のブランド品として前面に出ている。

　1994 年に，文化の振興・発信拠点として「筆の里工房」が開設された。筆まつりなどとともに，熊野筆という地域ブランドによって，町外からの観光目的での集客（2025 年目標 15 万人，2018 年比 1.5 倍）また販売，ふるさと納税寄付件数の増加（2025 年 1,300 件目標）などに寄与することを町行政・自治体としては期待している（『第 6 次熊野町総合計画』2021）。

　熊野町では，製造業としての熊野筆事業のさらなる発展への期待というよりは，熊野筆のブランド価値を観光業等に活かそうと考えている。そのために，白鳳堂も一定の地域活性化に貢献している。また他方で，白鳳堂は，事業の拡張にともなって，広島県北部の三次市に第 2 工場を新設したものの本社は熊野から移していない。これは，"熊野筆"の潜在的効果に寄るものであるとみることもできる。ただ，筆の歴史的重さなどによる顧客への訴求効果などをねらって 2014 年京都に開設した直営店は「京都本店」といういい方をしている。熊野筆のなかの白鳳堂ではあるが，いわゆる 28 事業者が並列化される熊野筆ブランドから白鳳堂ブランドの化粧筆を飛び出させ，とりわけ高級化粧筆市場にいかに浸透させるかという模索のなかに白鳳堂はある

10　戦後 1947 年設立の熊野毛筆商工業組合を前身とし，その後，1950 年に毛筆業者の組織として熊野毛筆事業協同組合が設立された。さらに，毛筆生産の拡大にともなって 1964 年に広島県書画筆事業協同組合が新発足した。

11　熊野町には約 1,500 人の筆職人（「筆司」）がいるが，そのうち筆づくりの名人として認められた伝統工芸士は，13 名である。（筆の里工房 WEB サイト参照：https://fude.or.jp）

ともいえる。この点は，他の同業他社も企業であれば当然のこととしての行動であると考えられる。

　他方，カイハラであるが，人口 2.2 万人規模の旧新市町に創業し，2003 年の合併によって約 45 万人規模の福山市の企業となった。福山市を含む備後地域[12] の繊維産業は，カイハラの創業者も学んだ富田久三郎が 1853 年に備後絣を創案したことによって始まった。その後，被服縫製（アパレル）業，産地問屋，さらには縫製加工業などと，生産機能と問屋機能の集積が進んだ。1970 年代前後には，ユニフォームやワーキングウェアが中心であったが，被服縫製品で全国 3 位のシェアがあった。工業統計調査によれば，備後地域の「衣服，その他の繊維製品製造業」の製造品出荷額等は，1979 年には全工業出荷額の 7.3 %（1,241.9 億円），1987 年には同 8.1 %（1,682.3 億円），1991 年同 6.6 %（1990.7 億円）を占めていたが，2006 年には 1.5 %（約 443.7 億円）に過ぎなくなってしまった。事業所数，従業員数においても，ピークの 1991 年には 896 事業所，13,339 人であったが，2006 年には 306 事業所，4,151 人であった。福山は 1950 年代から大企業誘致に乗り出し，1961 年には日本鋼管（現在の JFE スチール）が進出し，1963 年には備後工業整備特別地域の指定（1964 年施行）を受けた。工業化，大量生産・大量消費社会の流れに組み込まれていった結果であった。

　鍋島（2009）によれば，カイハラ本社のある新市町は，製造品出荷額等では，1982 年には 6161.6 億円であったが，2002 年には 900.4 億円に，1980 年の 294 事業者は 2002 年には 61 事業者に，従業員数は 2,418 人が，2002 年には 607 人へと大幅に減少している。なお，カイハラは，本社工場（新市町）以外に，三和（神石高原町），上下（府中市），吉舎（三次市）の 3 工場を含むが，売上高は 2005 年には 215.7 億円，従業員は 680 人規模であった。

　備後絣は，1992 年に県指定の伝統工芸品となった。最盛期には，備後絣協同組合の加盟社数は 270 社であったが，いまでは 3 社に減り，同組合は 2023 年度末をもって解散した。ただ，2 社は備後絣の製造を続ける。歴史的

12　備後地域は，現在の福山市，府中市，尾道市，三原市とほぼ重ねっているが，繊維産業は，いまは福山市に編入されている旧芦品郡新市町，旧深安郡神辺町，そして府中市への集積が厚かった。

価値はみいだせるものの地域の産業的価値は失った状態となっている。

　カイハラでは，1996 年設立の貝原歴史資料館で絣製造機材展示や絣染めの体験などができる。また，事業拡張にあたって，2015 年に操業を開始したユニクロの世界戦略に連動したタイ進出は別として，国内においては，本社から遠くても 1 時間以内に行ける場所に工場を新設し，本社との一体感をもたそうとしている。創業の地が福山市新市町であることを，企業内だけでなく，地域内においての共通認識として保持・共有しようとしている。

　福山市は，岡山県井原市と協力し，「備中備後ジャパンデニムプロジェクト」として，国内外にジャパンデニムの産地であることの発信をしている。まさに，カイハラがそうであるように，デニム生地という素材を最終縫製メーカーに提供しているが，ほとんどの提供先ブランドは産地を公開しない。そこで，福山市は，すぐれた技術の集積地としての認知度を高めるとともに，地域資源のブランド化，生産・加工から販売まで一体的に取り組む構造の構築を模索している。このプロジェクトは，デニム生地を供給しているカイハラにとってはカイハラのためのプロジェクトであるとも捉えることができ，中心的な役割をはたし，地域のデニム関連企業 45 社とともに，販路拡大，国内外への情報発信，そして地域ブランディングに貢献している。

　グローバル・ニッチトップ企業を生むメカニズムの解明を試みた片岡・立本（2016）の研究がある。高知県の紙産業における代表的な GNT 企業 2 社を対象とした合意法を用いた比較事例研究である。それによると，①非コスト競争市場への参入，②既存技術の改良，③ユーザーニーズへのきめ細やかな対応，④技術・製品開発と連動した積極的な設備投資，⑤技術・製品開発と設備投資を牽引する経営者の強力なリーダーシップが，GNT 企業へと成長するために必要な要素であるという。また，これらの多くは，産業集積やクラスターの特徴である「地域内ネットワーク」ではなく，「地域外ネットワーク」が作用し，産業集積やクラスターに大きく依存していない。したがって，GNT 企業の育成には，地域内ネットワークを強化するクラスター政策というよりも地域外の要素や資源とのマッチングを支援する方が効果的である可能性が高いという示唆を得ている。

　白鳳堂の創業当時，またカイハラの絣からデニムへの事業転換のきっかけ

などは「地域内ネットワーク」の役割が大きかったかもしれないが，その後の展開においては，白鳳堂は OEM 先である M・A・C ほか，カイハラは主要取引先であるリーバイスやユニクロなど，企業の発展とともに，「地域外ネットワーク」の比重が大きくなっていった。

　地域の伝統的な生産要素などに起因して集積が生じ，それによるスピルオーバーやシナジーなどの集積の効果に着目したマーシャル（Marshall 1920），集積要因として規模の経済による費用最小化と効率，集積の利益を強調ないし重視したウェーバー（Weber1922）などの伝統的な産業集積論が，環境変化また歴史的経緯のなかで，適用範囲を狭め，ポーター（Porter 1998）のクラスター概念も，国際的なつながりのなかで知識が探索・活用・共有され，顧客ニーズに応えるようにいったなかで，その妥当範囲を狭めていったようだ。企業，とりわけ中堅・中小企業がその存在感を発揮できるニッチ市場においては，地域内のみの知識に頼っていては限界がある。併せて，行政の財政的制約を考えれば，大規模な財政発動をともなう支援策は不可能である。となれば，GNT 企業 100 選などの表彰制度が生まれてきたが，かえってそうした制度の方がこれからの企業への刺激などの側面で有効とも考えられる。

　さらに，白鳳堂やカイハラの事例をみても，いわば衰退産業をふたたび産業として集積（クラスターないしエコシステム）させるということは難しい。とりわけ，地域の「経済・資源エコシステム」をさらに発展させるは困難だ。そこで，自治体は，第三次産業である観光などのサービス産業への組み合わせを含めて，これまで培われた熊野筆ないしデニムブランドを「地域」ブランディングへと活用することを模索する施策を試みる。企業サイドにおいては，CSR あるいは SDGs などの拡がりなかで，地域への貢献が求められる側面が増えている。それぞれの企業ごとで，それらに関する意識を涵養する方策も含めて，あらためて考えていくことが求められている。さらに，それは，地域の「社会・文化エコシステム」の再構築・展開につながる。

　このことは，さらなる検討は必要であるが，伝統工芸産業の集積などによる「経済・資源エコシステムの利益」が地域に先行的にもたらされ，後年に，伝統工芸産業による「社会・文化エコシステムの利益」を地域が享受す

ることを示唆していると考えられる。

　衰退産業において，企業の存続を図っていく方策，とりわけ事業展開による存続においては，個々の企業努力，経営によるところが大きい。自治体の関与する部分は案外と少ない。しかしながら，「伝統的ニッチ」である Craft（手づくり・工芸）産業は，社会的・経済的に変化し続けるなかで適応・変化し，かつ伝統的なやり方を守るなど，変化しないことで生き残った。となると，自治体も含むが，取り巻く関係者は，「地域の誇り」，地域の社会・文化的価値として賞賛・評価することになる。それが，ひいては観光関係，地域ブランディングなどへの貢献につながっていく。時代は変化するという大きな脈絡のなかで，安定性と継続性を維持していこうとすると，伝統工芸の価値の大きさを強化していくためのサポート，さらにその「正当性」を自治体などが裏づけすることも必要であろう。ただ，そのためには広範なネットワークが求められる。もちろん，当該企業は，かかわり方はさまざまかもしれないが，そうした関与を自らしていくし，また受け入れていく。

＊　本章は，JSPS科研費 JP17K03942，JP18H00883，JP22H00876，JP23K01609 の助成による成果の一部である。

主な参考文献・引用文献

足立文彦（2015）「一村一品運動研究の回顧と展望」『金城学院大学論集 社会科学編』11 巻 2 号，28-46 ページ.

岩本晃一（2017）「ドイツの『隠れたチャンピオン（Hidden Champion）』はなぜグローバル化に成功したか」RIETI Policy Discussion Paper Series 17-P-032.

大分県地域経済情報センター（1982）『大分県の「一村一品運動」と地域産業政策』.

大分県中小企業情報センター（1980）『ムラおこし（内発的地域振興）の実践と振興』.

大東和武司（2014）「地域企業の革新：ルーティンと創造」『世界経済評論』Vol.58　No.2，22-26 ページ.

大東和武司（2015）「地域企業の革新—ルーチンと伝統の翻訳—」『国際ビジネス研究』国際ビジネス研究学会，第 7 巻第 1 号，3-13 ページ.

大東和武司（2021）「伝統産業にかかわる地域企業の変容過程：絣からデニムへ：カイハラ（KAIHARA）の事例」『経済系』関東学院大学経済経営学会研究論集（高橋公夫教授退職記念号），282 号，72-93 ページ.

大東和武司（2023）『地域企業のポートレイト 遠景近景の国際ビジネス』文眞堂.

大東和武司（2023）「イノベーションの源泉をめぐって：地域企業からのひとつの気づき」『世界経

済評論 IMPACT』（No.3018）2023 年 7 月 3 日.

大東和武司（2023）「地域企業をめぐって」『世界経済評論 IMPACT』（No.3128）2023 年 9 月 25 日.

大東和武司・金泰旭・内田純一編著（2008）『グローバル環境における地域企業の経営』文眞堂.

岡田依里（2005）「高付加価値を創造する知財戦略経営：日東電工の事例」『横浜経営研究』26.1, 41–49 ページ.

織畑基一（2002）「差別化戦略の本質：いかにして価格低下競争から脱するか」『経営・情報研究』（多摩大学研究紀要）6, 99–113 ページ.

植村剛正（2003）「グローバルニッチトップとは」日東電工技術企画部『日東電工技報』41.1, 8–11 ページ.

川上義明（2011）「日本の中小企業政策に関する基礎的考察」『福岡大学商学論叢』56 巻 1 号, 59–87 ページ.

熊野町総務部政策企画課（2021）『第 6 次熊野町総合計画』.

塩見治人（2005）「『小さな世界企業』の戦略と組織―『チャンドラー・モデル』の歴史的位置―」『立命館経済学』立命館経済学会, 第 54 巻第 3 号, 3–14 ページ.

谷山太郎・高橋健太（2014）「海外顧客の獲得を通じたサプライヤーの成長―カイハラ株式会社のケースに―」『赤門マネジメント・レビュー』13 巻 3 号, 109–136 ページ.

中部通商産業局（1999）『中部地域・21 世紀へのシナリオに関する調査報告書：グローバル・ニッチ企業群の世界の集積拠点の形成による世界のものづくり文化の創造圏域の実現』（1999 年 6 月）.

鍋島正次郎（2009）「備後アパレル産業研究に向けての準備作業と研究計画―福山市新市地区の事例を中心にして」『福山大学経済学論集』34.1, 91–110 ページ.

日東電工株式会社『Nitto グループ統合報告書 2023』.

花井啓臣（2003）「表面実装型電子部品用トップカバーテープ『No. 318H–14A』」『日東電工技報』41.1, 50–53 ページ.

広島県安芸郡熊野町（1987）『安芸熊野町町史 通史編』.

広島県史編纂室（1984）『広島県史年表』.

『広島会社手帳』経済レポート, 各年版.

『広島企業年鑑』（『広島経済レポート』別冊）広島経済研究所, 各年版.

平松守彦（1998）「一村一品運動のめざすもの」『日農医誌』46 巻 6 号, 927–937 ページ.

平松守彦（2006）『地方自治への政策と戦略』東洋経済新報社.

福山市経済環境局経済部産業振興課（2022）『福山市産業振興アクションプラン』.

細谷祐二（2009）「産業立地政策, 地域産業政策の歴史的展開―浜松にみるテクノポリスとクラスターの近接性について（その 1）」『産業立地』48（1）, 41–49 ページ.

細谷祐二（2009）「産業立地政策, 地域産業政策の歴史的展開―浜松にみるテクノポリスとクラスターの近接性について（その 2）」『産業立地』48（2）, 37–45 ページ.

細谷祐二（2009）「集積とイノベーションの経済分析―実証分析とサーベイとそのクラスター政策への含意―（後編）」『産業立地』48（5）, 46–50 ページ.

細谷祐二（2014）『グローバル・ニッチトップ企業論 日本の明日を拓くものづくり中小企業』白桃書房.

松島茂（2014）「中小企業政策の変遷と今後の課題」『日本労働研究雑誌』649, 4–13 ページ.

美濃口時次郎（1968）「経済の二重構造の実態」『一橋論叢』60 巻 1 号, 1–18 ページ.

溝田誠吾（1997）「『小さな』世界企業―その独自技術の製品・製造技術の絞り込み, 海外構想力と経営者―」『専修大学社会科学研究所月報』No.414, 1997.12.

溝田誠吾（2008）「Ⅰ．わが国の地域産業集積と『小さな』世界企業の成長過程の実証研究」『専修大学社会科学研究所月報』No. 537, 2008. 3. 20, 1–3 ページ．

溝田誠吾・塩見治人・宮崎信二（1992 ～ 93）「『小さな世界企業』の成長の根拠　第 1 回〜第 13 回」『サクセスリンク』1992 年 10 月〜 1993 年 9 月．（『専修大学経営研究所報』専修大学経営研究所，第 105 号，1993 年 3 月および第 108 号，1993 年 12 月に転載）．

宮崎信二（2008）「Ⅱ．「小さな」世界企業は，日本にどれぐらい存在するのか？」『専修大学社会科学研究所月報』No. 537, 2008. 3. 20, 4–15 ページ．

六車忠裕（2002）「日東電工　グローバル・ニッチ・トップ戦略と研究開発マネジメント―『新素材・新技術・新発明』を追求」『Business research』933, 56–65 ページ．

Doi, Kazuo, Tsutomu Kita, Tomomi Shiosaki, Takeshi Ohtowa, and Matthias Kipping（2024）"From Craft to Industry without Losing Identity? Two Cases from Hiroshima Prefecture" *Abstract prepared for the International Workshop on Craft and Emerging Forms of Organizing,* Kyoto University, 12–13 April 2024.

Hoffman, J., Hoelscher, M., & Sorenson, R.（2006）"Achieving Sustained Competitive Advantage: A Family Capital Theory", *Family Business Review*, 19（2）, pp.135–145.

Holt, R., & Popp, A.（2016）. Josiah Wedgwood, "Manufacturing and Craft" *Journal of Design History*, 29（2）, pp.99–119.

Marshall, A.（1920）*Principles of economics*（8th ed.）, London: Macmillan（永沢越郎訳（1997）『経済学原理』岩波ブックサービスセンター）．

Porter, M. E.（1998）*On competition,* Boston: Harvard Business School Publishing（竹内弘高訳（1999）『競争戦略論Ⅰ・Ⅱ』ダイヤモンド社）．

Simon, Hermann（1992）"Lessons from Germany's midsize giants." *Harvard Business Review* 70.2, pp.115–121.

Simon, Hermann（1996a）*Hidden Champions: Lessons from 500 of the World's Best Unknown Companies*, Harvard Business School Press, Boston Massachusetts.

Simon, Hermann（1996b）"You Don't have to be German to be a Hidden Champion", *Business Strategy Review*, London Business School, 7（2）, pp.1–13.

Simon, Hermann（2009）*Hidden champions of the twenty-first century: Success strategies of unknown world market leaders*, New York: Springer.（上田隆穂監訳 , 渡部典子訳（2012）『グローバルビジネスの隠れたチャンピオン企業－あの中堅企業はなぜ成功しているのか』中央経済社）．

Stinchcombe, A. L.,（2005）*The Logic of Social Research*, University of Chicago Press.

Yong, Y. N.（2023）"From craft to industry and back: transnational efforts in reconstructing tin's social meaning to the retail consumer（1950s–1960s）", *Journal of Historical Research in Marketing*, 15（2）, pp.121–143.

Weber, A.（1922）*Üeber den standort der industrien*,Tübingen: Verlag von J.C.B. Mohr.（篠原泰三訳『工業立地論』大明堂，1986 年）．

Westney, D. Eleanor, Kiyohiko Ito, Elizabeth Rose（2024）"Traditional Craft Sectors and Ecologies of Tradition", *Draft for International Workshop on Craft and Emerging Forms of Organizing*, Kyoto University, 12–13 April 2024.

（大東和武司）

第4章
地域商業の変遷と持続可能な まちづくりのあり方

1 はじめに

　社会経済の潮流変化によって小売商業の構造が大きく変化している。流通業を巡る規制緩和やシステム化，大規模化，郊外化，業態化，高齢化，少子化，人手不足，デジタル化などがその背景にあり，1980年代以降には自己雇用を維持してきた小規模店の数が一貫して減少しつつある。その多くは実際の店舗を構える事業者であり，彼らの多くは「八百屋」「肉屋」「魚屋」「和菓子屋」「本屋」という伝統的な業種店（kind of business）を独立する形で営んでいる。零細小売店のビジネスエリア（商圏）は限定され，その従業者は店舗の階上や店の近くに暮らす人が多く，日常の生活で地域社会と接点をもつ機会が多い。

　平成26年（2014年）の商業統計表によると，全国1万2千余の商店街に立地する商店は28万店あり，これは小売業全体の4割弱を占める。小規模店の減少は商店街の空き店舗問題を顕在化させている。商業統計上の定義によると，商店街は都市計画法第8条に定める近隣商業地域または商業地域であって，商店街を形成している地域であり，一つの商店街とは小売店，飲食店，サービス業が近接して30店舗以上あるものをいう。

　商店街は消費者の買い物行動により，近隣型，地域型，広域型，超広域型の四つに分類される。商圏範囲が拡大するにつれ組織化された専門店や大規模店が多くなることから，重層的な商圏構造の下位にある近隣型商店街においては空き店舗問題が深刻な状況に陥りやすい。ただし，交通アクセスの変化や出店規制の緩和等により，商業の都市間競争が高まると，エリア内で需

要が大きく伸びない限り，地域型商店街や一部の広域商店街にまで商業力が低下することになる。いわゆる中心市街地が衰退（空洞化）する局面である。

　商店街は多様な業種店が相互に依存と競争を維持し，新陳代謝が促進されることで商業集積全体としてその魅力を高める存在である。小売業は商業者同士の外部性を基本としながら，同時に地域文化の伝承，治安維持の協力，都市景観の確保，雇用の創出，コミュニティ活動への参加を通じ，まちづくりに大きな役割を果たしている。しかしながら，中小企業庁の『商店街実態調査報告書』によると，近隣型商店街を中心に90年代以降に常態化した衰退・停滞傾向に歯止めがかからない状況が続いている。1998年にわが国の流通政策は「調整−振興政策」から「まちづくり政策」へと大きく転換したものの，このスキームで商業が復興を遂げた地域は残念ながら極めて限定的である。

　都市縮小の時代に，自治体が健康で快適な生活環境や持続可能な都市経営をめざすためには，都市のコンパクト化に向けた公共交通網の再構築や周辺交通とのネットワーク形成，ウォーカブルなまちづくりが必要である。具体的には「都市再生特別措置法等の一部を改正する法律」による立地適正化計画の作成[1]と「地域公共交通の活性化及び再生に関する法律の一部を改正する法律」による地域公共交通計画の作成[2]で対応する。これらの自治体では，市街地の都市基盤を整備し，都市福利施設を増やし，交通アクセスを改善することにより，安全・安心で環境にも優しいウォーカブルタウンの実現をめざす。空き不動産の活用や店舗等のリノベーションなど民間投資が促進されることにより，快適な環境整備と魅力的な店舗が増えることで集客力のあるイベントが開催され，まちなかに来街者を増すことで賑わいの創出を期待する。

　地域商業の担い手を，地域に拠点を置く中小小売業や彼らを主たる構成員とする商店街と捉えると，地域商業は単に買い物の場としての経済的機能にとどまらず，地域コミュニティ形成の場，地域文化継承の場としての社会的

1　国土交通省によると2023年7月末時点で686都市が立地適正化計画を作成している。
2　同省によると2023年11月末現在で893都市が地域公共交通計画を作成している。

機能も果たす存在としても認識される。しかし，内外の環境変化によって，その多くは事業の縮小や撤退を余儀なくされ，経済的機能を維持することが次第に困難となっている。多くの地域で社会的機能の発揮が期待されているにもかかわらず，そうした期待に応えることが困難な状況に陥っている。今後，地域商業は私たちの暮らしにどのような存在として存続しうるのであろうか。

　本章では，わが国の小売商業の構造変化と地域商業の問題点を確認し，コミュニティを中心に 1970 年代以降の商店街を舞台とするコミュニティの変遷を簡潔に振り返り，地域社会における商店街の本質的役割を検討する。また，商店街の構造問題を指摘するとともに，各地で拡がるエリアマネジメントの手法を活用した地域商業の展開について議論する。さらに，地域商業が住民の生活と地域コミュニティを支える主体として，異分野との交流促進，意欲ある担い手の輩出を通じ，暮らしやすい持続可能な地域社会を共創する仕組みについて考える。

2　小売業の構造問題と地域商業の変遷

2.1　小売業の構造問題

　わが国の小売業の商店数は商業統計上 1982 年の 172 万店がピークであった。この時期を境に商店数は一貫して減少しており，およそ 40 年後の 2021 年には 88 万店まで減少している（表 4-1）。

表 4-1　過去 40 年間の小売業 4 指標の比較（参考）

	1982 年	2021 年	増減率(%)
商店数 (事業所数)	1,721,465	755,015	▲ 56.1
従業者数 （人）	6,369,426	6,464,650	1.4
年間商品販売額（百万円）	93,971,191	133,257,457	41.8
売場面積 （㎡）	95,430,071	136,952,597	43.5

出所：商業統計調査・経済センサス活動調査より
2021 年は格付不能の事業所及び年間販売額のない管理・補助的経済活動を行う事業所は除く。
二つの調査は調査方法や対象が異なるため傾向を掴む程度の比較になる。

　この40年近くに商店数は一貫して減少し，ピーク時の半数以下になったものの，従業者数は大きく変わらずに規模の大型化が進行した。年間商品販売額は，80年代後半のバブル経済期に売場面積の増加分を凌ぐ勢いで伸び，その後も2000年頃までは緩やかに増加した。一方，売場面積はバブル経済が崩壊したあとまで緩やかに増加したものの，その後2007年以降はテナント企業が投資案件について慎重に転じるなど，いわゆるモールバブル崩壊の現象がみられる。また，独立した業種店からチェーンに加盟する業態店の増加，大型商業施設の立地創造など，小売商業構造はダイナミックに変化している。

　図4-1は小売業を従業者規模別に事業所数構成割合の推移をみたものである。従業者1〜4人の小規模店は1962年に90.2％を占めていたが，2021年には44.8％まで低下した。これに代わり従業者20人以上の小売業が0.8％から9％へとその割合を高めている。

　次に，年間販売額構成割合（図4-2）をみると，従業者20人以上の小売業は1962年の22.8％から2021年には56.1％を占めるに至っている。事業所数，年間販売額ともに構成割合を高めているのは従業者数10人以上の規模であり，特に1980年代後半以降が顕著である。

　当時，この層で現れたのがフランチャイズ契約によって勢力を伸ばしたコンビニエンスストアである。コンビニエンスストアは小規模店のうち，一般酒類小売業免許をもつ店の業態転換を促進して成長を果たした時期があった。コンビニエンスストアに加盟した店では，従業者を増やして事業存続を図っており，規模の拡大によって小規模店の割合が低下した実態も確認しておく必要がある。

　また，1990年代中期以降に，大規模小売店舗法の規制緩和と化粧品と医薬品の再販制度の撤廃，生活者の健康志向の高まりを追い風とし，食品や酒類を含むさまざまな商品カテゴリーを他の業態からシェアを奪うラインロビング戦略を徹底して成長したドラッグストアも注目される。ドラッグストアは，2010年代以降に世帯人員の減少や生涯未婚率の増加が顕著になると，ファミリー型消費中心からパーソナル消費中心のニーズの変化に対応したことで急成長した。

　経済産業省の商業動態調査（2023）によると，ドラッグストアの商品販売

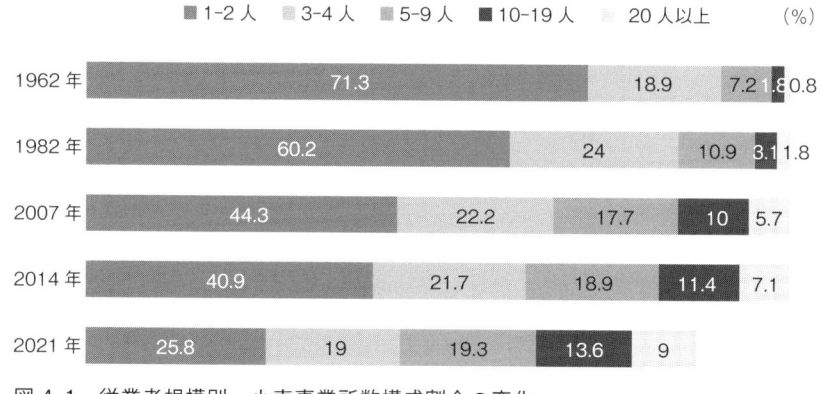

図 4-1　従業者規模別・小売事業所数構成割合の変化

出所：表 4-1 と同じ

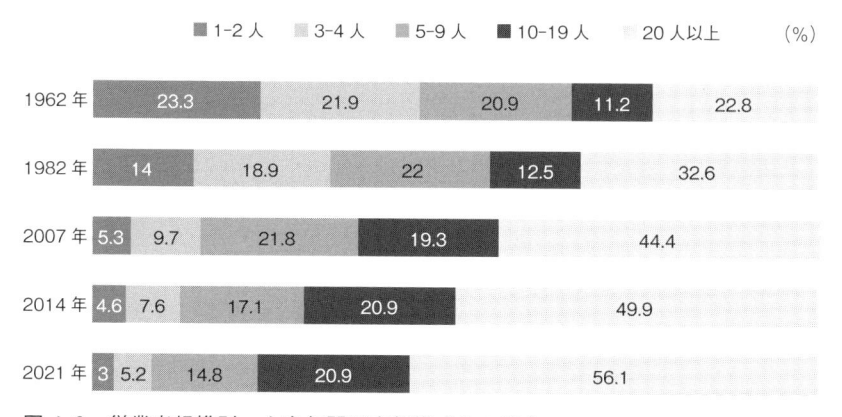

図 4-2　従業者規模別・小売年間販売額構成比の変化

出所：表 4-1 と同じ

額は 8 兆 3,450 億円でスーパーマーケットやコンビニエンスストアには及ばないが，百貨店を凌ぐ規模になっている。1 店当たり商品販売額は 4 億 3,870 万円であり，コンビニエンスストアの同 2 億 2,690 万円の 2 倍近くの規模を誇る。この規模の小売店が都市型店舗は徒歩・自転車で 10 分以内，郊外型店舗なら車で 10 分以内の立地に多くあり（日野 2021，133-134 ページ），セルフメディケーション（軽度な身体の不調は自ら手当てすること）という社

会的使命とともに，品揃えの総合化と価格競争力を特徴として，今後も業界再編による規模の拡大が続くことが予想され，業種店が多い商店街にとってドラッグストアの躍進による影響が大きい。

2.2　流通規制緩和と家計消費の変化

1990 年代後半の規制緩和が小売業に及ぼした業種で代表的なものを振り返る。事業所数の変化は 1994 年と 2021 年の比較である。ただし，事業所の減少は業界規制の緩和以外に，商品機能の革新，代替商品やサービスの登場，業態化の進行などの影響も大きい。

■　ガソリンスタントのセルフサービス化

52,137 事業所 → 　23.681 事業所　▲54.6 %

1998 年 4 月の消防法改正でセルフ式 GS が解禁。

■　化粧品の規制緩和

33,219 事業所 → 　14,216 事業所　▲57.2 %

1997 年に再販制度が撤廃，2001 年 4 月の薬事法改正で一部の成分を除き，企業が安全性を確認すれば全成分表示を表示することで自由に配合が可能となる。

■　酒類小売販売基準の撤廃

109,621 事業所 → 　28,968 事業所　▲73.6 %

2001 年 1 月距離基準廃止，2003 年 9 月に人口基準廃止。コンビニエンスストアへの業態化が進行。

■　医薬品の規制緩和

49,636 事業所 → 　6,828 事業所　▲86.2 %

1997 年に再販制度が撤廃，1999 年医薬品カテゴリーの見直し，2009 年一般医薬品のランク分けと登録販売者制度の導入，2014 年産業分類に「ドラッグストア」が追加，2017 年一般医薬品のネット販売解禁

■　米の計画流通制度の廃止

42,467 事業所 → 　9,231 事業所　▲78.3 %

1995 年旧食糧法に基づき販売業者を許可制から登録制に，2004 年現行食糧法に基づき届出制となる

　次に，消費需要の変化の特徴を確認するため，2000 年から 2022 年までの 20 年余の家計支出額を費目別・品目別に比較し，業種小売店の市場規模の変化を確認する。なお，この間に世帯人員は 3.31 人から 2.91 人に減少している。

　この 20 年余において，わが国はデフレ経済下にあり，他の先進諸国と比べ可処分所得が低迷して家計消費支出の伸びも低かった。総務省の家計調査によると，この間に二人以上世帯の消費支出は月額 317,328 円から同 290,865 円に 8.34 ％減少している。

　図 4-3 から費目別にみると，増加率が高いのは通信，保険医療，交通，光熱・水道などのサービス消費であり，小売業が扱う食品の伸びは 0.9 ％の増加にすぎない。逆に，減少率が高いのは被服及び履物，教育・教養娯楽＜書籍等（▲ 31.8 ％），テレビなどの耐久財（▲ 40.8%）＞，住居，家具・家事用品などである。小規模の業種店で扱う生活関連商品や教育・教養・文化関連への支出額は減少する傾向にある。

　図 4-4 から食品の品目別にみると，増加率が高いのは調理食品，飲料，他の穀類，肉類，パン，油脂・調味料である。減少率が高いのは，米，魚介類，外食，酒類，果物，野菜・海藻類など小売業で扱う生活必需品が多く含まれる。

　図 4-3 と図 4-4 の家計消費支出の費目別，食品品目別変化をみると，サー

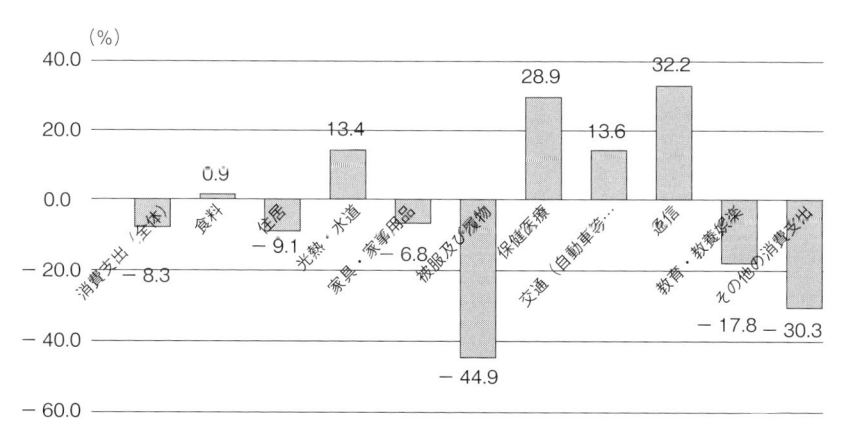

図 4-3　家計消費支出の費目別変化（2022 年の 1994 年対比）

出所：総務省統計局（2022）『家計調査（家計収支編）時系列データ 二人以上の世帯』より

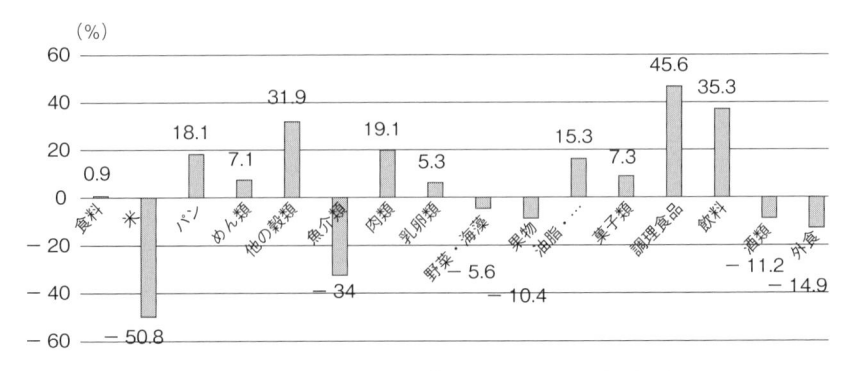

図 4-4　家計消費支出の食品品目別変化（2022 年の 1994 年対比）

出所：図 4-3 と同じ

　ビス消費の高まり，ライフスタイルの変化，時間節約志向の増加，環境・健康・体験・参加・貢献に対する関心の高まり，価値の交換から価値づくりへの興味の変化，専門店や中心店から業態店へのシフトという傾向がうかがえる。小規模店はこうした小売構造や消費市場の変化を理解し，地域社会や商店街における自店の役割を見直し，環境変化に合わせて自店の組織能力を高める必要がある。一般に，独立した小規模零細店の経営は厳しくなっており，利は元にあり（＝利益は上手な仕入から生まれるという考え方）といわれるように，規模の小ささに起因する仕入れ面での不利性を払拭する意味から，共同仕入れ機構やボランタリーチェーンに加盟することで，規模のメリットを享受したり，選択肢の拡大と本部や仲間との情報交換を通じ，環境変化への適応力をつけることが求められる。

　表 4-2 は，わが国の物販系分野の B to C の EC 化率である。インターネット通販の利用割合は年々増加している。特に，書籍や情報コンテンツ分野，生活家電や PC などの高価格帯のものでも店頭で実物を確認してからネットで購入するショールーミング化や若者を中心にインフルエンサーや口コミを参考にして購入するパターンも増えている。一方で，美容や健康にかかわる化粧品や医薬品，日常の生活に必要とされる食品，飲料，酒類は実店舗で購入する割合が高い。生活圏に立地する中小小売業は，こうした消費者の購買行動を見据えて組織能力を向上するための対応が迫られている。

表 4-2　物販系分野の EC 化率

物販系分野	EC 化率（%）
書籍，映像・音楽ソフト	53.45
生活家電，AV 機器，PC，周辺機器等	42.88
生活雑貨，家具，インテリア	31.54
衣類・服装雑貨等	22.88
食品，飲料，酒類	4.29
化粧品，医薬品	8.57
自動車，自動二輪車，パーツ等	3.64

出所：経済産業省「令和 5 年度 電子商取引に関する市場調査報告書」より

2.3　地域商業の問題点

　小規模店が主たる構成員である商店街のうち，繁栄している商店街の推移（図 4-5）と問題点の変化（表 4-3）について確認する。景況感については，第 1 回目の調査である 1970 年には約 4 割の商店街が繁栄していた。その後は内外のさまざまな問題に直面し，繁栄している商店街の割合は急減し，衰退または停滞という回答が増えている。

　商店街が抱える問題点のうち上位の変化をみていくと，「調整 – 振興政策」の時代にあった 90 年代から 2000 年までは，交通アクセスの問題のほかに，大型店の出店にかかわる外部環境による影響が大きかった。2000 年以降の「まちづくり政策」の時代以降は，むしろ大型店のまちなかからの撤退が懸念されるようになり，店舗の魅力や集客力・話題性のある店がない，商店街活動への商業者の参加意識の薄さなど，商店街外部の問題点よりも内部環境や組織統制に関わる問題が強く意識されている。特に経営者の高齢化等による後継者難は個店の影響はもとより，次代を担う商店街の担い手（人材）がいなくなる問題も抱えることにも直結する問題である。また，エリア感覚が乏しく商店街を内向きな組織としてしか捉えずに，商業集積として空間的な視座が乏しかった。この点は後述するエリアマネジメント活動への期待とも関連する。

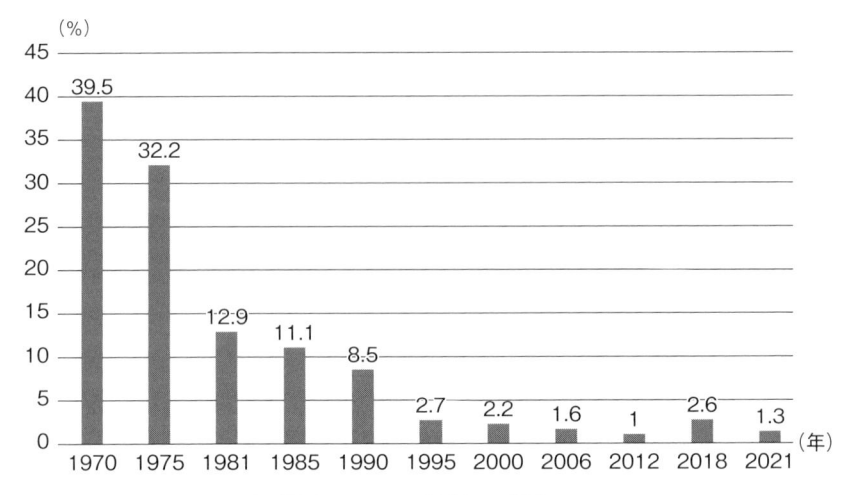

図4-5　商店街の景況感（繁栄している割合）の推移

出所：中小企業庁「商店街実態調査報告書」（各年）より

表4-3　商店街の抱える問題点の変化

	1 位	2 位	3 位
平 成 2 年 （1990 年）	駐車場がない	域外の大規模小売店舗との競争	全般に店舗規模が過小
平 成 7 年 （1995 年）	大規模店に客足を取られている	後継者難	大規模店出店ラッシュに押され気味
平成12 年 （2000 年）	魅力ある店舗が少ない	大規模店に客足を取られている	商店街活動への商業者の参加意識が薄い
平成21 年 （2009 年）	経営者の高齢化等による後継者難	魅力ある店舗が少ない	核となる店舗がない
平成27 年 （2015 年）	経営者の高齢化等による後継者難	集客力が高い・話題性のある店舗・業種が少ないまたは無い	店舗等の老朽化
令 和 3 年 （2021 年）	経営者の高齢化等による後継者難	店舗等の老朽化	集客力の高い・話題性のある店舗・業種が少ないまたは無い

出所：図 4-5 と同じ

2.4 商店街を舞台としたコミュニティの変遷

相対的に景況感が好調だった 1970 年代以降の商店街を舞台としたコミュニティの変質について，40 年にわたる筆者の商店街診断や研究会での経験から時代を三つに区分して整理する。

1）1970 年代～ 1980 年代：自己組織化による商店街の共同事業

この時代は，商店街は大型店との競争に限らず，商店街間での競争に勝つためのサービスを拡大するため，地域に密着した商店街づくりを強化することを目標としていた。都市計画との調整を図りながら商業の近代化を目指した商業近代化地域計画では，各地の商工会議所が都市の変化にどのように対応するべきかという外向きの議論に触れる機会を作って商業者の意識変革を促した。新陳代謝が活発ななかで，自律性を持つ個店が環境に適合した行動をとることで，商店街は全体として環境に適合した方向に向い集積効果を高めた。

中小企業高度化事業や各種補助事業の申請に必要な計画書作成を通じ，全員参加を前提に自己組織化に向けたベクトルがはたらいていた。「商業者の商業者による商業者のための商店街活動」という考えが正当性をもっていた。商店街のコミュニティ機能は，これらの共同事業に取り込まれ，特にコミュニティという言葉を意識せずとも商業者は地域の全日制住民として，謝恩の気持ちをもって地域を見守り，地域の賑わいづくりを先導する役割を担っていた。商店数が減少に転じた時期に策定された『80 年代の流通産業ビジョン』では，商店街を単なる "買い物の場" から "暮らしの広場" へと社会的機能を高めることが必要であると述べていた。

2）1990 年代～ 2008 年：地域社会のプラットフォーム化を目指す協働事業

前川レポートや日米構造協議を契機に，大規模小売店舗法をはじめとする流通規制が緩和される中で，小売業の減少，経営者の高齢化，経営成果の悪化，後継者問題の顕在化，投資サイクルの延期によって，商店街内部の個店の経営問題が構造化して商店街の持続的な存続が厳しくなった。特に，個店の後継者難は商店街レベルの次代を担う人材輩出をも困難にした。商店街は

内部資源に限定した自己組織化を継続することに限界を感じられるようになった。

　一方，商店街が依って立つ地域社会においては，少子・超高齢社会対応，行財政の改革，治安の維持対策，コミュニティの存続，資源循環型社会の構築など，取り組むべき課題が山積している。地域社会での課題を商店街が自らの存在意義を再発見するための機会として，むしろ前向きに行動することの重要性が指摘され始めた。大手小売業も小商圏で存立するビジネスモデルを追求し始める。

　商店街の共同事業は，内部資源にこだわることの限界と地域社会の課題解決の視点の両面から，地域社会を意識した「協働」事業の取り組み如何が商店街の存立そのものを規定すると考えられるようになった。商店街の本務機能の弱体化によって，従来型の全員参加を前提とする振興指針の転換が必要になり，商店街支援の前提も変化した。NPOなどはオリジナルなミッションを持っており，商店街と協働するといっても受け入れ側の商店街が外部主体に期待することと，外部主体が商店街との協働で何を実現したいかに乖離があるため統一したマネジメントが困難になることもみられた。

3）2009年以降：地域に密着しコミュニティの担い手になる基盤づくり事業

　2009年に地域商店街活性化法が制定された。商店街が地域コミュニティの担い手として住民のニーズに基づく生活の利便性を高める取り組みを支援することで，地域と一体となったコミュニティづくりを促進する制度が発足した。東日本大震災を通じ，商店街は地域で生活する人のライフラインとコミュニティ機能を担い，地域経済の主要な担い手として，あるいはまちのシンボルとして再生に向けた期待感が大きくなる。

　震災復興や社会課題への対応と商店街や個店の競争力強化の両立を目指すために，商業者は自らの強みを生かす戦略観が求められる。商店街にとって地域社会との関係づくりと並び，最も重要なことはマーケティング競争力を持つ魅力ある店を揃えることである。三種の神器（100円ショップ，バル，まちゼミ）は，従来型の商店街振興とは必ずしも同一線上では語れず，商店

表 4-4　商店街コミュニティの変遷（まとめ）

1960 年代～ 1980 年代前半：全員参加で自己組織化による共同事業
①商店街間での競争に勝つための地域に密着した商店街づくりを目標としていた。
②新陳代謝が活発な状況で環境に適合した方向に向かって集積効果が高まった。
③全員参加で商業者の「商業者による商業者のための活動」が正当性を持っていた。
1980 年代後半～ 2008 年：地域社会のプラットフォームを目指す協働事業
①流通規制が緩和で個店の経営問題が構造化し商店街の存続が難しくなる。
②後継者難は商店街レベルでの次代を担う人材輩出を困難にした。
③内部資源に限定した商店街活動から地域社会と連携した協働事業を模索。
2009 年以降：地域の暮らしに貢献すべく価値共有・共創の事業へ
①大震災を経て商店街は生活者のライフラインとコミュニティ機能を担う認識が拡大。
②商店街はマーケティング競争力を持つ魅力ある中核店を揃えることが重要。
③エリア価値の共有が人を育て，持続可能な新規参入を促進する。

出所：筆者作成

街の本務機能である商業機能を強化することが喫緊の課題となる。地域の実態に応じてコンパクトな商業集積の再整備に向けた議論が行われ始めた。

　以上，商店街を舞台にしたコミュニティの変質の変遷について要約すると，表 4-4 のようになる。

2.5　地域社会における商店街の本質的役割

　小売業は私たちの生活の質（QOL）を維持し，人間らしい生活を送るために地域社会に必要な存在である。繰り返しになるが，小売店や飲食サービス店が集積する商店街は，地域社会にとって流通の末端機能としてだけでなく，コミュニティ機能も併せた中心的役割が期待される。商店街の店同士が相互に依存と競争を維持し新陳代謝を促進させることで，集積として消費者が満足する品揃えやサービスの質を高めることにつながる。

　ただし，南方（2019, 201–202 ページ）は，「地域商業において依存と競争のメカニズムが有効に機能するためには，個店の自律性と新陳代謝が重要である。」と述べる。そして，個店の自律性については，生業志向の店舗の存在とフランチャイズチェーン等に加盟することで本部主導型の店舗運営ができないという問題がみられることを指摘する。一方の新陳代謝について

も，オーナー経営で赤字体質にありながら家族労働によって事業を存続している店舗の存在と店舗の賃貸に消極的で空き店舗のまま放置されている問題があると述べる。

　これらの問題を内包する商店街は，現状を見過ごせば集積の効果は確実に低下することになるだろう。商店街の実態をみる限り，こうした構造問題を抱える商店街は増えている。解決に向けた方策をシンプルに考えれば，商店街の内部資源に限定せず，外部主体との協働活動にチャンスをみいだすことが必須の課題となる。また，小売商業の構造変化や消費者購買行動の変化，商店街の景況感，商店街における問題点などから，空き不動産の活用（リノベーションによるまちづくり）も真摯に取り組むことが求められる。繁華街では大手小売りチェーンが出店することで，賑わいがあり空き店舗問題が表面化していないようにみえる地区もあるが，当該エリアにどのような店が出店することが望ましいのか，実態と共に行政も交えて都市マネジメントのあり方について議論する必要がある。

3　空き不動産対策とエリアマネジメント

3.1　空き不動産の活用

　中小企業庁「令和 3 年度商店街実態調査報告書」によると，空き店舗がある商店街の割合は平均で 73.1% である。商店街の平均店舗数は 57.7 店で平均空き店舗率は 13.8% である。そして，今後の予想については，空き店舗が「増加する」は 48.9 ％で「減少する」の 14.1 ％を 35.8 ポイント上回る。

　退店した理由は「店主の高齢化・後継者の不在」が 68.1 ％で最も多く，空き店舗が埋まらないオーナー側の理由は，「店舗の老朽化」が 35.2 ％，「所有者に貸す意思が無い」が 34.8 ％，「家賃の折り合いがつかない」が 29.2 ％で上位を占める。一方，借り手側の理由としては，「家賃の折り合いがつかない」が 38.1 ％，「商店街に活気・魅力がない」が 29.7 ％，「店舗の老朽化」が 29.5 ％で上位を占める。一連の調査では，空き店舗について経年変化をみるために選択肢が固定化されており，それぞれの立場から「点」の利活用という現場レベルでの回答を求めている。このため，調査に際して都市のマ

ネジメントはどうあるべきかという戦略的な選択肢は用意されていない。

　従来の高止まりから上昇傾向に転じている地価，老朽化するストック，まとめきれない地権者の意向など多様な事情によって，空き店舗に限らずに空き地，空きビル，駐車場，倉庫等の「低未利用地」（地理学では空き不動産という）が増加する傾向にある[3]。箸本（2021，10-11 ページ）は，空き不動産を活かすための視点として以下の三つをあげている。

　第1に，経済原理に基づく利活用を通じて事業の定着を図り，空き不動産の収益性を回復させることで，中心市街地における経済循環を蘇生する「地域経済再生」の視点である。空き不動産が増加する最大の要因は事業採算性の低さである。その一方で，都市の地理的中心という立地が持つ希少性は高く，こうした特性を活かすことができる業種。サービスへの転換を，無理のない初期投資や適正な事業規模で進めるマネジメントが求められる。そのためには，土地・建物を担保とする従来型の融資に代わる損益分岐点を見据えた事業規模の縮小と潜在需要と結びつく事業の創造が必要となる。

　第2に，改修費などストックへの投資を最小限に抑え，文化，ライフスタイル，人的交流を追求する場として空き不動産を活用する「コミュニティ再生」の視点である。空き不動産活用の第一義的な目的は，ストックの固定費を抑えることによる事業の低コスト化であるが，近年いくつかの地方都市に生じている再生の動きはそれにとどまらず，中心市街地に蓄積した文化的・歴史的資源を活かして，移住者などの主体が新しい事業を創造し，居住者や利用者に新しいライフスタイルを提供している。これは中心市街地という場所の価値を再構築し，そこでのコミュニティを再生する動きに他ならない。

　第3に，国や地方自治体など公的セクターを通じて空き不動産の利活用スキームを構築する「新しい都市政策」の視点である。　（中略）－　空き不動産を生かした再生を図る際に，単発的な補助金や空き不動産の買い上げ，あるいは土地区画整理事業と組み合わされた再開発など旧来型の再生手法に代わり，都市の持続性を見据えた新たな政策理念や計画，事業手法が求められる。とりわけ，近年の都市政策で注目されている立地適正化計画[4]や公民連

3　箸本健二・武者忠彦編著（2021）『空き不動産問題から考える地方都市再生』ナカニシヤ出版，3-8 ページ.

携のあり方は，地方都市の空き不動産の利活用に大きな影響を及ぼす論点である。

　以上，空き店舗を含む空き不動産の利活用には，当該物件から収益を確保する１オーナーの「点」としての対応を越え，「地域経済再生」，「コミュニティ再生」，「新しい都市政策」の三つの公共政策の視点で「面」としての対応を進める必要がある。まちづくりの視点から，空き不動産対策とコンパクトシティ，エリアマネジメントを連動させて考えることが大事になる。

　国土交通省（2017，2ページ，25ページ）「都市のスポンジ化について」では，都市の内部において空き家，空き地等が小さな敷地単位で，時間的・空間的に，ランダムに相当程度の分量で発生することを「都市のスポンジ化」と定義する。都市の密度が低下することで，サービス産業の生産性低下，行政サービスの非効率化，まちの魅力，コミュニティの存続危機など，様々な悪影響を及ぼすことが懸念される。

　空き不動産がランダムに大量発生することで，人口密度が低下し，生活サービスの縮小・撤退やコミュニティの希薄化や存続が困難な状況が発生する。また，街の魅力が低下し地価の下落や治安の悪化が増幅して経済活動の停滞を招く。その結果，税収減による行政サービスの低下につながる負のスパイラルに陥る。コンパクトシティ政策に基づく機能集約の効果が発揮できず，都市が衰退するシナリオに陥る可能性も高まる。このように，空き不動産の増加は，コンパクトシティや中心市街地活性化のボトルネックとして，加速度的に都市の衰退を招く恐れがある。

　小林（2018，77ページ）は，「これからの都市づくりは，都市のコントロールから都市のマネジメントに移行すると考えられる。都市のマネジメントは都市全体のマネジメントではなく，都市の一部のエリアのマネジメント，すなわちエリアマネジメントから始まると考えられる。－（中略）－グローバル化の時代には，マーケットの力によるディベロップメントを展開し

4　立地適正化計画は，都市の規模や課題に応じた都市内多拠点コンパクトシティの拠点を形成するための制度である。住宅を誘導して人口密度を維持する「居住誘導区域」が都市計画法上の既存の市街化区域の一部に設定され，行政・医療・介護福祉・子育て・商業・金融・教育・文化の７種類の機能を有する施設を誘導して都市の拠点となる「都市機能誘導地域」が居住誘導区域の一部に設定されることで，従来よりもコンパクトな都市が形成される制度設計になっている。

てきたが，これからはローカルな力によるマネジメントが重要になってくると考える。その際，これまでの「コミュニティの力」のみではグローバル化に対応する「ローカルな力」にはなり得ず，改めて「ローカルな力」を発揮する「エリアマネジメント」が重要である」と主張する。

　続けて小林（同）は，「グローバル化による産業化が世界を覆う時代に，地の力，「バナキュラーな力（＝power of vernacular 筆者追記）」がバランスを取れるように都市づくりに展開される必要がある。「バナキュラーな力」は，小さな共同体が持つ固有の価値に基づくものである。「小さな共同体」が持つ，それぞれ固有の価値を基に，時に偶発的なコミュニケーションやつながりが生まれ，全体の社会が覆われるような共同性が獲得できることが期待されると考える。−（中略）−ディベロップメントの時代はローカルな力は相対的に「孤立」しており，都市づくりは法令などによる権力によってコントロールされていた。マネジメントの時代を考えると，ローカルな力は「信頼」と「互酬性」の力により絆で結ばれてまちづくりにかかわることになる。一言で言えば，まちづくりにあたっては，エリア単位で関係者間の社会関係資本を形成し，協調的な活動を促すこととなる」と述べる。

3.2　良好な環境の形成と地域の価値を高めるエリアマネジメント

　国土交通省（2008, 9ページ）では，エリアマネジメントを「地域における良好な環境や地域の価値を維持・向上させるための住民・事業主・地権者等による主体的な取り組み」と定義する。近年，エリアマネジメントが注目される背景としては，高齢社会，人口減少社会における土地利用のありかたが変化していること，地域の街並みや身近な環境に関する関心が高まってきていること，行財政の硬直化により事務事業の選別・見直しとともに歳入確保策について議論が進んでいること，行政における「新たな公」を基軸とする地域づくりへの期待が高まっていること，などがあげられる（国土交通省 2007, 1ページ）。

　エリアマネジメントの意義については，コミュニケーションの活性化と横のつながりの強化を基にした生活環境の維持・向上，良好な環境を維持することによる資産価値の向上，行政との役割分担による行財政改革への貢献と

表 4-5　エリアマネジメントの効果

効果の分類	効果の例
① 快適な地域環境の形成と持続性の確保	【❶–1　まちなみや景観への効果】 緑被率の向上，景観への関心向上 など
	【❶–2　防災・防犯・安全への効果】 放置自転車数減，路上駐車台数減，犯罪減（発生率低下），事故発生件数減，防災活動増 など
② 地域活力の回復・増進	【❷–1　消費活動や売上，雇用などの経済への効果】 売上額等増，エリア内の購買率向上，就業人口増 など
	【❷–2　にぎわいや集客（買い物客，観光客等）への効果】 歩行者数増，来街者・来館者数増，観光入込客数増，宿泊者数増，駐車場利用台数，イベントや祭事の回数増 など
	【❷–3　地域間競争力（国際競争力含む）への効果】 従業者数増，人口（夜間人口）増，危機管理 など
③ 資産価値の維持・増大	【賃料や空室率等の不動産への効果】 地価の維持・向上，空き家，空き店舗減 など
④ 住民・事業主・地権者等の地域への愛着や満足度の高まり	【住民等の意識の向上，相互理解，ネットワークの形成への効果】 ボランティア人口増，イベント等参加者数増，コミュニティビジネス増，居住人口増，住民等満足度の向上（住みやすさ・働きやすさ）など
⑤ 財政負担の軽減	【公共施設管理費等の財政負担の軽減効果】 公共施設管理費の削減

出所：国土交通省（2007）「エリアマネジメントの推進について」3 ページ．

　細やかなサービスの選択の広がり，コミュニティビジネスの増進と資源の地域内循環の促進などが考えられる（同，8 ページ）。

　そして，エリアマネジメントの活動の効果（表 4-5）としては，①快適な地域環境の形成とその持続性の確保，②地域活力の回復・増進，③資産価値の維持・増大，④住民・事業主・地権者等の地域への愛着や満足度の高まり，⑤財政負担の軽減等が報告されている（内閣官房 2017．2-6 ページ）。

　商店街がエリアマネジメントに注目する背景には，上記のような活動の効果に期待することもあるが，既存組織の限界を超えた顧客と市民の関係性を再構築するプラットフォームが形成されることがあげられる。互酬的で信頼に基づく需要を創造し，自店やエリア内への再投資（店舗改装や業種転換，リノベーション等を含む）を促進することで，まちへのファンを増やすことで，次代を担う人材の輩出まで視野に入れた活動が期待できることがあげられる。商店街の活性化には，担い手の確保と個店の経済的自立が必要とされ

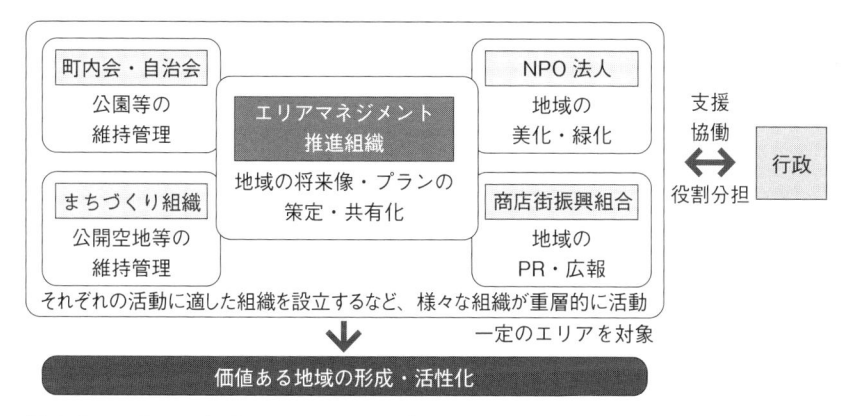

図 4-6　エリアマネジメントのイメージ

出所：国土交通省（2010）「エリアマネジメントのすすめ」より

る。実効性と継続性を担保する意味からエリアマネジメントにコミットすることの意味は正当化できる。エリアマネジメントは，官民連携による環境整備と価値向上が基本的な目標であり，行政は規制緩和や制度変更等を通じて民間による自主性を尊重する立場にあり，多くの人が地域の課題に関心をもちビジョンを共有することで活動をサポートすること，民間が事業の収益をまちに再投資する機会を阻害しないことである（図4-6）。

3.4　稼ぐまちをつくる活動としてのエリアマネジメント

　木下（2015，124–131 ページ）は，商業街区の不動産オーナーの経営改善をすることを目的に設立した「熊本城東マネジメント株式会社」で，エリアマネジメントを実践してきた経験から，エリアマネジメントの中核となる会社は，まちとしての生産性を上げ，その利益率を高め，より効率的なものに再投資していくことの重要性を説く。今後の地域商業として必要なのは，製造小売りやサービス分野の業態で生産性の高い中小零細商業への転換を説く。規模ではなく利益率が大事であり，少ない資源でしっかりと利益を残せる事業者が集積していくことこそ，今後の地域商業に求められている転換である。こういう店が集積することでまち全体の構造改革が進む。そして，利益が地域での消費に回ったり，まちづくり事業への投資に使われたりすれ

ば，まち全体としても経営が安定する。小さいから弱いわけではなく，稼ぎを流出させないことが地域経済を豊かにする重要なポイントになるという。空き店舗を改装する時も地元の業者と一緒にやれば資金は再投資されて地域内で循環することになると述べる。

　また，木下（2015，61-64 ページ）は，熊本市中心部の飲食店街で発生する大量の生ごみが，業者が回収するまで路上に放置されていた課題を解決すべく，それぞれバラバラだった契約を一本化し，回収業者にとってのメリットも説明することで，まちぐるみで束になって契約を結ぶことができ，年間170 万円のコスト削減と景観の改善を達成した。そして，一括契約で削減したコスト分を会社の運営経費と不動産オーナー等への還元と未来の投資のための再投資資金に 3 分の 1 ずつ分配するルールを共有した。ポイントは誰一人として損も無理もしておらず，管理費を引き下げたことでテナントに感謝されるところも出てきた等，一石三鳥以上の効果をたたき出していることである。熊本での実践は，不動産オーナーがまちの価値を高めるという持論を実践した取り組みである。長らく行政主導のまちづくりが続いてきた日本の公共投資は，民間の投資を誘発しない場合が多く，まちづくりは不動産オーナーが主体となって，自分たちの稼ぎは自分たちであげるという発想を醸成することの必要性を主張する。

3.5　（一社）戸越銀座エリアマネジメント（TAM）

　商店街を中心として活動するエリアマネジメントの事例として，戸越銀座エリアマネジメントの活動を概観する[5]。東京都品川区の戸越銀座商店街連合会は 50 年の歴史がある。全長 1.3km に及ぶ三つの商店街振興組合からなり，店舗数は 350，会員数は 400 から構成される。飲食店が全体の 25 ％程度で増加傾向にある。戸越のブランド化と地中化事業を進めるために，20年ほど前から定例会を持ち始めた。2019 年 9 月に（一社）戸越銀座エリアマネジメントを設立した。住民や企業や大学と連携しながら，地域全体のエリア内の生活環境の価値向上を目指している。法人格を取得したことで，コ

5　2021 年 2 月 12 日に全国商店街振興組合連合会近代化研究会において戸越銀座銀六商店街振興組合の亀井哲郎理事長にオンラインでインタビューを実施した。

ロナ対策を進めた際も情報の一元化，意思決定，金銭面などでスムーズに動かしている。

　これまで築いてきたブランドを活用することで，商店街が企業や区民との連携機会を探り，スキルのある人たちが参加することで活動の幅を拡げている。サークル活動やサポーターなどの活動支援ができ，戸越ファンの増加にもつながっている。食べ歩きができる商店街として，ビジネスホテルの開業も重なってコロナ前には着地型観光が増えつつあった。

　2020年11月には，コロナ禍における事業継続と感染者が店舗等で発生後のダメージコントロールを目的に，事前の対策方法からコロナ禍でも安全に運営するポイントをまとめた「危機管理ガイドライン」を発行した。このガイドラインは大変好評で，全国の商店街や関係機関から問い合わせが寄せられている。戸越ブランド事業，エリアマネジメント事業を通じた非排他的・非競争的な関係づくり，事業継続の力が組織のレジリエンスを確実なものにしている。

　AIによる通行量計測で，混雑状況を独自の基準を設けて色分けを行い，掲示板やスマホに発信することで混雑緩和への協力を呼び掛けた。多様な人材が参画する商店街のプラットフォーム化を進めており，コロナ対策についても培ってきた信頼を基に展開している。徹底した利用者目線の対応で，住民も商店街のファンとなって活動を応援する。地域のブランドづくりにも共鳴し，愛着を持って起業するなら戸越エリア（商店街の区域を外れた場所を含む）と考える人たちが増えている。

　今後は東急電鉄と組んで「着地型の都市観光商店街」を目指すが，商業者目線ではなく利用者目線で魅力的な情報を発信することにしている。現在，戸越銀座の公式ホームページは1日1万ビューあり，組合員となることのメリットが大きい。また，商店街組合員を対象に電子回覧板の実証実験を進めており，合意形成の難しさをデジタル技術の活用で解決を目指す。ほかにも住民参加型の一店逸品の開発やインターネットを介したモバイルオーダーシステム，非接触の機会を増やすためのキャッシュレス決済の推進を兼用している。

4　暮らしやすく持続可能な商業まちづくりのあり方

　地域社会における課題が多様化・複雑化するなかで，特定のエリアを対象として空き不動産を活用するエリアマネジメントの目的と期待される効果は前述したとおりである。こうした施設整備や期待されるビジネスの誘致については，実務的なノウハウの蓄積が進みつつある[6]。ここでは，信頼と互酬性をベースに，関係者間の社会的関係資本を形成し，空き不動産の利活用を通じて，コミュニティの再生とビジネスの息吹を注入する拠点づくりとして，コミュニティカフェと異業種の連携により地域資源を活用するネットワーク事業について事例を中心に検討する。

4.1　ソーシャルビジネスとしてのコミュニティカフェとその役割

　コミュニティカフェは，地域の人が気軽に集い，飲食を楽しみながら思い思いの過ごし方をするなかで出会いと交流が生まれ，コミュニティの再生や公益的な支援に繋がるさまざまなイベントや企画が発信される，地域課題を解決する中核拠点としての「場」をいう。コミュニティカフェは，社会課題をビジネスの手法で解決するソーシャルビジネスであり，社会性（現在解決が求められている社会課題に取り組むことを事業活動のミッションとすること），事業性（そのミッションをビジネスの形に表し，継続的に事業活動を進めていくこと），革新性（新しい社会的商品・サービスやそれを提供するための仕組みをつくること。またその活動が社会に広がることを通じて，新しい社会的価値を創出すること）が要件とされる（経済産業省 2008, 3ページ）。

　コミュニティカフェは，こうしたソーシャルビジネスとしての側面とともに，それぞれ課題解決に向けてミッションがある。コミュニティカフェには，その活動目的や領域によって，子育て支援型，高齢者支援型，障害福祉支援型，スローカフェ型，若者の自立支援型，国際交流型，そしてまちづくり型などがある。これらの活動目的に沿って活動を展開しているが，事業の

6　今施・松行（2015），菅原浩信（2017），小谷野・竹原・室田（2017），倉持（2017）など。

継続性を担保する事業性（採算性）が共通の課題となっている。大分大学福祉科学研究センター（2011）によると，コミュニティカフェの4割が赤字であり，補助金を除くと7割が赤字と回答している（大分大学福祉科学研究センター 2011，23–25 ページ）。ソーシャルビジネスで最も多い領域は，地域活性化・まちづくりであり，保健・医療・福祉，教育・人材育成，環境（保護・保全），産業振興，子育て支援，障害者・高齢者ホームレスの自立支援，観光の順になっている経済産業省（2008，5 ページ）。以下では，地域活性化・まちづくりを中心テーマとして，事業性を戦略的に考えることでオープンから20年近く事業を存続してきた横浜市のコミュニティカフェを取り上げる。

4.2　横浜市港南台タウンカフェの取り組み

　株式会社イータウン（齋藤保社長）は，デザイン事業，まちづくり地域活性化事業，コミュニティカフェ運営事業を展開する。3 事業の1つであるコミュニティカフェを 2005 年 10 月に JR 京浜東北根岸線港南台駅から徒歩3分のビルの2 階部分に改修費 480 万円をかけて「港南台タウンカフェ」をオープンした[7]。2024 年 10 月で 19 年を経過する。試行錯誤の時期もあったが，利用者との交流から生まれた事業も多く，スタッフの理解と協力によって，一般的には継続が難しいとされるコミュニティカフェの運営を軌道に乗せている。

　店舗面積は 72.2 ㎡，客席数 24 席（テーブル 20 席，カウンター 4 席），スタッフ有償非常勤スタッフ7 名，ボランティア 20 名，運営スタッフは 60 名を擁する。営業時間は月曜日〜土曜日の 10 時〜18 時である。主たる事業は，カフェサロン（飲食），小箱ショップ，まちサロン，情報発信，地域交流イベント等である[8]。

　齋藤社長が考えるコミュニティカフェとは，「市民が自発的・主体的に，カフェ的な場所や空間・機能を活用して，「事業」として，居心地の良い場

7　2020 年 7 月 9 日にプロジェクトメンバーとオンライン会議で，2023 年 11 月 24 日にはゼミ生たちと現地でいずれも齋藤社長からカフェの運営についてお話をうかがった。
8　港南台タウンカフェの基本情報は齋藤（2020，37 ページ）より。

表 4-6　港南台タウンカフェの機能と事業（例）

機能	事業（例）
居場所機能	カフェサロン，小箱ショップ
つながり機能	こもれびカフェ，もっと X2 交流ステーション
地域とのかかわり機能	キャンドルナイト in 港南台，フリーマーケット，手作り募金
まちのコーディネート機能	情報誌の発行，港南台まちある隊

港南台タウンカフェの資料から筆者作成

所を共有する場所」である（齊藤 2020，5 ページ）。港南台タウンカフェは四つの機能を担っている。それらは，居場所機能，つながり機能，地域とのかかわり機能，まちのコーディネート機能である。

　居場所機能には，飲食を提供する「カフェサロン」，多くのハンドメイド作品が並ぶ個性豊かな「小箱ショップ」がある。つながり機能には，横浜市介護予防・生活支援補助事業と，さまざまな交流会やサロンへ参加することでまちの誰かと繋がれる「こもれびカフェ」や小箱ショップの作家さんをはじめ誰とでも気軽に参加できる飲み会の「もっと×2 交流ステーション」がある。地域とのかかわり機能には，エコや地域のことを考える屋外イベントの「キャンドルナイト in 港南台」，地域で特技や専門性を披露できる「地域交流サロン」や「フォーラム」がある。そして，まちのコーディネート機能には「ボランティアやインターンの受け入れ」，まちの「情報誌の企画・編集」を担う人材発掘を行っている。

　齋藤社長のコミュニケーション力に長けた人間性が魅力で，利用者が運営側につくことも珍しくない。参加者のこのエリアはもっとこうなると良いという思いを受け止め，イベント企画や政策提言まで考える，まちづくり応援事業を展開し，起業の相談やアドバイスまで行う（株式会社イータウン「20 YEARS Report」）。

　ソーシャルビジネスの経営者は，まちの居場所や交流機会を多くしてコミュニティの再生や環境改善，まちの価値を高めるといった社会性に強い思いをもつ人が多いが，実際にこれを続けることは容易ではない。ふつうのカフェとは違い，原材料にこだわり，価格を上げて回転率を高めるといった商

業ベースの経営の実践ではコミュニティカフェは作れない。港南台タウンカフェは，財務情報や事業戦略を仲間のために公開している。社会性と事業性のバランスを示したものが図 4-7 である。コミュニティカフェで展開する全ての事業を社会性と収益性の 2 軸でプロットし，事業ごとにバランスを取って運営していることが理解できる。齋藤社長は，コミュニティカフェは，売

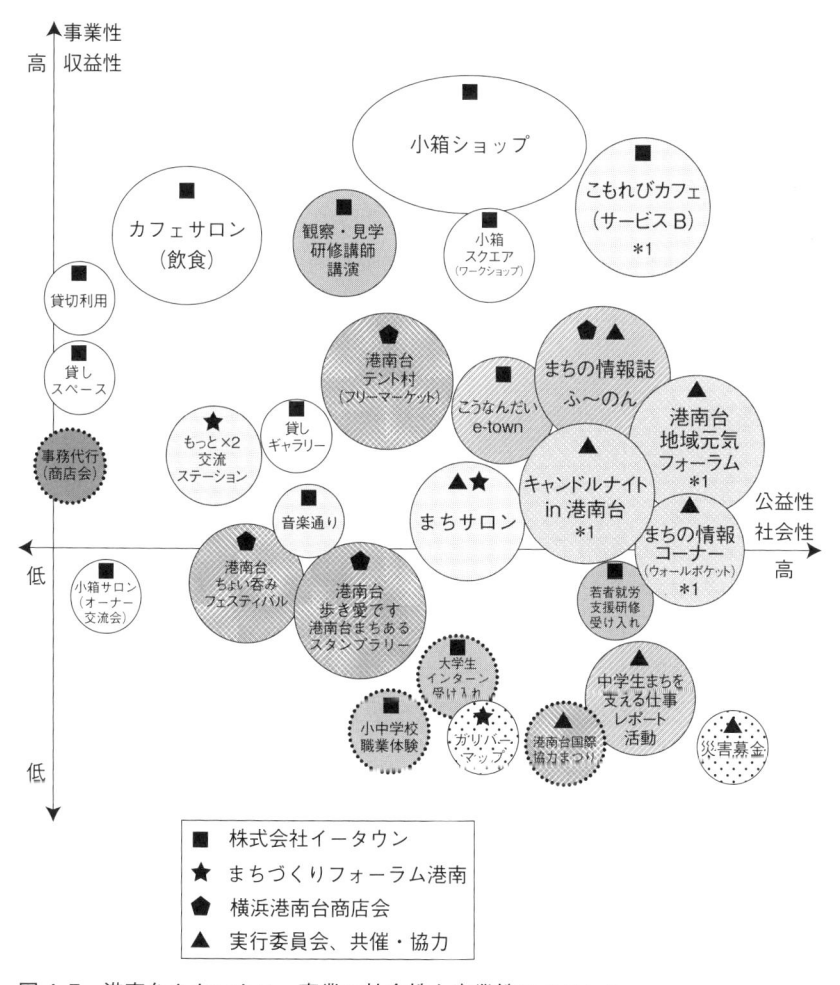

図 4-7　港南台タウンカフェ事業の社会性と事業性のバランス

出所：齋藤（2020，188 ページ）より

上アップ（客数×客単価）もコストダウンも難しいという。一方で，適正に地域社会にその必要性を問いかけることで一般のカフェでは難しいさまざまな資源を得られる可能性が高いと説く（齋藤 2020，186–199 ページ）。

　タウンカフェの四つの機能を体感し，市民・事業者・行政との連携・協働を通じてまちづくりやエリアマネジメントの重要性を理解した人たちが商店街で起業したり，彼らを応援することにかかわりたい市民や顧客が増えると，強いコミュニティが形成され，高質で豊かな空間形成と互酬的で良好な人間関係が魅力の地域社会の実現に向けた期待感が膨らむ。都市経営の観点から自治体は未利用資産のリノベーションを促進し，市民や事業者にエリアマネジメントへの理解を促す効果が十分あると思われる。

5　おわりに

　経済産業省（2017）「新たな商店街政策の在り方検討会中間取りまとめ」（以下，検討会報告書という）では，商店街が事業を継続していくためには，「地域に求められる商店街であり続けることが必要であり，地域が変わっていくのであれば，それに合わせて商店街も変わっていかなければならない。−（中略）−商店街に立地する主な業種である小売業，飲食サービス業の労働生産性は他業種に比べ低い位置にあり，稼げる商店街となるためには積極的な設備投資や IT 化など，従来のやり方を変える攻めの取組を進める必要がある」と述べている。そのうえで，「これからの商店街活性化のためには，従来の政策手法とは別の，民間主導の商店街再生の検討や，支援策のカネからチエへの転換，商店街とは別の個店同士のネットワークの構築による新たな連携体づくりの模索など，既存のアプローチにはない新たな手段を考える必要が出てきている」と述べている。

　しかしながら，検討会報告書では商店街を三つの側面〔目指す姿（生活支援型・エリア価値向上型・観光型），規模（大・中・小），ステージ（初動助走期・成長期・安定期・停止期）〕〕で分類し，10 の類型ごとに支援が必要であることを述べるにとどまり，具体的な支援策については従来どおり，自治体の協力とともに支援機関や専門家による支援事業の枠を超える発想は出

されていない。

　検討会報告書の最後には，「商店街は今，未来指向の新しい商店街に変わるための分岐点に置かれている。地域において商店街は何のために必要で，どのような役割を担っていくべきか，商店街のことのみをみるのではなく，まちづくりの観点から基礎自治体，商店街の店主，地権者，住民が協働しながら考える時期にある。中小企業庁としても，他省庁や自治体と連携した，商店街が真に必要とする施策を取る必要があり，本中間取りまとめを踏まえ今後どのような施策が取られるか，フォローし検証していく」と述べる。

　報告書はパンデミック前にまとめられたものであり，コロナ禍における流通・消費の構造変化や IoT や AI 技術の進化のスピードは想定外であった。この点を割り引くとしても，あくまで中小企業庁の目線でまとめた報告書であり，デジタル化を見据えた地域プラットフォームに関する議論は皆無である。ちなみに，中国ではデジタルプラットフォーマーが小規模零細店の受発注や顧客情報の活用をスマートフォンで出来るサービスを実用化しており，130 万店以上の小売店で活用されている（福田 2020，44–45 ページ）。さらに，日常生活の困りごとをミニプログラムで解決できるサービスも実装されている（同上）。商店街関係者も専門家も行政も商店街支援策という狭い視点で，商店街の在り方を議論する時期にないことを理解する必要がある。

　その後，経済産業省は地域経済産業グループ長の私的研究会として 2020年 4 月に「地域の持続可能な発展に向けた政策の在り方研究会」を設置し，同年 9 月に報告書（以下，研究会報告書という）を取りまとめた。研究会報告書では，持続可能な地域社会をつくるために，デジタル化を進めていくことが必要不可欠であるとし，そのために地域内外の人材が信頼関係に基づき有機的に連携・相互補完していく仕組みが必要であると指摘している。その際の課題として，地域のコーディネート機能の不足，IT 化の遅れ，域外企業の地域企業への関与の不足・困難性の三つをあげ，これらの課題に対する取り組みとして，主体を明確にしたうえで望ましい関係性を描いている。図4–8 は地域の持続可能な発展のための各主体の関係性を整理したイメージ図である。

　このイメージは，図 1–4 で提示した「地域資源循環型協働プラットフォー

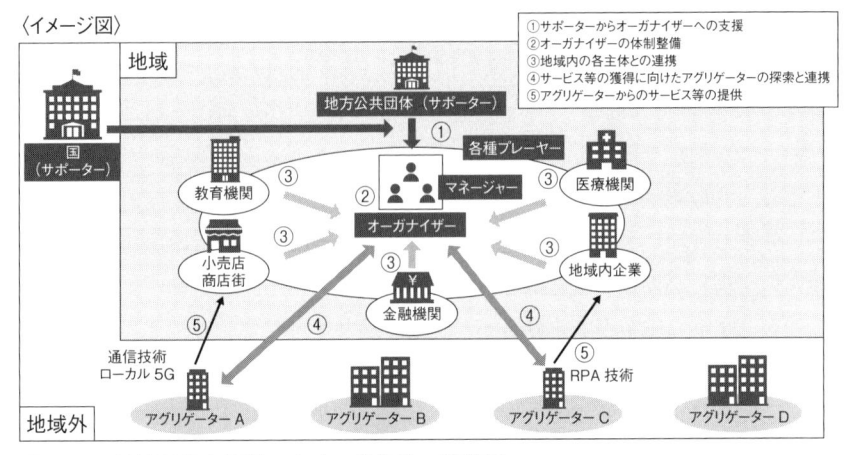

図 4-8　持続可能な発展のための各主体の連携図

出所：中小企業庁（2020）「地域の持続可能な発展に向けた政策の在り方研究会」第 4 回検討資料より.

ム構想」と着想が似ている。各主体の役割については次のように書かれている。"サポーター"は地域の持続的発展に取り組む人材・組織を支援する国や地方公共団体。"プレイヤー"は，マネジャー及びオーガナイザーに対し，協力・連携する地域内外の法人（又は人材）。"アグリゲーター"は，広域で複数の地域に，地域の持続的発展に資する製品又はサービスを供給する地域外法人。"オーガナイザー"は，マネジャーが所属する組織であり，アグリゲーター及びプレイヤーと連携する主体であり，サポーターの支援先である中核的な地域内法人としている。

　その後，パンデミックを経験したことで，デジタル技術が私たちの身近なところで一気に浸透し，人材の流動化，リモートワークの普及，生活様式や価値観の多様化，副業の解禁，ライフシフト，地域資源の拡充など，今日こうした連携基盤の要件が整ったことは間違いない。特に，域外で技術やソフトを支援するアグリゲーターを位置づける発想は，まさに今日的で期待感が膨らむ構想といえる。また，コストや実現性の観点から広域でのプロジェクトを容認している点も現実的で評価できる。さらに，国や地方自治体がオーガナイザーに対し一定の予算措置を講じることも賛同できる。

　一方で気になる点は，地域の発展目標はどの機関がどのようなプロセスを

経て決定するのか，（タウン）マネジャーのミッションと選考基準は何か，こうした複雑な構想を地域が各主体を合理的に取捨選択することで組織化し中長期的に管理できるかという点である。オーガナイザーやアグリゲーターに認定制度を導入したうえで，地域に主体選択の幅を広げることは地域の持続可能性を拡げる観点から望ましいと考えられるが，これらをセットで選択できるような仕組みにするか，地域のニーズに見合ったローカルプラットフォームを設計して提案する事業者を育成することも必要ではないかと考える。さらに一つ，批判的に述べるとすれば，この構想は，プラットフォーム構築に向けて提供側の論理に偏っているように思われる。実際にプラットフォームを利用することで問題を解決するのは，参加者とそのサービスの利用者である。プラットフォームの二面性がみえづらい点は今後の議論となる。

参考文献

イータウン「20 YEARS Report」.

今瀬和哉・松行美帆子（2015）「コミュニティカフェの継続に必要な条件についての一考察—横浜市・川崎市のコミュニティカフェを事例として—」『日本都市計画学会都市計画報告集』No.13.

植田浩史・立見淳哉編著（2009）『地域産業政策と自治体』創風社.

梅村仁（2019）『自治体産業政策の新展開』ミネルヴァ書房.

大分大学福祉科学研究センター（2011）「コミュニティカフェの実態に関する調査結果［概要版］」.

大貝健二（2021）「中小企業振興条例の現段階」『中小企業季報』No.4

大貝健二・池島祥文（2014）「地域産業政策の展開とその到達点」『地域経済学研究』第 27 号.

梯輝元（2022）『滅びない商店街のつくかた　リノベーションまちづくり・エリアマネジメント・SDGs』学芸出版社.

河藤佳彦（2015）『地域産業政策の現代的意義と実践』同友館.

木下斉（2020）『稼ぐまちが地方を変える　誰も言わなかった 10 の鉄則』NHK 出版新書.

倉持香苗（2017）「人の交わりから生まれる地域づくり—地域拠点としてのコミュニティカフェの可能性—」『作業科学研究 11』

経済産業省（2008）『ソーシャルビジネス研究会報告書』.

経済産業省（2017）「新たな商店街政策の在り方検討会中間取りまとめ」.

経済産業省（2020）「地域の持続可能な発展に向けた政策の在り方研究会報告書」.

経済産業省「令和 3 年 経済センサス活動調査」.

経済産業省「令和 4 年度 電子商取引に関する市場調査報告書」.

国土交通省（2007）「エリアマネジメントの推進について」.

国土交通省（2008）「エリアマネジメント推進マニュアル」.

国土交通省（2017）「都市のスポンジ化について」．

小林重敬（2018）「コントロールからマネジメントへ」『都市住宅学』100 号．

小谷野結希・竹原彩・室田昌子（2017）「コミュニティカフェの運営実態とタイプ別課題に関する研究 ―1 都 3 県を中心に―」『日本都市計画学会都市計画報告集』No.15.

齋藤保（2020）『コミュニティカフェ まちの居場所のつくりかた・つづけ方』学芸出版．

菅原浩信（2017）「コミュニティカフェにおけるソーシャルビジネスの展開」『日本経営診断学会論集 17』．

総務省統計局（2022）『家計調査（家計収支編）時系列データ 二人以上の世帯』

中小企業庁「商店街実態調査報告書」各年．

中小企業庁（2020）「地域の持続可能な発展に向けた政策の在り方研究会」

通商産業省「昭和 57 年 商業統計調査報告書」

内閣官房まち・ひと・しごと創生本部事務局（2017）「地方創生まちづくり―エリアマネジメント―」．

箸本健二・武者忠彦編著（2021）『空き不動産問題から考える地方都市再生』ナカニシヤ出版．

日野眞克（2021）『ドラッグストア拡大史』イースト新書．

福田敦（2006）「地域資源循環型協働プラットフォーム構想による商店街存立モデルの提案」『流通』No.18.

福田敦（2020）「プラットフォームビジネスの動向と流通研究上の課題」『流通』No.48.

福田敦（2022）「ポストコロナ時代の商店街プラットフォーム戦略」『関東学院大学経済経営研究所年報』第 44 集．

福田敦（2024）「弱い紐帯の強さによる地域商業のマネタイズ戦略」『関東学院大学経済経営研究所年報』第 46 集．

南方建明（2019）『日本の小売業態構造研究』お茶の水書房．

（福田　敦）

第 II 部

地域企業の稼ぐ力を
高める自治体の
産業振興戦略

第 II 部
地域企業の稼ぐ力を高める自治体の産業振興戦略

第 II 部では，少子高齢化・人口減少社会において，モチベーションが上がる事業承継，関係人口の構築と受け入れ側の意識改革が期待されるコンテンツツーリズム，地域資源を活かした着地型観光，産業政策と相互に作用して促進し合う物流政策，中小企業のマーケティング支援事業に関わる自治体の事業評価について議論する。市内産業の横断的なコラボレーションを進め，新商品・新サービスの開発を誘発する弱い紐帯（つながり）の強みを活かすプラットフォーム形成の意義を検討する。人材を含む多様な地域資源を協働の力で循環し，潜在需要を顕在化するコミュニティ型マーケティングを実践することで，地域企業の価格決定力向上と市民の暮らしに貢献する産業振興戦略について考える。

第5章
事業承継の現状・課題と
自治体の支援策

1 はじめに

　近年，後継者がいない，親族が継いでくれない，といった中小企業が増えているという報道に接する機会が多くなってきた。2020年以後の『中小企業白書』（中小企業庁編，年1回発行）をみると，毎年のように後継者不足と事業承継問題ならびに経営者の高齢化問題が取り上げられている。総じて，事業承継をしようにも後継者がみつからない企業が多いため，経営者の平均年齢が年々高くなっていることが指摘されてきた。ただ，同時に従業員の高齢化が進行していることも経営面での存続を阻む大きな問題であるといえよう。こうした問題が近年顕在化してきた原因の一つは，「2025年問題」といわれている。これは第一次ベビーブーム期（1947～1949年）に生まれた，いわゆる「団塊の世代」の810万人全員が2025年に75歳以上の後期高齢者となり，人口の18％を占める大規模層へと膨れ上がることにより生じるであろう様々な社会的問題のことである（南 2017; 小峰 2018）。企業にとっての2025年問題は，労働人口の減少と少子化の同時進行も相俟って人手不足がさらに深刻化することを意味する。特に若手従業員が採用できなければ，DX化，ロボットやAIの活用，新規設備の導入などにより生産性を向上することが難しくなる。その結果，売上・利益の拡大が図れなくなり，後継者候補である親族や従業員が後を継がなくなる。

　上記以外にも，例えば物流業，建設業においては，トラック運送を担う人材不足が深刻化しており，倒産・廃業する企業が増えている。また，消費者のネット購入の普及が小売業界に打撃を与えており，商店街の小売店では後

継候補者が後を継がなくなったという話をよく耳にする。後継者がいない，後を継いでくれないのは，継げない理由やそれを阻む障害があるからであろう。そこで，後継候補者の後継意識を明らかにするとともに事業承継難の理由と承継上の課題は何か，そして自治体にどのような支援策が必要なのか，研究機関等の調査結果と筆者が独自に実施したアンケート調査結果に基づき考察する。

2　事業承継の現状

2.1　後継者の存在の有無

　本節では，中小企業の事業承継に関して公的機関や金融機関等が実施した調査データをもとに，その現状を明らかにしたい。

　まず，中小企業（一次産業，不動産賃貸業等を除く）における事業承継の意向（日本政策金融公庫総合研究所 2023）については，後継者が決定し本人も承諾している「後継者決定企業」の割合が全体の 10.5 %，「後継者未定企業」（事業承継の意向があるものの後継者が決まっていない企業）は 20.0 %である（図 5-1）。最も多いのは，自分の代で事業を辞める予定である「廃業予定企業」であり 6 割近く（57.4 %）を占めている。また，自分自身がまだ若いため後継者を決める必要がないとする「時期尚早企業」は 12.0 %である。

　廃業予定企業においては，廃業せざるをえない様々な原因が考えられる。図 5-1 によれば，「そもそも継いでもらいたいと思わない（45.2 %）」「後継者難（28.4 %）」「事業の将来性が無い（22.1 %）」といった理由によるが，この中で「後継者難」と「事業の将来性が無い」と回答した経営者は，後継者がみつかり事業の将来性が見通せるといった状況へと改善すれば，廃業する必要はなくなり，後継者に事業を引き継ぐ可能性が高い層である。そして，その割合は廃業予定企業の過半数（50.5 %）を占める。そうすると中小企業全体からみた場合，後継者が未だ決まっていないが，事業を改善することで後を継いでくれる可能性がある割合は，後継者未定企業と上記の割合を足した値である 49.0 %，ほぼ半数となる。以上より，後継者が決定してい

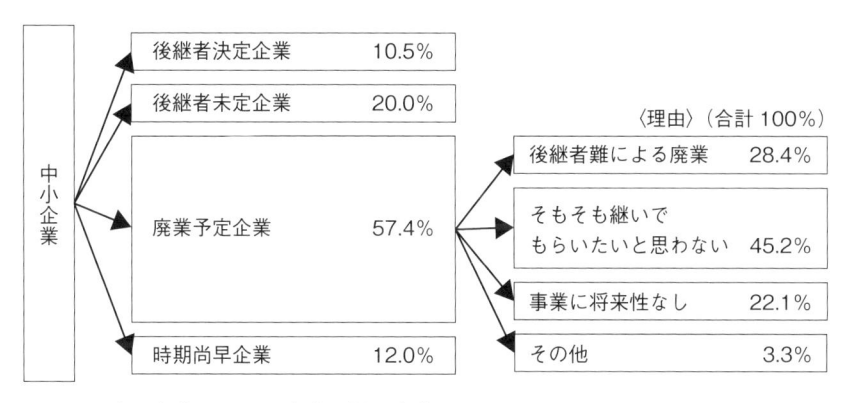

図 5-1　中小企業における事業承継の意向

出所：日本政策金融公庫総合研究所（2023）のデータを使用し筆者作成（一部改編）

る割合は 1 割程度と少なく 6 割の企業は廃業予定とはいうものの，廃業を阻止するための方策（経営努力と政策支援）を実施することにより，3 割〜5 割程度の中小企業は後継者へ事業を引き継ぐことが可能になると考えられる。

　後継者難の深刻さについては，国が事業承継の将来予想を明らかにしたデータによっても確認することができる。経済産業省（2017）は，2025 年までに 70 歳を超える中小企業経営者の数が全国で 245 万人となり，その内約半数の 127 万人が「後継者未定」になると試算し，このままの状態を放置していると廃業する中小企業が急増し，2025 年までの 10 年間で 650 万人の雇用と約 22 兆円の GDP が失われる可能性があると指摘した。世代交代の時期である 70 歳代の経営者の約半数が後継者難に陥ることになれば，経済活動へも大きな影響が及ぶことが予想される。

2.2　後継者問題と事業の安定性・将来性

　後継者がいない企業の割合である「後継者不在率」（帝国データバンクによる調査）は 2018 年に 66.4 ％であったが，その後様々な環境整備が行われるとともに M ＆ A や親族外承継への理解も進んだ結果，年々低下し続け 2023 年には 53.9 ％となった。しかしながら後者の比率は，未だ過半数の企

業において事業承継の相手がみつからない状況が続いていることを示している。また，後継者不在率については地域差があり，鳥取県（71.5 %），秋田県（70.0 %）の2県では7割を超えている一方，三重県（30.2 %），茨城県（42,1 %），和歌山県（43.0 %），佐賀県（43.1 %），鹿児島県（43.8 %）などでは5割以下の比率となっている。三重県が突出して低い理由については，本調査を実施した帝国データバンクが「地域金融機関などが密着して支援を行っていることに加え，経営や商圏が比較的安定している企業も多い，などの理由から，子息など親族が経営を引き継ぎやすい環境が整っていることも背景にある」と説明している（帝国データバンク 2023）。

　経営の安定性は，企業を次代に引き継ぐために重要であることは誰しも理解できるであろう。にもかかわらず，黒字でありながら後継者がいないために廃業する中小企業が2025年に60万社以上にのぼると試算（中小企業庁 2019）されており，必ずしも黒字であれば後継者が継いでくれるというわけではないのである。また，反対に現状が赤字状態だったとしても事業の将来性が見込めるのであれば，後継候補者はその事業を継ぐだけの魅力があると感じるのではないだろうか。いずれにしても現経営者が経営を安定的に黒字化させることを目標にして，赤字であってもDX化や生産性向上，新製品・新サービス開発，社会貢献度の高いものづくりといった高付加価値化の試みをしていくことで将来の事業の存在意義が高まれば，後継候補者の継ごうという意識は高まるであろう。

2.3　後継者候補とその確保

　自分の代で廃業予定の企業，あるいは経営者が若いのでまだ後継者を決める必要がない企業を除くと，後継者がいない理由（㈱ fundbook が2023年10月に実施した調査結果）として「社内に親族がいない」，「従業員に適任となる人材がいない」「社内の親族に承継の意志がない」「社内の親族が承継に適任でない」などがあげられている（㈱ fundbook 2023）。この結果は，現経営者が毎日仕事をする社内現場において親族や従業員の存在と彼ら（彼女ら）の働きぶりに注目していることがわかる。

　それでは，現経営者は誰を後継者にしたいと思っているのであろうか。こ

表 5-1　だれに経営を継承してほしいですか（後継者がいない企業といる企業）

	（1）後継者不在企業（%）	（2）後継者がいる企業（%）
子供（社内外）	34.2	40.6
その他親族	14.7	19.6
親族外	29.8	29.9
他の企業・法人	18.3	3.7
その他	2.9	1.6

(注) ㈱ fund が 40 歳以上の経営者，自営業者 3,836 名を対象に 2023 年 10 月に実施したアンケート調査データを使用し，項目毎に筆者が再集計した値。なお，(1)後継者不在企業は「いない」と答えた 44.9 %の回答を除いて再集計した値である。

出所：fundbook（2023）

れも同社による調査結果（表 5-1）によると，後継者がいる企業では 40.6 %が経営者の子供であり，後継者がいない企業においても 34.2 %が同様に経営者の子供である。さらに，子供以外の親族も入れると後継者不在企業では約半数が，後継者が決まっている企業では約 6 割が希望している。既に決まっている後継者にしても，まだ決まっていない“後継候補者”としても，経営者の半数以上が自分の息子・娘，それが無理ならその他の親族に自社の将来を託したいと思っていることがわかる。中小企業の多くは，ファミリービジネスとして自社の経営をつないでいきたいと考えているのであろう。一方で，後継者のある無しにかかわらず「親族外」への継承（希望）がほぼ 3 割存在する。

　これらと比べて少ない比率ではあるが，例えば M ＆ A などのように他の企業・法人へ承継するケースも出てきた。これは，後継者不在企業の廃業を防止すべく国や自治体が M ＆ A を選択肢に入れるよう啓発活動をはじめとする支援策を実施するようになってきただけでなく，従来，大企業を対象にしてきた金融機関や M ＆ A 専門企業なども積極的に中小企業の M ＆ A 市場を開拓するようになってきたことが影響している。

3　経営者の子供世代からみた事業承継に関する意識

　前節において，現経営者は自身の子供に後継者となってもらい事業を継承

したいと希望している割合が最も高く，後継者が決定している企業においても同様であることが示された。では，息子・娘の側は事業承継についてどのように感じているのであろうか。また，もしそこに何らかの障害や課題があるとすれば，政策的な支援や解決方法が必要となるかもしれない。

　そこで筆者は，第二次及び第三次産業における経営者（父親）の子供世代のなかから，年齢が 30 歳代の長男・長女を対象として，「事業承継支援に関するアンケート調査」を実施した（2023 年 12 月にネット調査を実施（委託），有効回答 604 票）。以下，調査結果をもとに経営者の長男・長女世代の事業承継に関する意識と課題，ならびに事業承継支援策について考察する。なお今回，男性経営者を対象としてその息子・娘へのアンケート調査を実施したのは，企業経営者の 9 割以上が男性であるためである（帝国データバンク　2023b）。なお女性経営者の事業承継に関しては，別の機会に調査を実施する予定である。

3.1　概要

　父親（＝現経営者）の年齢を問うたところ，60 歳代が 57.0 ％と最も多く，次いで 70 歳代（27.8 ％），40 〜 50 歳代（12.7 ％），80 歳代（2.5 ％）の順になっており，60 歳代，70 歳代が大半を占めている。また，後継者の決定割合に関しては，半数弱（48.0 ％）が決定しているが，残り半数（52.0 ％）は決定していない。性別による違いは，長男の後継者決定率が約 6 割（60.1 ％）であるが，長女の後継者決定率は 3 割程度（29.4 ％）と低く，統計的にも両者の間には明らかな有意差がみられる（$\chi^2(1, N = 604)$ $= 54.45, p = .000$）。

　後継者として決定していない経営者の長男・長女は，現時点で後継者になりたいと思っているのであろうか。この点に関しては，後継者として未決定の子供世代の内，22.3 ％が「後継経営者になりたい」と回答しており，残り 77.7 ％が「後継者になりたくない」と回答している。

　会社の規模を表す「従業員数」に関して，後継者の決定・未決定の 2 グループ間の各割合を示したのが図 5–2 である。従業員数が 5 人以下の小規模企業においては，長男・長女が後継者として決定していない割合が決定して

いる割合より高いが，従業員数 6 人以上の企業になると，反対に，自身が後継者として決定しているとする割合が未決定と回答した割合より高くなっている。統計的にみても後継者が決まっている企業の従業員数は決まっていない企業の従業員数よりも有意に高いことが示された（Mann-WhittneyU＝73394.5, p=.000）。後継者として意思決定をしている子供世代の多くは従業員規模の比較的大きな企業に偏っており，小規模な企業では後継者が未決定状態にある割合が高い。

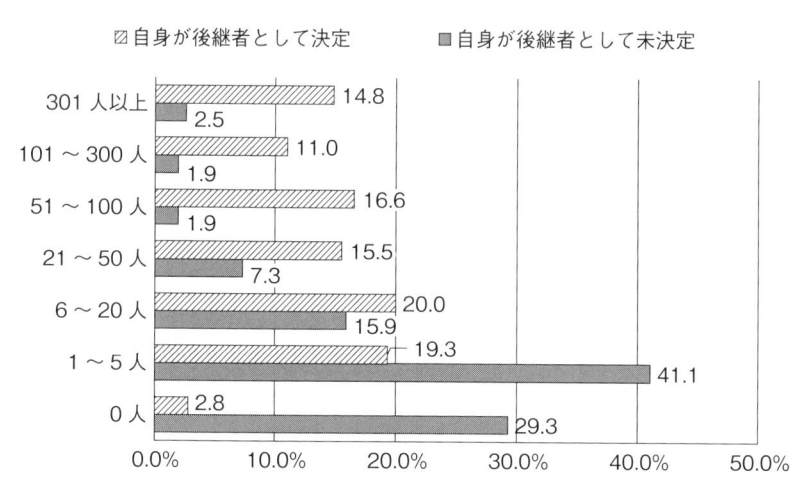

図 5-2　親の会社の従業員規模と後継者決定の有無（n=604）

出所：筆者調査

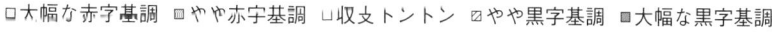
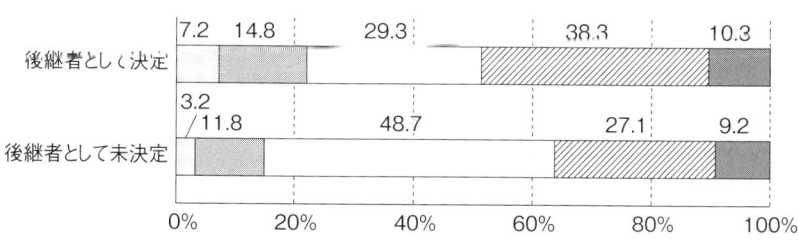

図 5-3　後継者の決定状況と父親の会社の収支状況（n=604）

出所：筆者作成

　親の会社の収支状況と事業承継の関係（図5-3）をみると，自身が後継者として決定している子供世代は，未決定の場合と比べて黒字基調（「やや黒字基調」と「大幅な黒字基調」の合計）の割合が高い。後継者として決定している長男・長女においては，親の会社が黒字基調である割合が半数近くに及んでいる。ただ，残りの半数は「収支トントン」あるいは赤字基調の企業であっても後継者となることを決定している点にも着目する必要がある。これらの企業では現状の収支状況が良くないとはいえ，事業の将来性があるとか他社に負けない強みがあるといった，事業を引き継ぐに値する魅力が誘引となっているのであろう。

　後継者として未決定の長男・長女においては，父親の会社が赤字基調の割合が15.0％と少なく，36.3％は黒字基調，半数近く（48.7％）は収支トントンという状況にある。赤字基調以外の企業が9割以上もあることを考えれば，それらの企業経営者は，自身の子供に事業内容の魅力や経営者となることへの興味・関心をもってもらうよう説得することで，彼ら（彼女ら）の後継者になろうという意識を高めることが可能なのではないだろうか。

3.2　子供世代からみた父親の会社の強み

　次に，親の会社の強みの有無と事業承継の関係をみてみよう（表5-2）。親の会社がユニークな強みをもっていない企業では，子供世代が後継者として決定している割合は3分の1（33.0％）であるが，ユニークな強みを有する企業では同割合は7割（69.9％）と2倍以上の高さであり，両者の間には大きな開きがある。親の会社がユニークな強みを有しているか否かという点

表 5-2　親の会社にはユニークな強みがある

	後継者として未決定	後継者として決定	合計
強みなし	67.0% (240)	33.0% (118)	100% (358)
強みあり	30.1% (74)	69.9% (172)	100% (246)

$\chi^2=79.78, p=.000$

出所：筆者作成

は，子供世代からみても気になるところであろうし，後継する上での重要な判断材料の一つになっていると考えられる。

3.3　後継未決定者の継がない理由

　後継者として未決定の長男・長女はまさに未決定段階にある者もいれば，親からまだ継ぐよう説得されていない者もいるだろう。しかしながら30歳代ともなれば，大半は小さい頃から後を継ぐことをそれとなく示唆されたり，説得されたりしてきたのではないだろうか。ここでは会社を継ぐかどうかは別にして，継ぎたくない理由としてどのような理由があげられるのかみてみたい。

　図5-4によれば，継ぎたくない理由として「自身の経営者としての能力不足」とする回答が約3分の1と最も多い比率である。経営者としてやっていけるだけの知識や実務経験がない，あるいは統率力やリーダーシップが不十分である等の理由により会社を継ぎたくないと感じているのではないだろうか。次いで，「別の事業をやりたいから」が3割超を占めている。自身がやりたい事業が別にあるため親の会社の事業には興味・関心がないのであろ

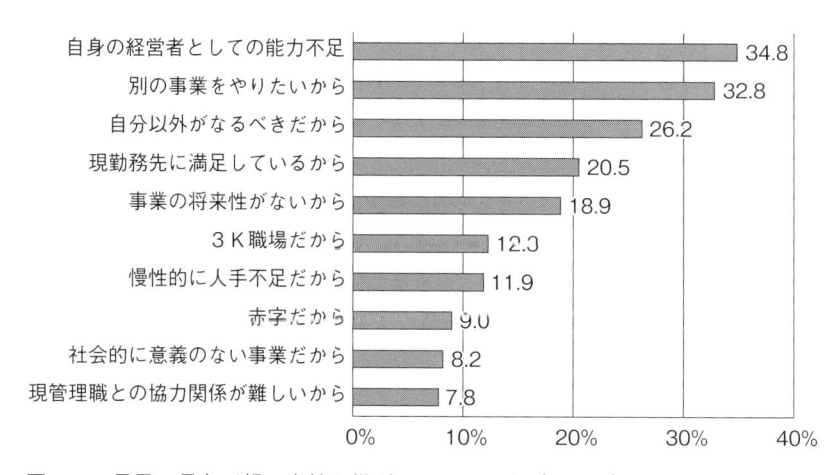

図5-4　長男・長女が親の会社を継ぎたくない理由（n=244）

(注) 後継未決定の長男・長女244名への設問。各々の設問に「とてもそう思う」「まあそう思う」と回答した割合の合計の値。

出所：筆者作成

う。次いで「自分以外がなるべきだから」（26.2%）という回答であり，長男・長女からみて他の親族や社内の従業員に適当な候補者がいることを示唆している。また他社に就職してから年数が経ち，その待遇に満足している場合等は後を継ぐ気にならないということが伺える。

3.4　後継決定者が利用した機関

　後継者になることを決めている長男・長女が，後継者になろうと思った時に利用した機関として40%以上が回答したのは，「自治体」，「会計士・税理士」，「商工会議所・商工会」「弁護士・司法書士」「金融機関」である（図5-5）。また，国が設置した事業承継の相談機関である「事業引継ぎセンター」ならびに「よろず支援拠点」に関しても3分の1程度が利用している。なお，コンサルタントについてもほぼ同じ割合であった。これらの比率をみる限り，後継候補者である子供世代は，地元の自治体や地域経済団体，金融機関をはじめ，税務・法律，経営などの専門家やコンサルタント，事業引継ぎセンターやよろず支援拠点などの相談機関を利用するなど，地元の公的機関から金融機関，コンサルタント，税務・法律の専門家に至るまで，事業承継に関する種々の情報を入手して意思決定したことが窺える。

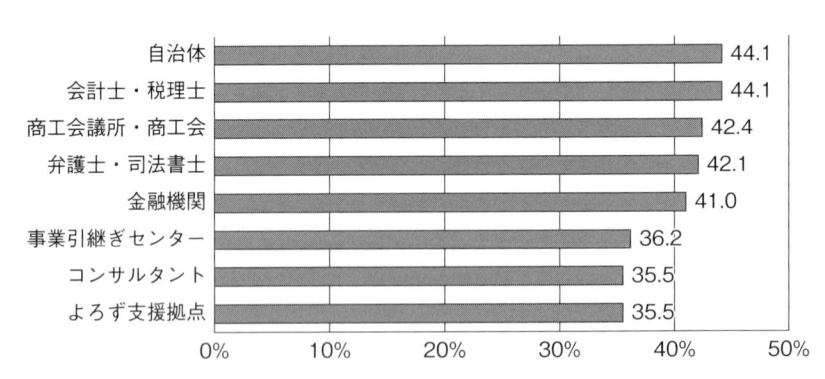

図 5-5　後継者になろうと思った時に利用した機関（n=290）
(注)「とても利用した」，「少し利用した」と回答した比率の合計。

出所：筆者作成

4　国と自治体による中小企業の事業承継支援

4.1　国による中小企業の事業承継支援策

　石川（2017）は過去の資料を調査・検討し，事業承継が中小企業の経営課題として取り上げられるようになったのは 1960 年代であるとの見解を示している。また，1993 年の『中小企業白書』において後継者問題が取り上げられたことにより，中小企業の後継者難が公にされることとなった。同白書が出版された年は，高度経済成長期の起業ブームの波に乗って創業した経営者の多くが世代交代を迎える時期とも概ね重なるため，後継者問題が既に30 年以上も前に生じていたことになる。ただ当時は，中小企業政策の対象が「近代化」にあったため事業承継政策に関しては検討されなかったという（中小企業庁 1993；中小企業庁 2014；石川 2017）。

　後継者がいない場合，廃業すれば雇用の喪失と技術・技能の喪失により伝統ある地場産業が衰退し，商業においては商店街の衰退，地域生活者への食料品等物資の供給難が生じることになる。そこで，後継者難の解決策の一つとして M ＆ A（合併・買収）という手法があるが，これは最初，民間の M＆ A 仲介会社が 1991 年に登場し，主に中小企業の合併や買収先を探して両者を結びつける業務を行っていた。その後，1997 年に大阪商工会議所が「M＆ A 市場」を設置し，公的機関として初めて M ＆ A の支援事業を始めた。そして 1998 年には東京商工会議所が，2001 年には名古屋商工会議所も同様に M ＆ A の支援に乗り出した（中小企業庁 2014）。

　その後中小企業庁は，2003 年に「後継者人材マッチング促進事業」を実施し，後継者を求める事業者と後継者になりたい（または関心をもつ）者の出会いの場を全国商工会連合会のホ　ム・ページ上に設置した。2008 年に同事業は終了するが，同年，全国に「事業承継支援センター」（前述）を設置して事業承継に関わる種々の相談に応じた（2009 年に同事業は終了）。そして 2011 年，中小企業庁は全国の都道府県に「事業引継ぎ支援センター」を設置し，第三者への事業引継ぎに関する相談，事業承継診断，M ＆ A（マッチング～成約），セミナーの開催等を行ってきた（中小企業庁 2014）。2021

年には，親族内承継の支援を行っていた「事業承継ネットワーク」の機能と共にＭ＆Ａを含む第三者承継ならびに創業希望者と後継者不在の企業経営者を引き合わせる「後継者人材バンク」の３機能をワンストップで支援する「事業承継・引継ぎ支援センター」へと改組し，現在に至っている。

　こうした国の政策とともに，地域ごとの細かなニーズに応えるべく地方自治体（都道府県，市町村）においても後継者難の中小企業への支援が各地で行われている。後継者不足の中小企業は様々な業種に存在しているが，とりわけ支援の必要性が高いと思われるのは，例えばある後継者不在の小売店で現経営者が高齢の場合，もし店を畳んでしまうと周辺住民が食料品などを購入することが不可能となり，日々の生活が困難となってしまうようなケースである。次節では，そうした例をもとに自治体の支援策の現状を明らかにしたい。

4.2　地域唯一の飲食料品店の閉店問題からみた自治体の支援策の現状

　これまで後継者不足の現状と後継候補者の，引き継ぎ意識に関して解説してきたが，小規模企業において後継者不足がより深刻化していること，子供や親族へ事業を承継することによりファミリービジネスとして経営の継続を希望している経営者が多いことなど，種々の特徴がみられた。

　ここで地方に目を転じると，小規模な市町村において生活必需品を供給する中小企業の経営が後継者難で途絶えた場合，地域社会に少なからず影響が及ぶことになる。特に近年，中山間地や過疎地だけでなく都市部にある築年数の古い団地等においても，地域に１店舗しかない飲食料品店が後継者難により閉鎖し，住民が生活に必要な食料品や日用品等の入手に困窮するといった事態も生じている。こうした状況を受けて総務省は 2019 年に，地域唯一の飲食料品店の撤退・承継事例 122 件を収集，分析し，その結果を発表した。ただ，この調査に廃業または倒産してしまった事例は入っておらず，事業が別の経営者に引き継がれた場合，あるいは廃業後一定期間経過した後に店舗を再開したり，別の形態に変わり事業を継続した場合に限定されている。以下，同省の調査結果（総務省 2021）の要点を整理しつつ考察する。

　まず，事業承継後の販売形態としては最も多いのが「店舗存続」(60.7 %)であり，「機能存続」(移動販売等への形態変化)は約 4 割 (39.3 %) である。機能存続の内訳は，移動販売が 27.0 %，定期市 (9 %)，買物送迎 (3.3 %) の 3 種類である。

　地域で唯一の飲食料品が撤退した理由は，「施設老朽化等」(28 事例) が最も多く，「大規模店舗等の出店」(27 事例)，「経営者の高齢化・後継者不在」(25 事例)，「商圏内の人口減少」(25 事例)，「住民の高齢化」(22 事例) である (20 事例以上の回答項目のみ)。後継者の視点からみれば，老朽化した店舗を継ぐ気にはならないであろうし，人口の減少や大型店の出店の場合も売上拡大が見込めないので同様であろう。身内に後継者候補がいたとしても気にならないのは，経営者・従業員の高齢化とともに商圏人口の減少，施設の老朽化は，事業承継意欲を減退させることになる。

　こうした生活インフラの役割を担う店舗の事業承継においては，民間事業者が事業を引継ぐ例，地域住民が運営主体となる例，地域住民が後継事業者を誘致する例などがある。承継後の収支状況については，黒字の割合が店舗存続では 41.9 %，機能存続の場合は 27.1 %と少なく，事業としての成功確率は決して高いとはいえない。

　公的支援施策 (国，都道府県，市町村) に関しては，半数以上の店舗 (56.6 %：69 事例) が活用していた (表 5–3)。国，都道府県，市町村のいずれにおいても，活用度の高い施策は，店舗等の施設改修費，移動販売車両の購入費，運営費といった「補助金」である。市町村では，補助金の中でも人件費等の運営費の補助にも力を入れているところが多い。こうした補助金の施策に加えて，市町村では「土地の無償使用」「情報提供支援」「広報」(移動販売車の運行時刻表を広報誌に掲載する等)，「固定資産税の免除」など多様な政策が実行されている。

4.3　事業承継支援における地方自治体の役割

　東北経済産業局が自治体職員向けに『事業承継ハンドブック』(経済産業省東北経済産業局・中小企業基盤整備機構東北本部 2023) を作成し，自治体の政策支援に力を入れている。そこで以下において，同ハンドブックを参

表 5-3　公的支援施策等の活用状況（69 事例））

（単位：件数）

区　　分		施策の主体性		
		国	都道府県	市町村
補助金等	施設費（店舗改修等），設備費（移動販売車両購入等）	18	8	18
	運営費（人件費等）	6	4	13
	その他	4	4	3
その他の支援	土地等の無償使用	0	1	10
	情報提供支援（移動販売に係る住民の要望等の提供）	3	1	11
	広報（移動販売車運行スケジュールの広報誌への掲載等）	0	0	10
	その他（固定資産税の免除等）	0	0	10
合計		31	18	75

（注）1. 総務省の調査結果による。
　　　2. 複数の支援施策を活用している事例があるため合計が 69 と一致しない。

出所：総務省（2021）

照・引用しつつ自治体の役割をみてみたい。

　まず，地方自治体が事業承継支援を行うべき理由としては，以下の三つがあげられる。

　①高い信頼性（事業者が安心して相談できる）

　②地域連携（自治体がハブとなって他の支援機関と情報を共有することが可能）

　③移住定住施策との連携（自治体が行っている創業支援，移住定住施策と連携し事業承継を解決することが可能）

　自治体は民間のサービスが届かない地域や地場産業など，地域社会にとって重要な対象を相手にすべきであろう。また，市内，市外から事業承継者がみつかれば良いのだが，それでもみつからない場合は他地域に候補者を求めることが必要となる。自治体であれば隣接県や全国へと幅広く人材を探すことが可能である。

　Ｍ＆Ａに関しては，民間のＭ＆Ａ仲介会社は営利を目的とするため中

小企業の中でも比較的規模の大きな企業を対象にしている。そのため，地方自治体が支援すべき対象は，まちづくりや地域の活性化等を目標とした比較的規模の小さな企業となる。そして，事業成長よりは地域社会や地場産業における事業の継続を優先すべきであり，地域にとって必要な企業であれば，継ぎたい人や創業希望者（移住創業，インターン事業譲渡，副業・兼業等も含めて）を探し出し，様々な専門家（中小企業診断士，会計士，税理士，弁護士等）や経済団体，金融機関と連携を図りながら事業承継支援策を考え実行していくことが重要である。

4.4　地方自治体に今後求められる施策

　後継経営者として決定している長男・長女が地元の自治体にどのような事業承継政策を望んでいるのだろうか。アンケート結果（図 5-6）によれば，承継に関連した様々な事項とりわけ相続等の，法的事項に初めて遭遇することもあり，相談への対応を希望する割合が最も高く半数近くを占める。個人事業者では約半数が「先代経営者の死去」（中小企業庁 2017）により経営を引き継いでいるため，短期間での事業承継において相談すべき事項も，債務，相続，知財，技術，取引先の引き継ぎ等多岐にわたるであろうし，会社を手放す場合は譲渡先・売却先を探す必要がある。そのため多様な相談への対応に加えて，専門家派遣事業（47.2 ％）が自治体への政策ニーズとして上位に挙げられているのも納得ができる。また，事業承継に関するセミナーや研修の実施を 40 ％以上が希望している。

　次いで，資金面の支援策を要望している。「承継に必要な低利融資」（48.6 ％），「承継費用の一部補助」（45.9 ％）といった融資や補助金へのニーズが上位にあげられている。さらに，ベテラン経営者との交流会や後継候補者を対象にした交流会へのニーズもみられる。小規模企業，個人事業主においては，特に後継候補（大半は子供か親族）がいる場合に，本人の了解を得るための十分な対話や説得ができていないケースも目立つ（㈱東京商工リサーチ 2016）ため，後継がスムーズにいった成功事例などの話を聞く機会を設けることも必要であろう。

　これら以外に，移住創業支援策と後継者不在の企業との橋渡しを行う支援

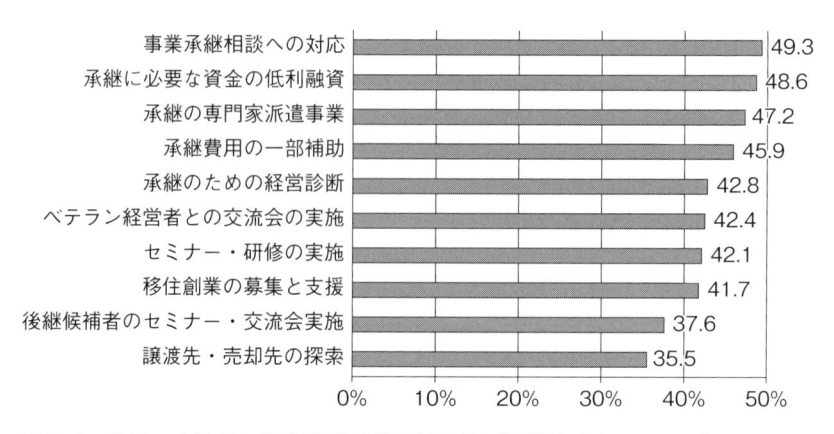

図5-6　地元の自治体に望む事業承継支援政策（後継決定者：n=290）
(注)「まあ必要」「必要」と回答した比率の合計。

出所：筆者作成

策についても約 4 割（41.7 ％）が必要性を指摘している。その他，「承継へ向けた経営診断」，後継者がみつからない場合の「譲渡先・売却先の探索」も自治体への要望としてあげられている。

　では，具体的にどのような役割を地方自治体は果たすべきであろうか。

　後継者不在の場合，Ｍ＆Ａという方法もあるが，地場産業，伝統産業地域においては小規模企業がほとんどであるため買収・合併の対象になりにくい。そうした企業における事業承継の成功例として豊岡市（人口 7.7 万人）の例があげられる（東北経済産業局 2023; 豊岡市 2021; 日本経済新聞 2022）。豊岡市は，地域を広告する企業であるココホレジャパン㈱ならびに但馬信用金庫，商工会議所，商工会と連携し，地域企業の事業承継意向を調査し，後継者不在であるが事業を「継いでほしい人」を探している企業を掘り起こすことにした。ネット活用が有効と判断し，継いでほしいと思っている人と広く外部から募集する「継ぎたい人」とをマッチングするサイト「豊岡市継業バンク」（ココホレジャパンが運営）を開設した。そして，令和 5 年 9 月までの 2 年間で 3 件が成立し，いずれも承継先は市外の法人であった。廃業の危機にあった地域産業の事業，ノウハウと技能が承継され，雇用が維持されるとともに移住促進と創業支援の面でも効果的な取り組みとなっ

た。他の自治体においても地域産業の存続施策を考える上で参考となる例であるといえよう。

　この豊岡市のケースからもわかるように，地方自治体が単独でそうしたマッチング事業を行えるだけの資源はないため，地元の金融機関や経済団体（商工会議所・商工会他），民間企業と連携関係を構築し，地域の社会・経済活動にとって重要度の高い企業，承継意欲の高い企業を把握しながら，幅広い目線で支援に取り組む必要があろう。

4.5　後継決定者が必要とする専門知識と産学連携への期待

　子供世代が自ら後継者になることを決定したとしても，生産，営業，販売促進や税務対策など経営関連の知識が全くなければ，経営の舵取りはうまくいかず会社は沈没してしまうであろう。では，後継候補者が経営者になるまでに必要な知識は何であろうか。

　筆者の調査（前述）によると，後継者として決定している長男・長女が後継前に学びたい知識（図 5-7）として 8 割以上があげているのが「経営学」「税務」「マーケティング」である。経営者として必要な経営管理や経営戦略，法人税や所得税等の税務，ニーズ調査，販売促進，商品開発等のマーケ

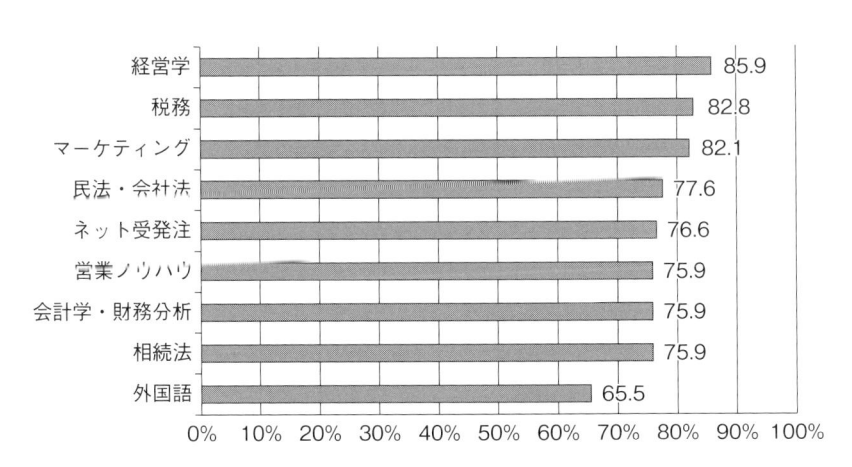

図 5-7　後継決定者が経営者になるまでに学びたい知識（n=290）

出所：筆者作成

ティングは企業経営にとっても最重要知識であるため，納得のいく結果だと思われる。

　次いで 70 ％以上があげているのは，「民法・会社法」「ネット受発注」「営業ノウハウ」「会計学・財務分析」「相続法」である。30 代の若い後継者候補にとっては会社法等の法律や営業ノウハウだけでなく，ネットでの受注・発注方法を学ぶ必要性を感じている状況がわかる。

　また，回答者の約 3 分の 2 が後継前に外国語を学びたいと指摘している。単に海外進出をしている（or したい）という理由だけでなく，海外人材の採用，輸出入等への取り組み，観光地・商業地・飲食街におけるインバウンド客の急増といった環境変化への対応の必要性を感じているのであろう。いずれにしても後継者に決定している 30 歳代の候補者は，企業経営に関する実務的な知識だけでなく学問的な専門知識に関しても学びたいという欲求がこのグラフの数値に表れている。

　これらの結果から指摘されるのは地域の大学・短期大学・高等専門学校，専門職大学・大学院などの高等教育機関の役割の重要性である。地方自治体は職業訓練機関や公設試験研究機関などで従来から行っていた実務面・技術面の研修だけでなく，既に後継の経営者となることが決まった者に対して高等教育機関と連携し，実務と理論を兼ね備えた次世代の経営者を養成すべく産学連携を推進していく必要がある。また経営者となる以上は，単に父親の会社になるべく早く入社して仕事を覚えることに集中すれば良いと考えがちであるが，DX や AI の導入，ロボットの活用を考えるのは今や必須といえる。若い世代の経営者は新たな技術を用いて既存のビジネスモデルを変革するために，専門的な知識と理論を吸収したいと考えており，自治体は彼ら／彼女らを支援するために産学連携の結節点としての役割を担うことが求められる。

　一方で，会社を継ぎたくない最大の理由が「経営者としての能力不足」（前述）であった点を既に指摘した。経営者としての能力は実務能力と経営知識に分けられるが，前者は仕事を通して学ぶ能力（取引先との交渉，部下の管理，目標設定，など）であり，後者は会計・法務・マーケティング，経営管理，経営戦略，リーダーシップ理論といった知識，分析方法とその応用

力のことである。

　本節での調査結果は，実務だけでなく理論的な知識も学ぶことにより経営能力の不足を補いたいという知的欲求の重要性を示唆しており，大学等の場における学習機会を増やすことにより後継者になるか否か迷っている領域の後継未決定者を 1 人でも多く後継決定者に変えることができるのではないかと考えられる。

　これからは，自治体が大学等の高等教育機関と連携し，後継決定者にとってはいうまでもなく，未決定者（特に後継するか否か迷っている者）に対しても経営，マーケティング，税務，法律等の知識と理論を学べる後継者教育の場を設ける施策を考える必要があろう。

5　おわりに

　少子化と人手不足が深刻化し大廃業時代が到来したといわれる昨今，地域において存在意義を有する中小企業の後継者不足と事業承継問題をいかに解決すべきかが地方自治体において重要な政策課題となっている。地方自治体の重要な役割は，地域の隅々まで政策ニーズを調べてきめ細かく対応可能なことだといわれるが，現実の職員数からみてそこまでの至れり尽くせりの政策を実施するのは困難である。

　中小企業の半数以上が廃業予定であること自体，異常なことだと思われるが，後継者難が主たる誘引の一つとなっている。後継者未決定の企業は，自ら経営改善に取り組むとともに自治体が適切な政策支援を実施することにより，子供世代（長男・長女）が事業を引き継ぎたいという意欲を高めることは十分可能である。自治体は限られた資源を活用して，中小企業の事業承継と後継者難解消策を考え実行する必要がある。加えて，地場産業の中でも熟練技術・技能を有する中小企業，サプライチェーンのハブ機能を有する中小企業，地域における雇用の多くを担っている中小企業，飲食料品や日用品を地域住民に供給する域内唯一の中小小売店，スーパーなど，地域における存在意義と消費者ニーズの視点から重み付けを行い，得点の高い中小企業は重点的に"治療"が必要であろう。

　後継者難，事業承継難の解消へ向けて自治体の信用力と地域連携機能を活用して金融機関（地銀，信金，信組），経済団体（商工会議所，商工会，同友会），国の支援機関（事業承継・引き継ぎ支援センター，よろず支援拠点），高等教育機関（大学，短大，高専，専門学校，専門高校等），専門家（診断士，弁護士，税理士，コンサルタント）と共同で事業承継に必要な人，資金，情報の面から支援を行うことが重要となる。

　まずは，現経営者が最も希望する子供世代が継ぎたくなるよう経営状態の改善を図るための施策を整備するとともに，事業承継に関する資金面の支援メニューを地域の特性に合わせて作成する必要がある。親族外承継についても，継ぎたい人を全国に向けて発信しマッチングする豊岡市のようなケースは移住・創業支援の視点からも学ぶべき点が多い。行政区域を越えた自治体間，信用金庫間のネットワークが形成されている例も散見されるため，そうした地域を超えた情報交換も SNS の活用によりスムーズに実施できるであろう。

　経営者の子供世代が後継者として決定した場合においても，経営能力を高めるための経営管理やマーケティング，組織論，リーダーシップ論など実務から理論的な分野までの教育・研修へのニーズが高く，そのための教育機関，研修機関による支援策も検討すべきであろう。

　法政大学とエヌエヌ生命保険（2015）が実施したアンケート調査結果によると，中小企業経営者が後継者問題について「特に相談相手がいない」と回答した割合が 36.5 ％と最多であったことが明らかにされた。この結果からわかるように，後継者問題は後継者への意識付けから相続や債務の引き継ぎまでと多岐に渡るため，広く相談窓口を設置して対応する必要がある。また，セミナーや研修を企画することにより経営者，後継候補者への意識付けを図ることも大切である。後継者への引き継ぎは経営者にとって避けて通れない問題でありながら，まだ先のことだと考えてしまう傾向にある。とりあえずは相談してもらうよう促す啓蒙・広報活動を積極的に行いながら，相談窓口に気楽に来てもらえる雰囲気をどう創り出すべきかが問われている。

※本研究は JSPS 科研費 19K01836 の助成を受けたものです。

参考文献

石川和男（2017）「事業承継政策の展開と支援現場における課題」,『専修大学商学研究所報』, Vol.48. No.7, 1–28 ページ.

小峰隆夫（2018）「人口変化と 2025 年問題」公益財団法人中曽根康弘世界平和研究所『2025 年問題研究会報告書―ポスト 2020 に迫る「確かな未来」を見据えて―』, 6–14 ページ.

経済産業省東北経済産業局・中小企業基盤整備機構東北本部（2023）『「惜しまれながら廃業」のないまちへ：自治体職員向け事業承継ハンドブック』.

経済産業省（2017）『中小企業・小規模事業者の生産性向上について』.

総務省（2021）『地域住民の生活に身近な事業の存続・承継等に関する実態調査結果報告書』総務省行政評価局.

中小企業庁（1993）『中小企業白書 平成 5 年版』東京官書普及.

中小企業庁（2017）『中小企業白書 2017 年版』日経印刷.

中小企業庁（2014）『事業引継ぎ支援の現状と今後の展開について』.

中小企業庁（2014）『事業引継ぎ支援の現状と今後の展開について』, chrome-extension:// efaidnbmnnnibpcajpcglclefindmkaj/https://www.chusho.meti.go.jp/koukai/kenkyukai/ jigyousyoukei/2014/140520gijishidai06.pdf.（2024 年 3 月 3 日取得）.

中小企業庁（2019）『中小企業・小規模事業者における M ＆ A の現状と課題』

中小企業庁（2020）『中小企業白書 小規模企業白書（2020 年版 上）』日経印刷.

中小企業庁（2020）『中小企業白書 小規模企業白書（2020 年版 下）』日経印刷.

中小企業庁（2021）『中小企業白書 小規模企業白書（2021 年版 上）』日経印刷.

中小企業庁（2021）『中小企業白書 小規模企業白書（2021 年版 下）』日経印刷.

中小企業庁（2022）『中小企業白書 小規模企業白書（2022 年版 上）』日経印刷.

中小企業庁（2022）『中小企業白書 小規模企業白書（2022 年版 下）』日経印刷.

中小企業庁（2023）『中小企業白書 小規模企業白書（2023 年版 上）』日経印刷.

中小企業庁（2023）『中小企業白書 小規模企業白書（2023 年版 下）』日経印刷.

中小企業庁（2024）『中小企業白書 小規模企業白書（2024 年版 上）』日経印刷.

中小企業庁（2024）『中小企業白書 小規模企業白書（2024 年版 下）』日経印刷.

帝国データバンク（2023a）『後継者「不在率」, 過去最低 53.9 ％』. https://www.tdb.co.jp/report/ watching/press/p231108.html.（2024 年 1 月 11 日取得）.

帝国データバンク（2023b）『特別企画：全国「女性社長」分析調査（2023 年）　女性社長比率は 8.3 ％, 過去最高も依然 1 割を下回る』. https://www.tdb.co.jp/report/watching/press/pdf/p231111.pdf（2024 年 6 月 30 日取得）.

東京商工リサーチ（2016）「中小企業庁委託 企業経営の継続に関するアンケート調査」.

東北経済産業局（2023）『自治体関与型の事業承継支援モデル構築・展開事業』chrome-extension:// efaidnbmnnnibpcajpcglclefindmkaj/https://www.tohoku.meti.go.jp/s_cyusyo/jigyousyoukei/ downloadfiles/kanyogata.pdf.（2024 年 3 月 6 日取得）.

豊岡市（2021）『豊岡市協業バンクの開設～後継者課題の解決を目指す～』, 市長定例記者会見（2021 年 11 月 1 日 資料 1）https://www.city.toyooka.lg.jp/mayor/mayorkaiken/mayorkaikenbn/ 1016781/1018324.html（2024 年 3 月 8 日取得）.

日本経済新聞, 2022 年 1 月 6 日付（Web 記事「移住者に事業承継を提案　豊岡市・但馬信金など連携」）https://www.nikkei.com/article/DGXZQOUF097AO0Z01C21A2000000/.（2024 年 3 月 1 日取得）.

日本政策金融公庫総合研究所（2023）『中小企業のうち後継者が決定している企業は 10.5 %，廃業を予定している企業は 57.4 %〜「中小企業の事業承継に関するインターネット調査（2023 年調査）」結果から〜』.

fundbook（2023）「深刻化する後継者不在問題。事業承継への意識向上と相談窓口の拡充が急務〜『事業承継に対する意識調査』を実施〜（プレスリリース）」https://fundbook.co.jp/corporate/news/press/20231205-2/（2024 年 3 月 2 日取得）.

法政大学大学院中小企業研究所・エヌエヌ生命保険㈱（2015）『中堅・中小企業の事業承継に関する調査研究』.

南文枝（2017）「2025 年問題」（コトバンク），『知恵蔵』, 朝日新聞出版, https://kotobank.jp/word/.（2024 年 2 月 2 日取得）.

（中山　健）

第6章

アニメ聖地巡礼と地域マネジメント

―佐賀県唐津市と山梨県身延町を事例として―

1 はじめに

　日本のアニメ市場は，2兆7,000億円（2021年末）に上る。日本において
は，アニメはもはやサブカルチャーではなくメインカルチャーといっても過
言ではないだろう。映画，音楽などのコンテンツビジネスだけでなく，本章
で取り上げる地域創生や観光文脈でも，日本の文化・経済において欠かせな
いものになっている。

　地域の景色や温泉，食材などの地域資源を楽しむ従来の観光と並行して，
映画やアニメ，ドラマなどのコンテンツを旅の主要な動機として目的地を訪
ねる「コンテンツツーリズム」も現在はコアなファンだけのものではなく
なっている。国土交通省総合政策局，経済産業省商務情報政策局，文化庁文
化部が2005年に出した「映像等コンテンツの制作・活用による地域振興の
あり方に関する調査」では，コンテンツツーリズムの根幹は，地域に「コン
テンツを通して地域固有の雰囲気・イメージを醸成すること」であるとし，
「『物語性』『テーマ性』を付加し，その物語性を観光資源として活用するこ
とである」としている。巡礼者にとって，旅に出る動機はアニメ，ドラマな
どのコンテンツへの強い思いであり，地域はコンテンツの世界を体現する一
つの要素である。なかでも，アニメ作品に深い関心を持ち，アニメの描かれ
た舞台や作者のゆかりの地を訪れる「アニメ聖地巡礼」は，テレビの深夜ア
ニメ枠の継続的な放送や劇場用アニメの大ヒット作品などにより，一般のア
ニメ好きな生活者へと広がりをみせている。近年は，「推し活」という自分
が応援する人物やコンテンツに自分の可処分時間と可処分所得をつぎ込み，

自分の生活に生きがいと満足をみいだす生活者の消費行動が多くみられるようになっている[1]。

　本章は，コンテンツツーリズムの中でも，アニメ・まんがの舞台や作品にゆかりの地を旅する「アニメ聖地巡礼」と地域マネジメントをテーマとし，アニメコンテンツによる地域誘客や関係人口の構築の有効性について，これまで筆者が行ってきた調査・分析をベースとして論述する。

2　観光行動の変化とアニメ聖地巡礼

　「観光」は，研究者によってこれまで様々に定義されてきたが，国土交通省観光庁では，観光を「余暇時間の中で，日常生活圏を離れて行う様々な活動であって，触れ合い，学び，遊ぶということを目的とするもの」と定義している[2]。観光者が観光地において期待するものは，時代とともに変化し，また多様化している。

　観光の変遷を概略すると，表 6-1 に示すように，1960 年代から 1970 年代は，人々の生活にも余裕ができはじめ，旅行業者などによるパッケージツアーによって観光地を訪れるいわゆるマスツーリズムが主流であった（発地主導の観光）。1980 年代からは，地域環境の破壊や観光地の風紀の乱れなどへの反省から地域の自然や環境に配慮し，地域の持続可能性と継続的な誘客を目指すニューツーリズム（着地主導の観光）の時代となる。そして，2000 年代になると，個人の興味の対象とするものを体験するために当該地域を旅する目的的なツーリズム（旅人主導の観光）が多くみられるようになる。大リーグやサッカーなどのスポーツ観戦ツアー，美術・音楽鑑賞ツアーや映画・ドラマなど，「スペシャル・インタレスト・ツーリズム（Special Interest Tourism: SIT）」と呼ばれる旅行行動が行われるようになる。その一つとして，2000 年代初頭からアニメ聖地巡礼行動がみられるようになる[3]。

1　水越（2022）『応援消費　社会を動かす力』（岩波新書），久保（2022）『「推し」の科学　プロジェクション・サイエンスとは何か』（集英社新書）等，書籍の発行や研究対象としても取り上げられている。
2　観光政策審議会（1995 年 6 月 2 日）「今後の観光政策の基本的な方向について（答申第 39 号）」より。

表 6-1　ツーリズムの時代区分と観光の流れ

	1960 〜 1970 年代	1980 〜	2000 〜
ツーリズムの形	マスツーリズム（発地主導の観光）	ニューツーリズム（着地主導の観光）	次世代ツーリズム（旅人主導の観光）
観光行動を規定する重要要素	交通インフラ，受け入れ施設	観光施設，地域資源	情報インフラ，SNS など 地域のストーリー性 作品に対する個人の思い
観光振興の焦点	地域資源：消費されるものとしての資源 景観・食・遊興	地域資源：持続可能性を考慮した資源 景観・食・心地良さ	地域資源：物語性，コンテンツとの関連性 地域との交流，周辺観光
旅の主たる情報発信者	企業 旅行会社，航空・鉄道会社，観光旅館 →旅行業者が作った旅行パッケージ消費	企業と地域の協働 自治体，観光協会，NPO，旅行会社など →地域が主体的に自分たちの良さをアピール	地域と旅行者との共創 自治体，旅行者，地域の人々 →個人の発信が旅行消費を喚起
観光の主体の構図	「企業」⇒「顧客」	「ホスト」⇒「ゲスト」	「地域」⇔「コンテンツファン」

出所：山村（2008, 3 ページ）をもとに筆者が編集加筆

　図 6-1 においても新たな観光指向として，観光スポットだけでなく日常の風景が観光資源となり，個人の価値観や指向による感心や共感に基づく観光（異日常型観光）が行われていることを指摘する。また，旅行者は地域との交流やボランティアなど，当該地域とのつながりを求める行動をとり，関係性を持った地域を拠点として行動する傾向を示している。

　SNS 時代の旅行者は，そこで確認し，体験し，発見したものを LINE や Instagram などで発信し共有する[4]。観光地の情報の認知は，地域の自治体や旅行会社からの一方的な情報だけでなく，それぞれの個人が発信するその地で体験した感動（あるいは失望）や出会いの体験など，生な情報である。地

3　岡本健（2009）「アニメ聖地巡礼の誕生と展開」『CATS 叢書 メディアコンテンツとツーリズム』第 1 号。北海道大学観光学高等研究センターに，アニメ聖地巡礼の初期について詳しく記述。
4　岩崎・津村（2018）「高関与旅行者の行動分析－『夏目友人帳』における聖地巡礼行動を事例として」『九州産業大学産業経営研究所報』Vol.50 において，アニメ聖地巡礼行動における聖地で必ず行う行動を記している。

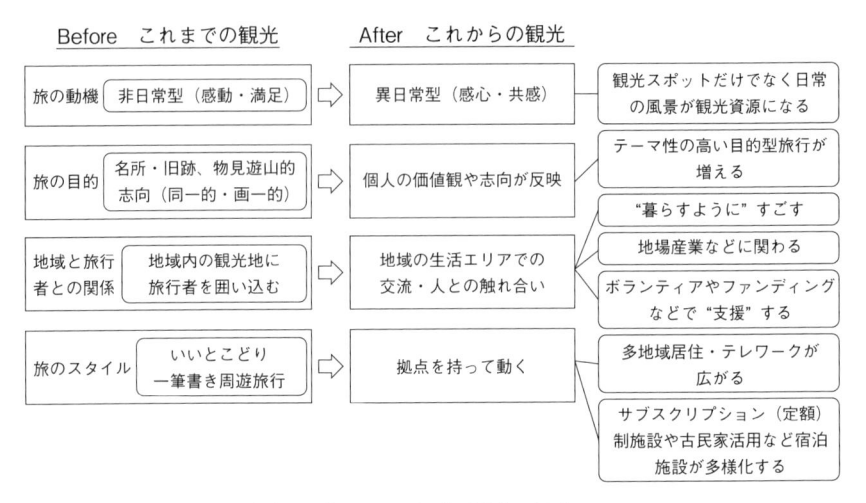

図 6-1　変わる観光の志向と "ツーリズム" 領域の拡大

出所：JTB 総合研究所ニュースリリース（2019 年 9 月 25 日）を筆者再作成

域には観光資源の単なる紹介ではなく，そこにある物語や当該地域でしかできない体験，すなわちそこに行く意味を訴求する情報がますます求められている。そして，その情報経路は，個人から個人への多元的な情報の授受である（図 6-2）。

3　アニメ聖地巡礼と旅行者，地方自治体，地域住民

　アニメファンの間では，その描かれた舞台や作者の生誕地など，アニメ作品にゆかりの建造物や場所を「聖地」として訪れる行動は 2000 年代初頭から顕在化していた。2003 年に当時の小泉内閣は，観光立国を目指す構想として「ビジット・ジャパン・キャンペーン実施本部」を発足させた。2005年には，前述のように国土交通省総合政策局，経済産業省商務情報政策局，文化庁文化部が「コンテンツツーリズム」の定義を行い，コンテンツを通して地域資源を活用することの有効性を述べている。また，2010 年には経済産業省が「クール・ジャパン」戦略を提唱し，アニメ・マンガを活用したインバウンド戦略への流れは加速した。

観光地が主体のブランディング　　　　ブランディングに旅行者がかかわる

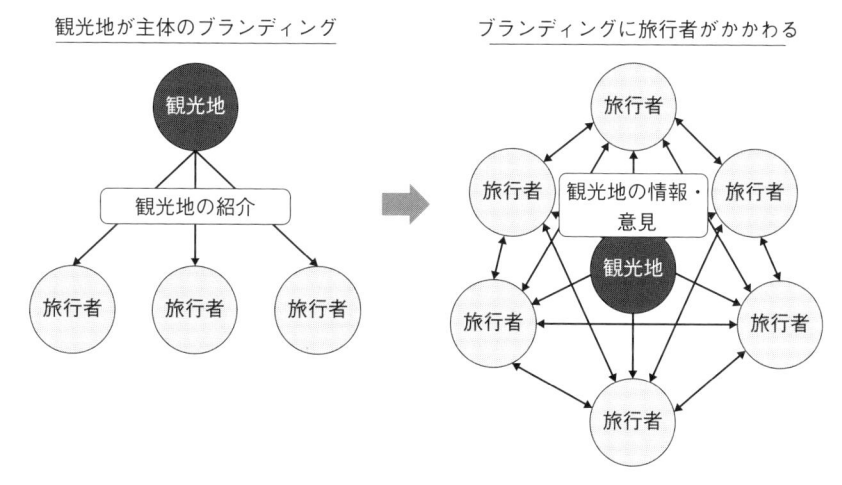

図 6-2　情報の流れと地域と旅行者のつながりの変化

出所：JTB 総合研究所ニュースリリース（2019 年 9 月 25 日）に筆者加筆

『おねがい☆ティーチャー』（長野県大町市）や『涼宮ハルヒの憂鬱』（兵庫県西宮市）など一部の熱烈なアニメファンによって行われていた行動が，社会に認知されるのは『らき☆すた』（埼玉県久喜市）からといわれる[5]。彼らの熱狂的かつ真摯な行動が地域の久喜市商工会や住民に認められ，鷲宮神社の正式な神事である土師祭の中に『らき☆すた』神輿の参加が実現した。地域と自治体とファンとの共創によって実現したものである。鷲宮神社の正月三が日の初詣客は，アニメ放送前の 2007 年は 9 万人だったが，放送後の 2008 年には 30 万人と一気に 3 倍増となり 2011 年から 2013 年には 47 万人となった[6]。こういった事例がメディアに取り上げられ，「アニメ聖地巡礼」が社会にも注目されるようになる。その後，『戦国 BASARA』など商品にアニメキャラクターを配した製品によるキャラクタービジネスの要素を加味しながら，アニメ聖地巡礼は地域振興の有効な手段としての要素を包含して展開していく。そして 2016 年には，「一般社団法人アニメツーリズム協会」が

5　岡本（2009）「『らき☆すた』に見るアニメ聖地巡礼による交流型まちづくり」『観光の地域ブランディング』学芸出版社等，岡本の著述に詳しい。
6　アニメの人気と併せて鷲宮神社が「関東最古の大社」と多くのメディアが報じたことにより，アニメファンだけでなく一般の初詣客も増えた。

誕生し，「アニメ聖地88か所」の選定など，組織的にアニメ聖地を広くアピールする活動が行われるようになる[7]。2016年の劇場映画『君の名は。』の大ヒットや2020年の『鬼滅の刃』の映画国内興行収入歴代1位となる空前の大ヒットにより，アニメ聖地巡礼の認知は拡大し，一般のアニメファンへも広がっている。

　「アニメ聖地巡礼」の主体は，もちろん作品への強い想いを持って当該地域に行くファンである。しかし，それだけでは，「アニメ聖地巡礼」は継続しない。そこには，ファンを受け入れる側の地域の関わりが大きなファクターになる。山村（2014）は，アニメ聖地巡礼における重要な三者を巡礼者，地域自治体（官），地域住民としその関わりを提示している[8]。表6-2は，アニメ聖地巡礼と市・地域・制作会社などの関わりについて山村（2014）の枠組みを参考として筆者が作成したものである。自地域が，作品の舞台であることを知った自治体関係者は，コンテンツ制作者にアプローチし，著作権などの権利関係や使用許諾を行うことで，地域誘客施策を行う。表6-2にもあるように，代表的なアニメ聖地には，自治体によるプロジェクトや観光協会，地元企業などによるコンテンツを継続的に露出・展開する体制と地域の商店街にファンを受け入れてくれるキースポット（交流場所）やキーパーソンが存在するなど，巡礼者が継続的に地域とかかわりたくなる状況を設けていることがわかる。

4　アニメ聖地巡礼調査分析結果から

　本項では，アニメ聖地巡礼の行動特性と行動意図について提示する[9]。
　2019年，7月30日〜8月8日にアニメ聖地巡礼者の行動動機に関する調

7　2016年に設立，理事長は富野由悠季。2016年9月16日のプレスリリースには，設立の趣旨として「観光立国・日本の地域活性化を促進する「アニメ聖地」を88か所選定・組織化することで，観光資源の掘り起こしや訪日観光客のエリア送客を促進するため」とある。
8　山村（2014，6ページ）では，2002年から2014年までのコンテンツツーリズムの系譜を「ファン主導期」「タイアップ試行期」「タイアップ方式確立期」「地域重視・多角展開期」として分類し提示している。
9　本章での分析結果は，2019年12月の「日本マーケティング・サイエンス学会」にて発表した。また，『関東学院大学経済経営研究所年報』第43集（2021）15-27ページに論文として掲出した。

表 6-2　アニメ聖地巡礼と市・地域・制作会社などのかかわり

2007	『らき☆すた』	埼玉県久喜市鷲宮「久喜市商工会鷲宮支所，地域住民，ファンの三者の協力」
2011	『あの日見た花の名前を僕たちはまだ知らない。』	埼玉県秩父市「秩父アニメツーリズム実行委員会」：秩父市，西武鉄道，秩父商工会議所など 11 社による組織的な展開。(当初は 8 団体)
2012	『ガールズ＆パンツァー』	茨城県大洗町『『コソコソ作戦本部』』アニメ制作者，大洗町商工会，大洗町観光協会，商店街組合よるプロモーション。地域住民の協力。地域がアニメ巡礼者を歓迎する空気の醸成。
2016	『ユーリ!!! on ICE』	佐賀県唐津市「市観光課とホテル・飲食店などの連携，地域住民の協力。」巡礼者への声かけ。ふるさと納税でも活用。
2016	『君の名は。』	岐阜県飛騨市「飛騨市によるフォトスポットの設定など地域誘客プロモーションの実施。映画製作者が地域をフォローすることで，認知が拡大」
2017	『ラブライブ！サンシャイン!!』	静岡県沼津市「サンライズと沼津あげつち商店街，各商店街などの展開。伊豆箱根鉄道とのコラボレーションなど立体的なプロモーションを実施。市はフォロー」
2018	『ゆるキャン△』	山梨県南巨摩郡身延町「富士の国やまなしフィルム・コミション」がプロデュース，曹洞宗金龍山常幸院の住職を中心とした地域住民の協力，身延町役場の応援（廃校の使用，看板設置など）。商店街による様々なグッズ制作と協力。制作者側の協力。

出所：山村（2014）の枠組みを参考に筆者作成

査を行った（岩崎, 2019）。まず，全国の 2152 人（15 歳〜 49 歳の男女）を対象にアニメ聖地巡礼に関するスクリーニング調査を行い，それによって聖地巡礼経験者を抽出した。その結果，聖地巡礼経験者は 264 人，全体の 12.3 ％であった。また，男性のほうが女性よりもアニメ聖地巡礼経験者（男：15.3 ％，女：9.5 ％）は多いが，年齢においては，調査対象者（15 歳〜 49 歳の男女）に 10.4 ％から 17.5 ％と幅広く行われており，女性 40 〜 49 歳のみ 4.7 ％と低い数値だった。

　また，同調査では，アニメ聖地巡礼の行動動機を明らかにするために 35 問の聖地巡礼への行動動機をリッカート尺度の 5 件法によって質問し，それをもとに二つの分析を行った。ここでは，調査分析データなどの詳述はしないが，その結果について記述する。まず，因子分析を行い，四つのアニメ聖地巡礼者の行動動機をみいだした。

　1 番目は「自己承認欲求」，「他人から認められたい」「他人をリードした

い」など。2番目は「地域探索・解放欲求」、「その土地の特別な雰囲気を感じたい」「アニメ聖地を自由に行動したい」などが抽出された。3番目は「同行者との楽しみ共有」、「同行者とアニメの世界を楽しみたい」「同行者と一緒に何かをしたい」など。4番目は「地域の人とのつながり欲求」、「現地の人々の暮らしぶりにふれたい」「地元の人たちと交流したい」という項目が抽出された。また、同調査からアニメ聖地巡礼では、好きなアニメの聖地に何度も行くリピート性が確認できたが、その継続行動の動機についてランダムフォレスト分析を行った。

　その結果、「同じ聖地に何度も繰り返し行きたい」巡礼者は、「巡礼地の自然に触れたい」、「仲間との帰属意識や一体感」、また「自信を得たい」、「新たな人生観を得たい」という欲求が上位にあり、地域の自然を楽しむだけでなく、自分の精神的な充足への希求が読み取れた。さらに、「好きなアニメ聖地に住んでみたい」と考える地域への思いが非常に高い巡礼者は、「他人をリードしたい」、「仲間との帰属意識や一体感を感じたい」のスコアが非常に高く、「自己承認欲求」や「仲間とのつながり欲求」が当該地域に住みたい動機となっていることが確認できた。

5　アニメ聖地巡礼の事例取材

　本項では、アニメ聖地巡礼による地域誘客に成功している二つの事例について地域側の2名のキーマンの取材を提示する。1例目は、佐賀県唐津市における『ユーリ!!! on ICE』による唐津市商工観光部観光課の地域誘客施策。2例目は、富士の国やまなしフィルム・コミッションの『ゆるキャン△』における山梨県南巨摩郡身延町への誘客施策である。提示した二つの事例には、作品や地域の違いを越えた共通点がみられ、アニメ聖地巡礼による地域ファンづくりのための重要な知見をみいだすことができる。

5・1．〈事例 1〉アニメ『ユーリ !!! on ICE』による地域誘客[10]。唐津市商工観光部観光課の岡本陽介氏　　2017 年 9 月 22 日・1 回目取材，岩崎（筆者），大方（九州産業大学），津村（神奈川大学）

　はじめに，佐賀県唐津市と『ユーリ !!! on ICE』についての情報を記すことにする。アニメ『ユーリ !!! on ICE』は，2016 年 10 月から 12 月までテレビ朝日ほかにて放送されたフィギュアスケートを題材としたアニメ作品である。作品のなかでの主人公の出身地「九州の長谷津町」が佐賀県唐津市をモデルとしていることから，放映開始直後から多くのファンが聖地巡礼目的に同市に訪れるようになった。唐津市は，佐賀県の北西に位置し，人口 は 11万 5,903 人（2023 年 8 月 1 日現在），玄界灘に面し，唐津城や虹の松原などのある風光明媚な町である。また，「唐津くんち」や「唐津焼」など古くからの伝統文化や「名護屋城」などの歴史遺産がある。しかし，観光客数は，第 1 回目取材（2016 年）の際，年間延べ観光客数は 725 万人（唐津市観光課資料）で，10 年前と比較して 100 万人減少していた。『サーガ !!! on ICE』キャンペーンは，ファンから高い満足度を得る展開となったが，その地域誘客施策の中心となって活動した唐津市商工観光部観光課の岡本陽介氏に取材を行った。本項では，2016 年の第 1 回目の取材概要と，2023 年 5 月に行った 2 回目の取材について記述した。

〈取材記録〉
　『ユーリ !!! on ICE』は，世界からみた日本らしい景色があるということと，お城があってスケートリンクがない場所ということで唐津市が舞台に選ばれたと聞いている。
　『ユーリ !!! on ICE』の第 1 弾は佐賀県と唐津市のコラボレーションで『サーガ !!! on ICE』の展開を行った。市内 5 か所に作者の久保先生のサイン入りポスターやサイン色紙が展示され，アニメとコラボしたオリジナルグッズの販売などを行った。2017 年 3 月 6 日〜5 月 7 日の 63 日間で延べ 2

10　第 1 回目の取材内容は，大方，岩崎，津村（2020）『アニメ聖地巡礼の行動特徴と地域施策』（九州大学出版会）に詳述。

万 4000 人の集客があった。インバウンド効果も高く，世界 27 か国・地域（台湾 110 人，香港 57 人，アメリカ 45 人，中国 41 人，タイ 25 人など）から，アニメファンが訪れた。63 日間の経済波及効果は，直接効果として約 1 億 4,688 万円，2 次波及効果は約 2 億 3,000 万円だった。宿泊費 7,500 円（交通費は含まない）で計算するとおよそ 5,928 万 7,500 円になる。

　また，アニメ聖地巡礼の効果として，旅行者層の変化があげられる。通常，唐津に訪れる観光客層は 50 歳以上の夫婦が多く，『サーガ !!! on ICE』イベントへの来訪者は，20 代を筆頭に若年層が多く，唐津市の魅力を若年層にも訴求する機会になった。アニメ聖地巡礼で若いときに来てくれたお客様が，唐津を気に入ってくれて，年代を重ねても来てくれるきっかけになってくれると良い。次世代の唐津ファンをつくるためにこういった（アニメを活用したイベント）施策は有効だと思う。

　コンテンツツーリズムの問題点は，一時的なブームで終わるところ。継続性が課題だと思っている。アニメ聖地巡礼は，（地域に来てもらうための）あくまできっかけ。一度来てくれた人が地域に愛着を持ち，また来たいと思ってもらうことが重要でそれを目指している。

　第 2 弾として，2017 年 9 月 4 日から 11 月 30 日まで，「唐津イベントスタンプラリー」を行っている。『ユーリ !!! on ICE』とコラボしたスタンプラリーによってアニメの世界観と唐津の魅力を同時に体感できる仕組みにした。新たな描き下ろしイラストを用いたオリジナルグッズを販売した。唐津駅構内にある唐津駅総合観光案内所にて聖地巡礼マップを配布。巡礼者は，電車を降りそこでアンケートに答えて巡礼マップをもらう。唐津駅から九つの地点を巡り，終点も駅の観光案内所。完了したら，そこで『ユーリ !!! on ICE』が描かれた景品と「長谷津市民認定証」をもらえる。

　景品に関しても，聖地巡礼者ニーズに応えるカタチにした。完走した人にはユーリのオリジナルシールを配るが，3 タイプのシールがある。スタンプラリーの参加者から「すべてのシールが欲しいが 1 回のスタンプラリーでは，全部そろえられないのでなんとかならないか」という要望があった。そういったニーズを受け，スタンプラリーの用紙を一度に 3 枚配って，一つの地点で 3 個押すことで 3 種類のシールをもらえるように柔軟に対応した。ま

た，スタンプラリー用と保管用のマップも要望があれば配るようにしている。教訓としては，スタンプラリーに，アニメとは関係ない場所をいれたため，SNS 上で炎上しかけた。アニメファンの気持ちを考え，それ以降そういったことはないようにした。

　市民の協力要請ということでは，遠方から来る人も多いので，巡礼マップやスタンプラリー用紙をもっている人で道に迷っている人をみかけたら，声をかけ，教えてあげるように呼び掛けている。

　アニメツーリズムは，権利関係が，大きな問題となる。今回は，権利元との調整がスムーズに行えたこともあり，3 か月間の使用許可の成立とコラボ展開もうまくいった。市としては，観光客にお金を使わせることが目的ではなく，喜んでもらうことが目的である。今（2017 年 9 月時点）は，平日でも平均 100 人の聖地巡礼者がいる。聖地の一つである鏡山温泉のかつ丼は，アニメ聖地巡礼以前は 1 日 7 杯程度の注文だったが，最盛期は 1 日 470 杯売れたこともある。観光課としては，アニメの世界感を勝手につくるような施策はしない。ありのままを楽しんでもらうという方向である。コスプレなどの規制についてはルールを守っていただければ関知はしていない。市はそれを見守る姿勢である。唐津城のリニューアルオープンや「唐津くんち」のユネスコ無形文化遺産登録に合わせた（『ユーリ!!! on ICE』の登場人物の）描き下ろしも公開した。

　また，ふるさと納税では，唐津から「長谷津」（アニメの地名）のガムテープを貼った段ボールが届く。「長谷津」の消印が押されたはがきが届く返信企画なども実施した。こういった郵便局や JR，市民を巻き込み，顧客がクスッと笑える仕掛けを考えている。

　顧客のロイヤルティを測るための指標の一つで，推奨者正味比率や顧客推奨意向を表す NPS 調査というのがある。「あなたがこの企業（あるいは，製品，サービス，ブランド）を親友や同僚（親しい人）に薦める可能性はどのくらいありますか？」という質問（Ultimate Question）"に対する回答を，0 〜 10 の 11 段階で調査するもので，NPS は－100 〜 100 の間で表される。『サーガ !!! on ICE』の結果は 65 ％という高数値だった。

　アニメをみた人は潜在顧客として，予め存在するので，イノベーター理論

でいえば，イノベーターやアーリーアダプターの一部は来てくれる。それを
アーリーマジョリティやレイトマジョリティにも来てもらうようにすること
が市の施策だと思う。すぐ行動する少数と，流行ってから行動する多くの人
がいるので，山が二つになる。2段目の山では市は受け入れ体制をどうつく
るかが大事だと考えている。

◎　唐津市役所経済観光部観光課　岡本氏　馬場氏（岡本氏より説明）
　　2023年5月17日・2回目取材　岩崎
　唐津市は，観光地として成り立っている場所である。地域の文化資源とし
て「唐津くんち」や「唐津焼」，「名護屋城」があり，食資源として「佐賀
牛」や「イカ」がある。また，「虹の松原」や玄界灘など美しい景観もあ
る。アニメ聖地として地域誘客することも市の施策として重要だが，それに
はタイミングが重要だと思っている。ちょうど『ユーリ!!! on ICE』という
市がかかわれるコンテンツが当時（2017年）あったことで，地域誘客の施
策として活用できた。やはりアニメなどのコンテンツの活用には地域と親和
性があるということが重要。地域にはいろいろな資源があり，市としてはま
ず住人たちの気持ちを第1に考えることが重要だと思う。もっと他の資源を
推してほしいと考えている人もいる。したがって，その作品が流行し，それ
で盛り上がれる時に，地域がそれに乗って中心的に誘客施策として活用する
時はいいが，そうでなくなれば，市民が納得できる地域の資源やコンテンツ
を中心に施策を行うことが必要だろう。
　アニメ聖地巡礼における地域創生の展開は，始めるタイミングとやめるタ
イミングが重要だと思う。そのアニメが，TVでオンエアされたり，映画化
されたりする旬であるときに地域が聖地としてさまざまな施策を行い，当該
アニメファンに地域に来てもらい愛着を持ってもらうようにする。しかし，
その作品のメディアでの盛り上がりが収まり，それに合わせて地域でもまっ
たくその作品への対応を終了するというのは違うと思う。アニメファンは継
続的に作品や地域に愛着を持っている場合が多く，彼らの感情が終わってい
ないのに，唐津に来てくれたファンを裏切ることはしたくない。アニメ聖地
巡礼による地域誘客施策では，その終わり方の難しさを感じている。

　また，アニメ聖地巡礼を誘客施策とする場合，市の担当者がそのアニメのことをわかっていることが重要。ファンから「わかってないなあ」と思われるとそっぽを向かれてしまう。アニメのシーンやキャラクターのセリフなどを聖地で展開したが，それがファンにとって納得できるものでないといけない。8 割方ファンたちの気持ちに沿っていれば，多少のことは許してもらえる。アニメファンの世界観にゆだねた展開が重要だと考えている。

　コンテンツによる地域施策では，乗るタイミングと降りるタイミングが重要だが，特に終わり方には常に悩む。

5・2.〈事例 2〉アニメ『ゆるキャン△』による地域誘客。「富士の国やまなしフィルム・コミッション」武川清志朗氏取材（Zoom）。2023 年 6 月 28 日（水）14 時〜17 時　岩崎，大方，津村。

　まずは，作品について概略を記す。『ゆるキャン△』（作者：あfろ）は，2015 年「まんがタイムきららフォワード」（芳文社）に連載が開始される。主人公たちは，山梨の高校の野外活動サークルのメンバーであり，キャンプを通して友情を深めていく物語。そこでは，キャンプにまつわるさまざまなシチュエーションや体験が描かれる。単行本は，累計発行部数 700 万部突破（全 14 巻），テレビアニメや実写ドラマ化，さらに 2022 年に劇場アニメが公開された[11]。現在のキャンプブームを牽引しているといっても過言ではない。

【武川清志朗氏】取材概要
　映像作品の支援や協力を行っている。富士の国やまなしフィルム・コミッションでは，年間 700 件くらいの依頼があり，自分は年間 170 − 200 件くらいを担当し，モデル地の調整や確認，権利関係の処理などをお手伝いしている。
　『ゆるキャン△』に関わった経緯は，2016 年に堀田将市プロデューサーからご連絡をもらったのが始まり。コミックスが発売してちょうど 2 巻が出たぐらいのタイミングで相談をもらった。アニメ作品を担当するのは初めて

---

11 『ゆるキャン△ キャンプ道具 増補改訂版』（2022, TJMOOK 宝島社）に詳しい。

だった。

　堀田さんから連絡が来るまで，山梨県が舞台の『ゆるキャン△』という作品があるのを知らなかった。しかし今では，作品の大ファンである。（Zoom越しの武川さんの背後の壁には，キャンプ用具がびっしりと飾ってあった）

　放送前と放送後で本当に大きく評価が変わった作品だと思う。モデル地の紹介 WEB ページを山梨県で作っている。3 話目ぐらいから一気にアクセス数が増えた。100 万〜 160 万 P.V がある。

　京極監督もアニメ監督を手がけるのがはじめてだった。「本当にヒットするかどうかわかりません」と話をしていたので，過度に加熱させていくよりも，じっくり PR していこうという感じで PR に取り組み始めた。そうした中で，『ゆるキャン△』の地元のファンの方々から何かやれることはないかという声が上がってきたので，地域と一緒にイベントや商品開発に動き出した。特に，イベントの際には，曹洞宗金龍山常幸院の深山住職が駐車場を貸してくれるなど便宜を図ってくれたことで大変助かった。

　地元の方々にとって何気なく過ごしている風景がほかの地域の人達からみたらすごく魅力的なんだということを気付いて欲しいと思い，まずは県内の方々に魅力を伝えるインナープロモーションを行った。

　『ゆるキャン△』のファンの方々は本当にマナーが良いので，ファンの方々が地域の人たちの心を動かして，町や行政までも動かしたのだと思う。

　これまでも観光誘客を図ってきたが，一番有名なのは日蓮宗の総本山・身延山久遠寺くらいで観光地としてはなかなか厳しい状況だった。

　訪れるファンの方と交流するのは地元の方なので，住人の理解がなければ「聖地化」には繋がらない。お土産や食事，サービスの話はその先の話。まずは，住んでいる身延町の方に，アニメを知ってもらうことから始めた。地元の役場職員，商工会議所など若手の方に協力を仰ぎ，町長と住民の意見交換会におじゃましたり，回覧板などを使ってアニメの放送日をお知らせするところからスタートした。大切にしたのは人と人とのコミュニケーション，何度も足を運び，直接お話をすることを心がけた。

　（武川さんは前職が TV 番組，イベントの制作会社のプロデューサーだった）

　2018年，公式イベントとして音楽イベントの立ち上げを仲間たちと行った。自然豊かな身延町の学校の校庭で，地元メンバーでやることに意味があると考え実施。それが，『ゆるキャン△』の聖地であると知ってもらうよい機会と捉えた。その際，メディアが注目したくなるような人をリーダーに立てることが重要と考え，常幸院の深山光信住職になってもらい，毎晩お寺で情報共有をしていただいた。今では，キャンプイベントをやると100〜200組ほどのキャンパーが集まる。

　アニメ・ドラマなどのコンテンツツーリズムの誘客支援をする際に心がける，次のような4本の柱がある。

　①地域の人に作品を知ってもらう　②お土産をつくる

　③ファンの受け皿をつくる　　　　④地元のイベントを開催する

　まずは，イベントの受け入れ側に知ってもらい，理解を得ることで地域に来る側も迎え入れる側も気持ちよく満足感のあるものになる。トラブルの回避にもなる。満足感が高ければリピートしてくれる。ゲストにもホストにもWin–Winの関係がつくれる。

　（武川さんが）グッズ制作などの権利的な窓口になっている。アニメを制作している段階で最初にグッズや関連イベントのことなど条件やライツ関係を主張し，納得してもらう。アニメの制作委員会などプレイヤーが多い場合は，なかなか難しいこともあるだろうが，今回のようにアニメの制作段階からかかわることで，最初に制作者側に地域の要望を伝え，了解をとっておいた。「最初に」というところがポイントである。

　フィルム・コミッションの立場なので，地元の方とファンの方のかかわりには特に気を遣っている。魅力的な地域，環境を作っているのは，そこに住み，守っている地域住民であるし，ファンも地域をリスペクトしている。SNSなどネットの苦情は一定数いるが，多数派ではない。最初のトラブル対応が重要。『ゆるキャン△』ファンは，マナーもすごくよくて，地元の方とのトラブルも山梨県内ではほとんど聞かない。

　ファンミーティングを開いたり，地元の要望・不満の解消にも気を配り，対応している。

　地元の方と定期的にコミュニケーションをとり，そこから得た情報を作品

の広報担当，プロデューサーなど，各所と共有することを心がけている。

　コロナ禍によって，アウトドアへの注目が集まった。キャンプ場の統括団体はない。『ゆるキャン△』によって，キャンプブームになり，身延町のキャンプ場への入場が30倍くらいになった。その結果，キャンプ場は予約制になった。

　イベント運営は山登りと同じ。地域の人への理解，ファンと地域をつなぐ，注目のイベントを開催する，地域に語り部をつくる。そういった地道な活動で継続できる組織をつくる（行政がいなくなっても回る組織にする）。語り部が必要。ハブが必要で，そこからファンが増え，ファンがまた情報を発信してくれる。

　地域イベントに参加して移住したファンもいる。『ゆるキャン△』関連の仕事がしたくて職員になった人もいる。自分たちはお金がないので，自ら汗をかいて，ライツ処理やイベント関連のことをやる。情報提供を積極的に行うことで，メディア露出を多くする。

　アニメは，地域住民への協力など地域誘客まで時間がかかるが，ファンの作品への愛着が強く，長時間地域にかかわってくれる。実写の場合は，出演タレントに番宣や映画のプロモーションも兼ねて協力してもらえば訴求も早く注目率は高い。しかし，番組が終われば，露出機会はなくなり，一時的なブームで終わってしまう。タレントは歳をとるが，アニメキャラクターは歳をとらない。ドラマはドメスティックだが，アニメは国境がない。

　ドラマの版権は事務所などの関係もあり複雑だが，アニメの場合は最初の段階で交渉ができていれば継続的に使える。作品を通して，地域のファンになってほしい。「道の駅」にオートキャンプ場が併設され「ゆるキャン△の里」という名称が付いた。キャンプはアニメによって文化になり，その中心に山梨県があると自覚している。

6　二つの事例からの考察

　前項で記述した二つの事例には，アニメ聖地巡礼による地域誘客及び地域マネジメント上有効と思われる多くの知見が含まれている。また，二つの地

域の事例には多くの共通点がみいだせる。そこでまずは，共通するマネジメント要素について提示する。

① ファンの気持ちに寄り添う

　佐賀県唐津市の『サーガ!!! on ICE』の取り組みの1度目に実施したスタンプラリーでは，アニメに関係ない観光地を入れたことによる巡礼者の反発があった。それ以降，巡礼者の気持ちの理解や彼らのニーズを聞き実施することにし，スタンプラリーの達成の際のシール配布など，ファンのニーズをもとに行った。施策の終了においても配慮している。

　山梨県身延町の『ゆるキャン△』においても，地域で積極的にファンミーティングを開いたり，地元の人と定期的なコミュニケーションの場をつくるなど，ファンの要望に細かく気を配り，対応している。

② 地域住民の理解と施策への協力

　「富士の国やまなしフィルム・コミッション」の武川さんもいうように，アニメ聖地巡礼者と接するのは地域住民であり，その協力なくして成功はない。突然アニメファンが地域に訪れた時に，多くの市民は何が起ったのか訳が分からず驚いたり，あるいはよそ者の突然の来訪に嫌悪感をもつ。地域誘客施策を図る前に（あるいは，それを機に）地域住民になじみのない当該アニメの内容やその「聖地」になっていることを説明し，市はそれを地域活性施策にしたい旨を熱意を持って理解してもらい，地域住民の協力を得ることが重要である。

　その際，今回取材した両氏も語っていたが，地域には伝統的な資源があり，住民の多くはそれを誇りに思っている。したがって，地域の文化・伝統を伝える施策ではなく，アニメという新たな（人によっては訳のわからない）コンテンツを自治体のお金で活用することに納得してもらうことが最重要となる。

　身延町においては，「語り部」をつくり，地域の商店街や老人たちが積極的にファンとのコミュニケーションに参加している。ファンをみかけたら「ゆるキャン△ですか」の声がけをした。唐津市においても観光課は，アニ

メ聖地巡礼に来た人たちに，「あいさつ」や「一声」かけてくださいと市民にお願いをしている。そして，市民もそれに応えている。実際に筆者も「こんにちは。どちらへ」と2度声をかけられている。

　自治体と市民が共同して，アニメ聖地巡礼のファンをもてなしたことにより，巡礼者は，「自分たちはこの地域に歓迎されている」，「ここに居ていいんだ」という実感がもてる。地域にファンを迎え入れる町全体での雰囲気づくりが必要である。

③　地域イベントと関連グッズ

　二つの事例からもわかるとおり自治体としては，当該アニメを理解し，アニメ聖地巡礼者を裏切らない施策・運営が必要である。地域とファンとの継続性を考えた時に，定期的に集まれるイベントづくりが必要である。祭りや花火大会，アニメの登場人物の誕生日会など，アニメの内容によって定期的なイベントの形は異なるが，地域住民とファンとの交流，ファン同士の交流など，当該地域に継続的に来る意味をつくるイベントの設定が必要である。

　また，アニメ聖地でのグッズの購入も聖地を訪れる重要な要素である。聖地を訪れたエビデンスにもなり，好きなアニメの側に常にいる感覚ももつことができる。訪れるたびに，新たなグッズが登場することは，地域に繰り返し足を運ぶモチベーションにもなる。しかし，グッズ制作やイベントポスターや告知の際のビジュアル使用には，ライツ許諾が必要になる。これをクリアーすることが前提になる。

④　キーマン（作品と地域のコネクト，地域内連携，ライツ処理などできる 　　プロデューサー的人材）

　アニメ聖地巡礼が盛り上がっている土地には，必ずキーとなる存在がいる。『サーガ!!! on ICE』では，唐津市観光課の岡本氏であり，『ゆるキャン△』においては，富士の国やまなしフィルム・コミッションの武川氏である。担当者の本気が周囲を動かし，ライツホルダーとの交渉も円滑にする。通常業務の延長では地域の説得もできず，新たな展開のための面倒なライツ処理もままならない。アニメ聖地巡礼に限らず，コンテンツをベースとした

地域マネジメントはライツホルダーと交渉し，作品と地域に Win–Win の関係をつくることである。また，そのことによってイベントやグッズ展開などによってファンが喜ぶ「三方よし」の関係性をつくることが重要である。

　唐津市の岡本氏は，地域の印刷会社にアニメ聖地巡礼のための刷り物を用途によってさまざまに差配し，ライツホルダーとの権利関係の交渉や各所との調整を行った。山梨県の武川氏は，自分のほかに身延町でキーとなる人物を設定し，話題の拡張と継続性のための組織作りを行った。身延町の「語り部」であり，商店街の告知，協力などのための中心人物に金龍山常幸院の深山住職になってもらっている。また武川氏は，アニメの制作の初期段階からグッズや関連イベントのことなど条件面の調整を行っている。アニメ聖地巡礼施策において，各地の取材の中で必ず出てくる壁がライツの問題であり，アニメのビジュアルを自由に使えないという問題が出てくる。『ゆるキャン△』の場合は，制作者側と武川氏が作品制作の当初から施策において具体的に展開したい内容を提示し，了解を得ていたことが後の展開に大きく影響している。

　地域が舞台となるアニメ作品の話が来た瞬間から，これを地域でどう展開するかを考え，制作側の意見も調整しながら地域施策としてどう落とし込むかを判断できる。また，地域の人たちを説得しながら巻き込む能力のある人材（関係人口も含め）が，地域ではますます求められる。

7　地域への提言

　アニメ聖地巡礼など，趣味性が高いものをベースとした施策の場合，進行や取り扱いへの知見が必要となる。しかし，通常，どの地域の自治体の観光課もその担当者は人事異動によって，3 年くらいで変わってしまうことが多い。これまでのノウハウが蓄積されているとしても，同じような対応や施策が打てない可能性がある。いくつかの地域を取材した経験から，担当者が変わることによる対応の変化は明白である。それは，自治体組織の宿命で仕方がないが，民間や地域住民の力を活用するなどこれまでの知識・ノウハウを継承し活かす組織（仕組み）づくりが必要である。

　また，本事例で示した地域では，コンテンツを地域のために活用できるプロデューサーとしての働きができる人材が存在した。しかし，コンテンツを誘客施策として多角的に展開できる地域プロデューサーは，当然のことながらまだまだ少ない。地域住民に作品を理解してもらい，コンテンツの使用許可を管理し，ファンの集客イベントを行うなど，突然やってくるアニメやドラマなどのコンテンツをどのように戦略的に地域誘客に結びつけるかを考え，実施できるプロデューサー的人材が今後ますます必要になる。そういった人材がいるかどうかが，他地域との差別化になり，コンテンツによる地域誘客を継続させていくための鍵になるだろう。アニメ，映画，ドラマなども有用な地域資源と捉え，地域がその聖地となった場合は，それを有効に活用すべきである。人々は，「推し活」などによってコンテンツを通した地域との密な関係を求める時代になっている。地域には，そこに行く「イミ」を創出できる人材が必要である。

8　今後の課題

　アニメ聖地巡礼行動がみられ始めた 2000 年代初頭からすでに 20 年が経過し，アニメ作品ごとの事例研究も増えている。アニメ聖地巡礼をベースにする地域の戦略施策は，作品ジャンルや当該地域の観光戦略のスタンス，地域の経済的規模，地域資源の有無，人的要素などさまざまな要素のなかで複合的に決定され，実行される。アニメ聖地巡礼者の行動においても，作品への没入度や自分の住む場所からの距離，作品ジャンルなど諸要素によって規定される。したがって，本章においてはアニメ聖地巡礼における地域マネジメント施策への知見のすべてを明らかにできてはいない。アニメタイプの異なる聖地巡礼事例をさらに蓄積し，分析していく必要があるだろう。

9　おわりに

　いま，日本の多くの地域では少子高齢化が深刻な問題となっている。地方の市町村では，移住・定住の施策をさまざまに試みているが，人口減少の中

でそれは容易には望めない。そこで，各地域では「関係人口」をいかに増やすかという戦略にシフトし，当該地域での仕事や趣味，知識の供与など関わりを持つ人口を求める施策を推進している。マーケティング概念でいえば，地域にロイヤルティの高い顧客をつくり，さまざまな形でのエンゲージメントをつくることである。アニメ聖地巡礼者は，その行動パターンをみると，これまでの調査，また本稿の取材からも地域へのリピート性が高く，移住を視野に置くものもいる。まさに関係人口になりえる人たちである。熊本県人吉市は筆者が研究対象とするアニメ『夏目友人帳』の聖地であるが，2020年の豪雨災害に見舞われた際，SNS 上でのファンたちの思いが地域に届き，自治体を動かし復興の原動力になったという[12]。こういった事例からも，地域誘客施策，関係人口づくりにおいて，アニメというコンテンツは有力な要素であることがわかる。また，インバウンドにおいても優れたジャパンアニメは国境を越え，継続的なファンとして地域を訪れるきっかけをつくっている。アニメ聖地巡礼は，もはや一時の流行でもマニアのものでもなく，地域は有効な地域資源としてどう活用するかがキーとなる。

　本稿においては，これまでのアニメ聖地巡礼行動を調査・分析した研究の成果と 2 つのアニメ聖地巡礼地のキーマンへの取材から，アニメ作品を活用した地域誘客，あるいは地域マネジメントのキーとなる要件を考察し提示した。さらに多様な地域，作品の事例を調査・検証することで，各地域のマネジメントに対応できるものにしようと考えている。

＊本研究は JSPS 科研費 JP18K11858, JP22K12602 の助成を受けたものです。

12　2020 年の豪雨で被害を受けた人吉・球磨地域の復興を後押しするため『夏目友人帳』の作者・緑川ゆき氏は，当該地域の観光名所を巡る動画を作成し Web 公開した。また，被害を受けたアニメ聖地である毘沙門堂は，ファン達のクラウドファンディングにより修復された。

参考・引用文献

朝日新聞（2021 年 4 月 22 日，熊本版）.

アニメツーリズム協会（2016）「プレスリリース」（9 月 16 日）.

アニメツーリズム協会（2023）『アニメツーリズム白書 2023』.

岩崎達也（2020）「アニメ聖地巡礼の事例『ユーリ !!! on ICE』―佐賀県唐津市―」，大方優子・岩崎達也・津村将章 著『アニメ聖地巡礼の行動特徴と地域施策―事例からの考察―』九州産業大学経済経営研究所研究叢書 8　九州大学出版会.

岩崎達也（2021）『関東学院大学経済経営研究所年報』第 43 集，15-27 ページ.

岩崎達也・津村将章（2018）「高関与旅行者の行動分析：『夏目友人帳』における聖地巡礼行動を事例として」『産業経営研究所報』50, 63-81 ページ，九州産業大学産業経営研究所.

岡本健（2009）「アニメ聖地巡礼の誕生と展開」『CATS 叢書 メディアコンテンツとツーリズム』第 1 号．北海道大学観光学高等研究センター.

岡本健（2009）「『らき☆すた』に見るアニメ聖地巡礼による交流型まちづくり」『観光の地域ブランディング』学芸出版社.

岡本健（2013）『n 次創作観光 アニメ聖地巡礼 / コンテンツツーリズム / 観光社会学の可能性』NPO 法人北海道冒険芸術出版.

唐津市商工観光部観光課資料「サーガ !!! on ICE コラボ企画による経済波及効果」.

佐賀県地域交流部 文化・スポーツ交流局 観光課（2017 年 3 月）「平成 27 年佐賀県観光客動態調査」.

観光政策審議会（1995 年 6 月 2 日）「今後の観光政策の基本的な方向について（答申第 39 号）」.

久保南海子（2022）『「推し」の科学 プロジェクション・サイエンスとは何か』集英社新書.

国土交通省総合政策局，経済産業省商務情報政策局，文化庁文化部 報告書「映像等コンテンツの制作・活用による地域振興のあり方に関する調査」（2005 年 3 月）.

佐賀県 政策部 広報広聴課サガプライズ！プロデュースオフィス H.P　https://sagaprise.jp/sagaonice/（2023 年 11 月 30 日閲覧）.

JTB 総合研究所ニュースリリース（2019 年 9 月 25 日）https://www.tourism.jp/（2023 年 10 月 29 日閲覧）.

西日本新聞朝刊（2018/11/15 付）.

水越康介（2022）『応援消費 社会を動かす力』岩波新書.

山村高淑（2008）「観光情報革命時代のツーリズム（その 1）〜観光情報革命論（序）〜」『北海道大学文化資源マネジメント論集』，3 ページ.

山村高淑（2014）「『アニメ聖地巡礼』と『コンテンツ・ツーリズム』：作品への愛と旅することの本質について考える」全国アニメ聖地サミット in 豊郷　基調講演レジュメ.

山村高淑（2018）『コンテンツが拓く地域の可能性―コンテンツ製作者・地域社会・ファンの三方良しをかなえるアニメ聖地巡礼』同文舘出版.

『ゆるキャン△ キャンプ道具 増補改訂版』（2022）　TJMOOK 宝島社.

（岩崎達也）

第7章

観光資源の活用による
着地型観光の推進に向けた課題

1 はじめに

　2007年に施行された観光立国基本法により，観光は21世紀における日本の政策の柱として明確に位置付けられることとなった，そのなかで，訪日観光の振興とならんで，国内旅行振興の重要性が示されている。そして，国内旅行振興については，「地域が一丸となって個性あふれる観光地域を作り上げ，その魅力を積極的に発信していくことで，広く観光客を呼び込み，地域の経済を潤し，ひいては住民にとって誇りと愛着のもてる，活気にあふれた地域社会を築いていくことが不可欠である」とされた。また，その実現に向け，政府がマスタープランを策定，各地域は，創意工夫を生かした主体的な取組を推進すると定めている（国土交通省2010）。

　さて，旅行業界・観光業界が，新型コロナウイルス感染症によって特に大きな打撃を受けたことは周知のとおりである。多くの宿泊施設が休業に追いやられ，旅行会社も倒産または大幅な事業規模縮小という事態となることも珍しいことではなかった。ところが，2023年になり新型コロナウイルス感染症の脅威が徐々に薄れ，また同感染症が5類に分類されるに至り，日本国内の観光地では，急速に観光客が戻りはじめた。宿泊業と旅行業に関しては既にコロナ前の水準を上回ったとの報告がされ（経済産業省2023），一部の観光地では，早くもオーバーツーリズムの再燃が危惧され始めている（読売新聞2022）。国もコロナ禍以前に定めた訪日外国人の目標数値の維持を明言した[1]。そして，観光はすっかり回復しており最早心配する必要はないという空気が流れ始めている。

　しかしこの様な楽観的な見方は危険であると考える。新型コロナウイルス感染症の流行という大きな事件があった為，観光立国基本法で目指す国内旅行振興の進捗状況が非常にわかりにくくなったことは致し方ないが，少なくとも現状について，コロナ禍以前の状況に戻る目途が立ったという程度の認識が妥当であろう。なぜなら，国内旅行振興については，コロナ禍以前から順調であるとは言い難く，様々な課題を抱えていたからである。そして，その課題の多くは解決されていないからである。

　そこで，本章では，この国内旅行振興がどのように進捗してきたかについて，主に地域の事業者と地方自治体の観点から考察し，その課題や今後の対策について考えていくこととする。

2　着地型観光登場の経緯

2.1　着地型観光で地域づくりを目指す

　観光立国基本法施行以来，国内旅行振興にむけた様々な取り組みが全国的に実施されるようになった。しかしこれは，日本中を従来からある様な観光地にすることを意図している訳ではない。「住んでよし，訪れてよし」[2]の地域作りに向け，各地域が各々の事情に合わせて観光という手段を活用しようというものである。

　また，ここで活用される観光とは，従来の旅行会社による団体旅行やパッケージツアー，航空会社や鉄道会社が仕掛けるキャンペーン等によるものとはやや異なる。冒頭の観光立国基本法の国内進行のなかで示された様に，「地域が一丸となって個性あふれる観光地域を作り上げ，その魅力を積極的に発信していくことで，広く観光客を呼び込む」という観光であり，その観光形態が着地型観光である[3]。ちなみに，着地型観光の「着地」とは，旅行

1　コロナ禍以前，国は訪日外国人の目標数を2020年に4,000万人とし，その次のステップとして2030年目標を6,000万人としていたが，新型コロナウイルス感染拡大の影響により2020年の目標は大幅に未達成となった。そのため，2030年の目標人数変更の有無が注目されていたが，日本政府は2030年の6,000万人という目標を変更せず継続することを明言した。

2　2006年12月に制作された「観光立国推進基本法の制定」というリーフレットのなかで，その最終ゴールとして観光立国の実現〜住んでよし，訪れてよしの国づくり〜という表記がある。

3　学術的な着地型観光の定義は明確にされていないが，概ね，地域が主体となり，地域資源を活

者が到着する場所，つまり一般的には観光地を指す。一方で，旅行者が出発する居住地を，着地と対比させる形で発地としている。そして，従来の旅行会社等が企画・集客し，旅行者を観光地に送り込む観光形態を「発地型観光」，観光地（着地）側から情報を発信し，旅行者を呼び込む形態を「着地型観光」と呼ぶのである。

　ではなぜ，なぜ観光立国基本法では，国内旅行振興における観光について，従来の観光ではなく，着地型観光を想定しているのだろうか。

2.2　着地型観光の登場の背景にある，従来の観光の課題

　日本において観光が大衆に広まったのは。1955 年以降の高度成長期に入った頃からである。この時期には，国内の鉄道や航空，高速道路などの交通インフラが整備され，人や物の大量輸送が可能となり，移動に掛かるコストも低減した。さらに旅行会社では団体旅行やパッケージツアーなどが扱われるようになり，国民は便利かつ安価に旅を楽しめるようになった。この現象をマスツーリズムと呼ぶ。マスツーリズムにおける観光スタイルは，名の知れた観光地のなかでもさらに主要な観光スポットを，駆け足で物見遊山的に巡ることが一般的であった。このマスツーリズムは日本経済の発展に大きく貢献し，日本各地にある観光地が活況を呈するようになった。

　しかし，高度成長期が終わり，またバブル経済の崩壊という局面を迎えるにあたり，主に持続性の観点からマスツーリズムの欠点が指摘されるようになった。マスツーリズムは，当該地域の資源を消耗させながら実施されており，たとえ現在，活況を呈していたとしても，必ずしも持続可能ではないという指摘である。その根拠としては次のことがあげられた(島川 2009 など)。

　マスツーリズムは量の拡大に重点が置かれるため，効率性を重視する。そのため内容がどうしても画一的なものになりがちであり，観光客はその内容に飽き始めている。従って，マスツーリズムでは，今後観光客に十分な満足を与えることはできない。

　旅行会社（発地側）が集客を担う関係上，観光地は従属的な立場に置かれることとなる。そのため地域の観光事業者への利益配分が少なくなる傾向に

　　用し地域から情報発信し観光客を呼び込むものと考えられている。

ある。加えて観光事業者は旅行会社との結びつきは強いが，地域内での結びつきが希薄であることが多い。そのため，観光事業者の利益が地域内へ波及しにくい。つまり，地域の利益配分が少ないうえ，一部の観光事業者に利益が偏る状況では，地域の活性化は難しい。

さらに，観光地開発の過程や観光客の活動により，地域の環境等への負荷が大きくなってくる。地域経済の停滞下では，地域の魅力の源泉である観光資源の維持が困難になる。等々である。

2.3　ニューツーリズム

これらマスツーリズムの課題を解決すべく，新たな観光の形が模索されてきた。当該分野の研究は欧米が先行していたが，まず日本で取り上げられたのは「ニューツーリズム」と呼ばれるものであった。ニューツーリズムは，観光学者であるオリアナ・プーンによる用語といわれている。彼の主張は，「マーケットは団体から個人へ変化していき，そのなかでテーマ性があり知的好奇心を満たすような体験や交流が求められる様になる。それらを提供していくことが持続可能な観光につながる。」というものであった。体験や交流であれば，地域の人達の力で継続的に作っていくことができ，マスツーリズムとは異なり，地域資源を消耗させることのない観光を可能ならしめるということである。

日本でニューツーリズムという言葉が使われ始めたのは2004年頃であるが，当時の観光庁のサイトでは，「従来の物見遊山的な観光旅行に対して，テーマ性が強く，体験型・交流型の要素を取り入れた新しいタイプの旅行を指す。テーマとしては「産業観光」「エコツーリズム」「グリーンツーリズム」「ヘルスツーリズム」「ロングステイ」などがあげられる。旅行商品化の際に地域の特性を活かしやすいことから，地域活性化につながるものと期待されている。そして，地域の立場から特性を活かすことが必要である。その意味でニューツーリズムは地域活性化につながる新しい旅行の仕組み全体を指すものであるといえる」と説明されている。

しかし，ニューツーリズムへの地域の対応は必ずしも活発ではなかった。他方，体験やテーマ性を積極的に観光へ取り入れたのは都市部の旅行会社で

ある。体験でいえば，農業収穫体験ツアー，そば打ち体験ツアー，紙すき体験ツアー，テーマ性においては，大人の工場見学など旅行会社主催の企画が次々登場した。その場合，主導権を持つのは都市部の旅行会社である。彼らは自社の利益を最優先にするために効率性を重視し，内容が画一的になりがちになる。地域ならではの体験観光というよりは，全国どこへ行ってもほぼ同じ内容のプランが作られ，観光地においても旅行会社からの送客を待つという従来からの姿勢も変わらない。そのため，観光地は引き続き旅行会社の従属的位置づけであり，地域への利益配分が少ない状況に大きな変化はなかった。

　つまり，ニューツーリズムは，観光に体験やテーマ性という新たなコンテンツをもたらしたという点においては貢献したものの，地域自らが主体的に取り組むという観点では不十分であった。そのため，地域を活性化するという面ではマスツーリズムと比べ大きな変化はなく十分な成果は得られなかった。

2.4　期待される着地型観光

　上記のような経緯から，地域活性化のための国内旅行振興の主役はあくまで地域であるという意識づけが求められた。そこで登場したのが着地型観光である。

　着地型観光という言葉が登場したころの国土交通省・観光庁のホームページでは，「旅行者を受け入れる側の地域（着地）側が，その地域でおすすめの観光資源を基にした旅行商品や体験プログラムを企画・運営する形態を着地型観光と言います。独自性が高く，ニューツーリズムをはじめとして，その地域ならではのさまざまな体験ができることから，各地域の魅力を味わう上でおススメです」と説明されていた。つまり，着地型観光とは，地域が主体的にニューツーリズムを実施する旅行形態であると理解して差し支えない。そして，着地型観光には従来の観光，すなわち発地型観光とは異なり地域にとって数々のメリットがあるという主張がされた（尾家 2008，大社2008，大澤 2010 など）。それは次のようなものである。

・地域のことを熟知する着地側自らがツアー等を企画するため，必然的に内

容は地域ならではのものとなる。そのため画一的になりがちな発地型観光では不満を感じる観光客でも，十分に満足させることができる。

・着地型観光においては，地域のありのままの生活様式や昔からその地に伝わる食文化など，従来は観光資源として考えていなかったモノやコトまでを幅広く観光資源と捉える。そのため大規模な観光施設や美しい自然景観など一目でわかる観光資源が無くとも，工夫次第でその実行が可能であり，新たに大きな投資も必要としない。

・地域全体が連携し，地域住民自らが積極的にかかわるため，観光客の支出によって発生する直接的な経済効果だけにとどまらず，観光客の支出は広く地域のなかに波及し，他の産業までをも振興させる効果がある。

・取り組みの過程で地域の価値が再確認され，地域のアイデンティティーが共有され，地域内のコミュニティーは強化されていく。さらには，住民の伝統的な生活環境や景観保全への意識の高まりも期待できる。

　これらの着地型観光のメリットと期待を背景に，国や地方自治体の主導により全国で一斉に着地型観光の取り組みが進められることとなったのである。

3　着地型観光の現状を考察する

　以上のように，全国的に取り組みが進められることになった着地型観光であるが，残念なことに現在に至るまで，着地型観光によって地域が大いに活性化したという状況は，なかなか聞こえてこない。

3.1　着地型観光商品の特徴とマーケットの評価

　その，理由を明らかにするため，まず着地型観光商品の特徴をみていこう。小林（2011）は，全国の着地型観光商品（24団体135件）を調査し，その内容から次のような四つの類型に分類している。

・一点濃密体験型

　広範な移動は行わず比較的に少ない立ち寄り場所で，じっくりと濃密に自然体験や文化体験などの活動を行う。

・ふるさと体験滞在型

　地場産業や伝統工芸を体験するツアーに代表される。参加者の数や地元協力事業が多くなることが特徴である。

・深慮専門ガイド型

　専門性の高いガイドによって奥深い解釈を伴いながら博物館や町並み・集落を巡るツアーに代表される。小規模な参加人数で，そこに地元民が密着帯同することが多い。

・B 級資源回遊型

　バスやタクシーを使って，歴史系，産業・文化系，自然系，商業施設など多くの場所に立ち寄る。立ち寄り場所は，どうしても B 級観光資源となることが多く，地元の協力者は少ない。

　上記のうち，一点濃密体験型，ふるさと体験滞在型，深慮専門ガイド型の三つが，着地型観光プランの王道である。適切に実施することができれば，地域の魅力を発信でき，顧客に十分な満足を与えることができる可能性が高いであろう。

　ちなみに，B 級資源回遊型については，マスツーリズムで一般的であった主要観光スポットを駆け足で物見遊山的に巡るツアーのスタイルを地域に当てはめたものであると考えられる。これは各々の観光スポットが有名であり，既に高い評価を得ているからこそ成立するものであり，B 級資源の回遊で地域の魅力を伝えることは難しいと思われる。この分類の存在は，着地型観光への地域の理解不足が原因であろう。

　この分類を除けば，着地型観光商品自体は，十分魅力的にみえる。ところが残念ながら，着地型商品はマーケットには評価されていなかった。筆者が2013 年当時に実施した調査[4] においても，着地型観光について，肯定的な見

4　JTB の WEB アンケートシステムを利用して，2013 年 5 月 16 日〜 2013 年 5 月 30 日まで実施し，有効回答数は 4084 件であった。詳細は才原（2013）。

解として「選択肢が増えることは良い」「地域を応援できるので良い」という内容の回答がいくつかみられたものの，多くは不満や懸念についてであり，具体的に多くの声が寄せられた。

　ちなみに，最も多かったのが，望まないサービスを地域から押し付けられることへの警戒感である。また，着地型観光主催者から発信される事前の情報の不足や，商品内容のレベルやサービス水準への不安，価格の妥当性についての不信感など，多くの指摘がされたのである。つまり，着地型観光商品はマーケットニーズが理解できていないと消費者は感じており，サービスの提供体制や商品内容についての信頼性も薄いということが明らかになったのである。

3.2　プレイヤー不在の着地型観光

　では，一体誰がどのようにして，これら着地型観光商品を造成していたのだろうか。まずは，市町村などの地方自治体が音頭をとり，商工会・観光協会などが中心となって地域事業者や住民を加えた会議体やプロジェクトが作られる。現状把握のために，地域資源の洗い出しから始める。これは「地域の宝探し」といった言葉で表現されているが，自分たちが知っている観光資源と呼べるものを洗い出し一覧表を作成し，また地図にプロットするといったこと等が行われた。

　また，国や地方自治体の資金を活用し外部の専門家が集められた。これは地域の良さに地元の人はは気が付かないことが多く，そのため外からの視点が望ましいという理由によるものである。筆者がかかわったケースは，概ねこの専門家として招聘されたものである。

　多くの場合，ここまでは順調に進む。さらに，本来であれば，地域のコンセンサスを得ながら実施主体を決め，事業を開始する運びとなる。その過程で，マーケットニーズにあった観光商品を造成し，集客し，販売していく。商品内容は，常に改善・見直しをすることが求められる。そして，観光客の増加が見込まれるようになってくると，観光インフラの整備，地域のホスピタリティ向上にまで進めていくことが理想である。

　しかし，現実には，宝探しだけを終えた段階で早々に地域での取り組みが

終了してしまうことが散見された。少し進んで，プロジェクトメンバーでツアープランを考え募集チラシを作成するところまではこぎつけたものの，受注体制や受注後のオペレーションのしくみが不十分で，数回の実施で終わってしまうことも少なからずみられた。稀に観光協会，旅館やバス会社などが，実施主体として名乗りを上げ，ツアーの企画や受注に取り組むもが，収益を確保し継続していくことは難しい様である[5]。前述の小林（2011）の調査において，調査した24団体中，実施主体が明確に確認できたのはわずか3件であったことが報告されており，この実態の一端を示していると考えられる。

　では，なぜこのような状況に陥ってしまうのか。筆者の実体験や関係者からのヒアリング等から考え，その理由は次のことにあると思われる。まず地方自治体等の行政サイドは，ほとんどのケースで自分たちの役割は地域事業者支援であると認識しており，自らが主役だとは考えていない。従って彼らは，宝探しの段階ではスタートアップ支援として主導権をもつものの，実施段階に進んだ段階では，ビジネスとして収益が望めるため手をあげる事業者はいくらでもいると考える。そして，特定の事業者の利益になることには，積極的にはかかわれないという態度に転ずる。

　他方，着地型観光ビジネスを担うためのノウハウやスキルは基本的に地域の事業者には存在していない。地域にも旅行会社はあるだろうと思われるかもしれないが，それらは地域の住民を他の地域に送るための旅行会社である。つまり前述の発地型観光のビジネスモデルであり，他地域から観光客を呼び込むモデルではない。宿泊施設や観光施設，地元のバス会社等の運輸機関はどうか。彼らは本来であれば他地域から観光客を呼び込むノウハウやスキルをもっていてもおかしくないのだが，残念ながら彼らも十分な力量は持ち合わせていないことが多い。なぜなら，日本の観光は，長年にわたり都市部の旅行会社が支えてきたという経緯があった。そのため多くの地域では自ら観光客を呼び込むことより，旅行会社から送られてくる観光客の対応に力

5　着地型観光の事例は，尾家（2011），安田（2011）などに複数取り上げられているが，いずれも先進的と考えられる取り組み内容を紹介するもので，収益性にまで触れられていない。2015年当時，それらの事例について筆者が個別に調査ヒアリングを実施したが，大半は物販事業や飲食事業の利益で着地型観光事業の赤字を補う状況にあった。

を注いできたからである。自らが集客することの経験が不足しており，十分なノウハウが蓄積されていないことが多いのである。

　つまり，着地型観光という着眼点は決して誤りではなく，コンテンツも魅力的であるにもかかわらず，なかなか成果が出ない大きな理由が，地域における着地型観光推進主体の不在もしくは脆弱性にある。言い換えれば，解決すべき課題は，事業主体の明確化と事業推進力の強化であるといえる。

4　観光まちづくり法人 DMO の登場

　そこで観光地のマーケティングとマネジメントを担う組織として「観光まちづくり法人 DMO（以下 DMO と表記する）」が提唱され，その登録が進められることとなった。

4.1　DMO とは

　DMO とは Destination Marketing/Management Organization の頭文字をとった言葉である。Destination は地域，目的地という意味があるが，ここでは観光地と考えればわかりやすい。M には Marketing と Management の二つの意味をもたせている。Organization は組織を意味する。直訳すると，観光地のマーケティングとマネジメントを行う組織ということである。

　観光庁は日本における DMO（日本版 DMO）を，「観光地経営の視点に立って観光地域づくりを行う組織・機能」と定義した。そして DMO は，地域関係者と協同し，明確なコンセプトをもって戦略を策定し，着実に実施することで地域の稼ぐ力を引き出す。そして観光における地域の司令塔となること，また，個別事業として着地型旅行等を実施する，と説明している（国土交通省 2024）。

　2015 年より観光庁により「日本版 DMO 候補法人」の登録制度が創設された。2017 年度には 41 法人が正式に「日本版 DMO」として登録され，2020 年までに世界水準の DMO を全国で 100 件形成することとなったのである。

　なお，日本版 DMO の登録基準は次の 5 要件である。

①「DMO」を中心として観光地域づくりを行うことについての多様な関係者の合意形成

②データの継続的な収集，戦略の策定，KPI の設定・PDCA サイクルの確立

③関係者が実施する観光関連事業と戦略の整合性に関する調整・仕組み作り，プロモーションの実施

④法人格の取得，責任者の明確化，データ収集・分析等の専門人材の確保

⑤安定的な運営資金の確保

　この登録要件から，国の DMO に対する認識や期待がみえてくる。①と③は単なる営利企業として自由に事業を進めるのではなく，地域のコンセンサスを取りつつ地域のために実施するということである。②④⑤はビジネスであれば当然のことであろう。敢えてこれを登録要件としていることは，従来の地域の観光の多くがビジネスの体をなしていなかったことの反省と考えられる。今後は責任の所在を明確にし，ビジネスとしてやるべきことを確実に実施するということである。

4.2　日本版 DMO の「日本版」が意味するもの

　前述の DMO の説明のなかにあった，日本版 DMO という言葉について補足しておく。DMO は，欧米での事例を日本に持ち込んだものである。欧米では長期のバカンスが一般的であり，バカンスの滞在先を毎年変えるのではなくリピートすることが多い。そのため，各観光地は自らが主体となって彼らを呼び込む，いわゆる着地型観光の形態が定着しており，その推進主体が DMO である。それを参考に日本に取り入れ，日本の事情にあったものを作っていくという意味で，日本版 DMO としたのである。

　ところが，日本には長期バカンスの習慣はなく，着地型の観光は定着していない。前述のように日本の観光は発地型が主流である。つまり，日本には経験やノウハウのない，観光客を地域に呼び込むという着地型観光ビジネスを推進するための組織として，日本では経験のない DMO という形態を欧米から持ち込んだのである。従って，推進主体不在であった着地型観光の課

題が，DMO 制度の導入によって自動的に解決される訳ではなく，やはり誰かが核となり中身を整え，新たに推進主体を構築していかなければならないことに変わりはないのである。さらにその組織に対し，自由にビジネスを行うのではなく，地域内のコンセンサスを得つつ地域のために行動するという使命を課している。これは，きわめて難易度が高いといわざるを得ない。

5 DMO の核となって着地型観光を推進するのは誰か

5.1 地域の旅行会社，宿泊施設，観光施設

DMO を担うべき事業者は誰であろうか。地域の旅行会社，宿泊施設，観光施設は，一見即戦力であるが，実際に着地型観光を担えるスキルやノウハウが不足していることについては前述したとおりである。しかし，推進にあたって彼らにスキルやノウハウがある前提で，地域や行政が任せきりにしたことが問題なのであり，今後，学びながらスキルやノウハウを身につけていくという前提に立つのであれば，DMO の核を担っていける可能性は十分にある。

5.2 広告代理店，大手旅行会社

DMO 制度への登録が始まって以降，新たに広告代理店と都市部の大手旅行会社がプレイヤー候補として登場してきた。彼らは，着地型観光が登場した時点では，参画にはほとんど興味を示さなかったが，DMO 登録の場面では，かなりの数の旅行会社や広告代理店が名乗りを上げている。

広告代理店にせよ，旅行会社にせよ，それなりの大手企業が DMO 候補に手を挙げると，地域は大きな期待を寄せ，彼らに任せることができればひとまず安泰と考える様であるが本当に大丈夫だろうか。

広告代理店の場合，確かにプランニング等の企画力については卓越したものがあり，その力をもって取り組めば，一定の成果が出せるという思惑で参画表明してくる。しかし，必ずしも地域事情に精通しているとはいえず，また地域への熱い思いや活性化に向けた明確なビジョンをもっているとは限らない。さらに，彼らはそもそも旅行業や観光に関するノウハウを有していな

いという弱みがある。着地型観光への理解についてはなおさらであろう。

　都市部の大手旅行会社は，発地型の旅行業や観光のノウハウをベースに，着地型観光の専門部署を設けスキルやノウハウを蓄積させる等，かなり積極的な取り組みを始めた。しかし従来，基本的には自社のメリットを基準に観光地を選択し，そこへ集中的に送客すること[6]を実施してきた歴史がある。そのため，どこまで特定の地域に寄り添い，地域の立場に立った取り組みができるかは未知数である。

　つまり，現状，彼らに対し地域が過信し任せてしまうことは危険と言わざるを得ない。とはいえ，広告代理店も都市部の旅行会社も，基本的な能力が高いことは明らかである。そのため，地域は前述したリスクを認識したうえで，うまく自らに取り込み戦力化していくかがポイントになる。

6　自治体は着地型観光をどのように認識し，どのようにかかわるべきか

　上記のような状況下，地方自治体は，着地型観光やDMOをいかに認識し，どうかかわるべきであろうか。

6.1　一般的な地方自治体による企業支援と地域で取り組む観光事業の違い

　これも筆者の経験や関係者からのヒアリングによるものであるが，DMOを進める過程においても前述の着地型観光推進時と同様，地方自治体は事業者に対し当初は支援するが，それ以降は自走するよう求める。支援というのは助成金のことであり，自走というのは助成金なしで黒字化せよということである。この正当性について改めて考えてみたい。

　無論，助成金ありきの事業が望ましい形でないことは明らかである。しかし地域で取り組む観光事業の司令塔であるDMOと，一般的に実施されている地方自治体の企業支援とは本質的に異なる。

6　旅行会社主導のディスティネーションキャンペーンによる集中送客や，受取手数料の高い施設への優先送客などがみられた。

　一般的な地方自治体の企業支援の場合，当該企業の実施する事業は，当該企業が自身のために実施するものであり，その利益は納税という形で地域に還元されるものの，基本的には当該企業に帰属する。そして，企業が移転することも可能であり，移転したからといって基本的に企業の利益が損なわれることもない。従って，地方自治体はスタートアップ段階において支援したとしても，特定の企業だけを支援できないという原則に則り，早期に自走を求めることは当然である。

　しかし，着地型観光による地域活性化事業はそれとは大きく異なる。観光事業によって生じた地域の魅力や価値は，地域に帰属する。つまり，地域の魅力や価値上昇の恩恵を最も享受するのは地域そのものであり，すなわち地方自治体である。

　ちなみに，従来の発地型観光における旅行会社や観光事業者は，基本的には，既に存在している地域の魅力や価値という資源を使って，人やモノをつなぎ動かすことで収益を上げている。旅行会社や観光事業者の活動が，付加的に地域の価値や魅力をさらに向上させるケースはあるだろうが，根本的には既に存在している資源を活用するビジネスモデルである。

　ところが着地型観光やDMOにおいては，地域自体の魅力を発見し創っていくことから始めなければならず，それには大きな負荷がかかることが一般的である。従来の旅行会社や観光事業者の様に，人やモノをつなぎ動かして収益を得ることができる様になるのは，地域の魅力や価値が高まった後である。この負荷のかかる地域の魅力作りをDMOに任せ，他の事業支援同様に早急に自走を求める地方自治体の姿勢が，着地型観光推進の阻害要因となっていると考えられるのである。

6.2　着地型観光の本質的な推進主体は地方自治体である

　着地型観光のうち地域の価値や魅力を高める部分において，本来の推進主体は地方自治体であるというのが本章の主張である。これは，地方自治体に実務的な推進主体を担うことを求めるものではない。あくまで，認識の問題である。地方自治体の中にそれを推進する実務的な組織が存在しないのであれば，その業務を民間事業者に委託することを考えるべきである。当然のこ

とながら，委託である以上，地方自治体は事業者へ委託料を支払う必要がある。そして，これを助成金と混同してはならない。事業者に自走を求めるのは，既に存在する地域の価値や魅力を活用した，従来の旅行業や観光事業に該当する部分に限るべきである。

6.3　観光協会の株式会社化

地域によっては，地方自治体に代わり，観光協会を株式会社化し，旅行業登録をおこない，自らが着地型観光や DMO の事業主体となるという形が登場しており，先進的な事例[7] として注目されているところがある。

このスキームであれば地方自治体が主体となって責任をもって推進しているといえないこともないが，成果が出ていると思えるところは未だ少数である。

なぜなら，従来の観光協会の主たる役割は地域の観光案内や域内で実施されるイベントの運営，観光施設や宿泊施設のプロモーションの支援等が主な業務である。それも与えられた予算を消化するという枠組みでの活動であり，収益事業の経験は無いことが一般的である。そのため，観光協会内部にも大きな意識変革が求められるからである。

しかし，それ以上に本質的な課題がある。いずれにせよ地方自治体自体に，ここまで説明してきた着地型観光等への理解がなければ，経験やノウハウのない観光協会に当該事業を丸投げし，早期に自走だけを求めることになることに変わりがないのである。

6.4　兵庫県出石の場合

着地型観光や DMO において成功事例と呼べるものは必ずしも多くないが，そのなかから参考になりそうなものを一つ紹介しておきたい。

出石は，城下町の古い町並みと出石そばで多くの人を魅了する観光地である。出石そばは，豊岡市を代表する郷土料理で，町内には 50 軒もの蕎麦屋が軒を連ねる。皿に小分けになったそばで出されるスタイルが特徴的で「挽

7　北海道のニセコリゾート観光協会が，日本で最初に株式会社化した観光協会として知られている。

きたて」「打ちたて」「茹がきたて」の"三たて"が出石そばの伝統的な信条とされている。小皿は出石焼で各店舗オリジナルの絵付けがされており，各店の皿をみるのも楽しみ方の一つとなっている。この出石そばであるが，江戸時代からの歴史はあったものの，1960 年当時，わずか 3 軒が冬期営業していただけで，名物といえるものではなかった。そこでまず観光協会が率先して直営のそば屋をはじめ地域の名物とすべく様々な活動を行う傍ら，域内の事業者に出店を働きかけた。徐々に店舗が増え，やがて出石の皿そばが世の中に広く知られるようになると，観光協会直営のそば屋は役目を終え閉鎖された。現在では出石そばを目当てに来訪する観光客も多く出石のまちづくりに大きく貢献した。この例において，出石そばが，出石の魅力や価値となっていることは明らかである。つまり地域の魅力や価値づくり観光協会が担い，それを活用し事業者は自走しているといえるのである。

　なお，この事例は最近のものではなく，かなり以前の事例である。何も観光協会を株式会社せずとも，DMO に登録せずとも，地域の価値を高めるのは地方自治体自らの役割であると認識し，観光協会と共に取り組めば成果は見込めるのである。

7　おわりに

　観光に携わる者の間では，着地型観光は古く既に終わったコンテンツであるという声さえ聞かれるようになった。しかし，筆者の思いは異なる。地方自治体，地域事業者や住民，さらには地域の関係者全ての着地型観光に対する理解不足が，十分な成果が出ない理由である。正しく理解し，適切に実行することが出来れば，着地型観光が地域活性化に資する可能性は極めて高いと考える。

　最後にここまでの内容を改めて整理しておきたい。まず，従来旅行会社が扱ってきた観光と，地域活性化の手段としての観光は異なり，前者は，発地型観光，後者は着地型観光と分類できる。そして，日本では発地型観光は盛んであるが，着地型観光の経験やノウハウ，スキルが不足している。そのため着地型観光の推進主体となりうる人材や組織が不足していた。この解決に

向け，DMO が導入されたが，DMO も，日本には存在していない機能を担う組織形態を欧米から輸入したものである。そのため，DMO が日本における着地型観光の経験・ノウハウ・スキル不足を直ちに解消する事にはならず，これから構築していかなければいけない。

そして，地域活性化の手段としての観光を推進する本質的な主役は地方自治体である。なぜなら，その成果を最も享受するのは地域であり，すなわち地方自治体だからである。ところが，地方自治体は，自らが主役であるという認識が薄く，支援という認識にとどまる。観光により地域を活性化していくためには，地方自治体が地域の魅力や価値の創造は自らの役割であると自覚し責任を持つこと，そして地域事業者には，その経験・スキル・ノウハウが不十分であることを認識し，任せてしまうのではなく，共に学び成長するというスタンスをもつことが必要である。

今回ここまで縷々述べてきた様な内容について，正式な記録に残ることは少ない。そのため，客観的な根拠が不十分であることは承知している。また，もし仮に地方自治体の担当者にアンケートを実施すれば，地方自治体は着地型観光を自らの役割であると認識し責任をもって取り組んでいるという結果が出る可能性もあるだろう。しかし筆者がこれまで現場に近いところで関わり，いろいろな状況を見聞きした結果，今回の提言となったことをご理解いただきたい。建前の話にとどまることなく本音の議論となれば幸いである。

本章は，以下の論文及び書籍をもとに再構成したものである。

才原清一郎（2013）「観光客視点からの着地型観光の課題」『日本国際観光学会誌』Vol.22

才原清一郎（2021）『観光による地域活性化～サスティナブルの観点から～』学芸出版　第 2 章　観光による地域活性化の現状と課題

参考文献

尾家建生・金井萬造（2011）『これでわかる！着地型観光〜地域が主役のツーリズム』学芸出版.

大澤健（2010）『観光革命　体験型・まちづくり・着地型の視点』学芸出版.

経済産業省「アフターコロナの中で，どこまで回復したか　―旅行・観光―」
　　https://www.meti.go.jp/statistics/toppage/report/minikaisetsu/hitokoto_kako/20230512hitokoto.
　　html　2023 年 5 月 12 日.

国土交通省観光庁「観光まちづくり法人 /DMO」.
　　https://www.mlit.go.jp/kankocho/page04_000053.html　2024 年 3 月 1 日.

国土交通省観光庁「観光立国推進基本法」.
　　https://www.mlit.go.jp/kankocho/kankorikkoku/kihonhou.html　2010 年 4 月 12 日.

小林淳一・十代田朗・武井裕之・三浦知子（2011）「第 3 種旅行業者による地域資源を生かした着
　　地型観光商品造成への取り組みに関する研究」『観光研究』，23（1）.

島川崇（2009）『観光につける薬〜サスティナブルツーリズム理論』同友館.

安田亙宏・才原清一郎（2011）『食旅と農商工連携のまちづくり』学芸出版.

読売新聞オンライン「回復に向かう観光業　オーバーツーリズム防ぐ対策を」
　　https://www.yomiuri.co.jp/choken/kijironko/ckeconomy/20221209–OYT8T50038/
　　2022 年 12 月 9 日.

（才原清一郎）

第 8 章
基礎自治体の物流政策

1 はじめに

　物流政策とは，行政機関が物流分野の行政課題に対応するための基本的な方針の実現を目的とする行政活動をいう（総務省，2001）[1]。日本の物流政策は，政府における物流施策の指針を示した「総合物流施策大綱」[2]に沿って，社会資本整備や交通政策の分野との整合を図りながら，国，地方公共団体，民間事業者などが連携，協働して取り組むことが求められている（国土交通省，2021b）。具体的には，物流基盤（物流施設，交通施設，荷捌施設等）整備・規制，買物弱者・通院弱者対策，災害対策（緊急支援物資輸送や流通備蓄等の対策）などが推進されている（苦瀬，2016）。近年では，社会生活を支えるソーシャル・ロジスティクスが提唱されており，物流基盤の整備等に関する行政機関の役割は重要である（苦瀬，2022）。

　こうした物流政策は，産業政策と相互に作用して促進し合う関係にある。自治体は，地域経済の活性化に向けて，企業誘致や創業支援などの産業政策を推進している（梅村，2021）。例えば，企業誘致に際しては，誘致主体となる自治体が，誘致企業にとって経営戦略上の重要な立地要件となる地域資

1　次の政策評価に関する政策の定義を基に，物流政策を定義した。行政機関が行う政策の評価に関する法律（平成 13 年法律第 86 号）第 2 条第 2 項では，「この法律において「政策」とは，行政機関が，その任務又は所掌事務の範囲内において，一定の行政目的を実現するために企画及び立案をする行政上の一連の行為についての方針，方策その他これらに類するものをいう」としているが，より狭義としての「政策評価に関する標準的ガイドライン」（2001 年 1 月 15 日政策評価各府省連絡会議了承）における政策評価の対象としての「政策（狭義）」のいう「特定の行政課題に対応するための基本的な方針の実現を目的とする行政活動の大きなまとまり」（総務省，2001）を採用し，「施策」（「政策（狭義）」を実現するための具体的な方策や対策）とは区別して記述した。

源を備えた地域であることを当該企業に対して提示することが必要である（河藤，2017）。産業政策によって後押しされる企業の多くは事業活動の推進に物流が不可欠であるため，この立地要件となる地域資源の1つには物流基盤が該当する。このため，自治体は，企業の事業推進に必要な物流基盤の整備などの物流政策を推進し，産業政策を推進することが重要である。他方，企業の競争力の強化や新規参入による物流需要の創出（創貨）に応じた物流機能の強化が必要であるため，産業政策の推進によって新たな物流政策が必要になる。このように，基礎自治体は，政府等の上位機関の政策，企業の戦略，自身の地域特性に応じて，政策を策定し，そのなかで物流政策と産業政策を整合させながら推進している。

　本章は，基礎自治体の物流政策を対象に，その物流政策の概況を明らかに

2　「総合物流施策大綱」は「政府における物流施策の指針を示し，関係省庁が連携して総合的・一体的な物流施策の推進を図る」ものである（国土交通省，2021a）。最新の「総合物流施策大綱（2021年度～2025年度）」において，今後に取り組むべき施策は表8-注-1のとおりである。

表8-注-1　「総合物流施策大綱（2021年度～2025年度）」の物流施策

今後の物流が目指すべき方向性	施策
物流DXや物流標準化の推進によるサプライチェーン全体の徹底した最適化	(1) 物流デジタル化の強力な推進 (2) 労働力不足や非接触・非対面型の物流に資する自動化・機械化の取組の推進 (3) 物流標準化の取組の加速 (4) 物流・商流データ基盤の構築等 (5) 高度物流人材の育成・確保
労働力不足対策と物流構造改革の推進	(1) トラックドライバーの時間外労働の上限規制を遵守するために必要な労働環境の整備 (2) 内航海運の安定的輸送の確保に向けた取組 (3) 労働生産性の改善に向けた革新的な取組の推進 (4) 農林水産物・食品等の流通合理化 (5) 過疎地域におけるラストワンマイル配送の持続可能性の確保 (6) 新たな労働力の確保に向けた対策 (7) 物流に関する広報の強化
強靱性と持続可能性を確保した物流ネットワークの構築	(1) 感染症や大規模災害等有事においても機能する，強靱で持続可能な物流ネットワークの構築 (2) 我が国産業の国際競争力強化や持続可能な成長に資する物流ネットワークの構築 (3) 地球環境の持続可能性を確保するための物流ネットワークの構築

出所：国土交通省（2021b）をもとに筆者作成

し[3]，そこに先進事例を加えて補完したうえで，物流政策の課題を説明する。

2　基礎自治体の物流政策の概況

　基礎自治体の物流政策の概況について，計量テキスト分析[4]の手法を用いて探索的に分析し，その結果から把握することにする。分析には，フリー・ソフトウェアの KH Coder[5]（バージョン 3.0.0.0）を使用し（樋口，2020），頻出語の抽出，共起ネットワークの描画，対応分析を実施した。

　分析対象となるテキストデータは，基礎自治体 1,747 市区町村[6]が公表している最新の総合計画等における基本構想と基本計画の文章である[7]。そのうち，2023 年 8-9 月に確認できた，「物流」という用語が使用されている文章に限定した[8]。つまり，この文章の内容を基礎自治体の物流政策と見做し

3　本章は，関連する苦瀬（2016）や苦瀬・鈴木（2022）が焦点を当てた自治体の物流機能や都市計画・交通計画の視点からみる物流政策とは異なり，基礎自治体の総合計画等の記述に基づいて一般化し，基礎自治体の物流政策の概況を明らかにするものであるという位置づけである。

4　計量テキスト分析とは，「計量的分析手法を用いてテキスト型データを整理または分析し，内容分析（content analysis）を行う方法である」（樋口，2020，15 ページ）。後述する KH Coder を用いて多変量解析により対象データを要約できるものであるため，基礎自治体の物流政策の概況を把握するうえで適切であると判断した。

5　KH Coder は，多変量解析によってデータを要約するアプローチと，コーディングルールの作成によって明示的に理論仮説の検証や問題意識の追求を行うアプローチの両方（接合アプローチ）を実現するのに適した，分析用のフリー・ソフトウェア（自由なソフトウェア）であり，樋口耕一氏（立命館大学）が製作した（樋口，2020）。

6　総務省は，情報処理の効率化と円滑化に資するため，コード標準化の一環として，全国の都道府県及び市区町村のコード「全国地方公共団体コード」（URL：https://www.soumu.go.jp/denshijiti/code.html，2023 年 4 月 1 日更新）を設定しており，その一覧性から当該市区町村を本分析の対象として設定した。

7　各基礎自治体のインターネット上における公式ホームページで公開されている総合計画等を確認し，分析対象の文章を抽出した。総合計画とは，基本構想，基本計画，実施計画の 3 層構造からなる基礎自治体の最上位計画であり，現在も全国的に多く策定されている（杉岡，2017）。「総合計画」という名称であるとは限らないため，振興計画など名称が異なっていても同義の計画も対象とした。そのうち，基本構想は自治体の 10 年程度の基本姿勢や将来像等を，基本計画は基本構想の実現に向けた 5 年程度の施策を明記したものである（杉岡，2017）。基本計画については後期が公表されていればそれを採用するなど最新の計画を対象とした。実施計画は，基本計画の施策に基づいた 3 年程度の事業内容や実施時期などを明記したものであり（杉岡，2017），内容が詳細かつ短期間であるため対象外とした。なお，対象とした基本構想と基本計画の文章のうち，当該基礎自治体の現状や課題といった文章は，物流政策に該当しないと判断し対象外とした。

8　一方，物流政策に関する文章ではあるが，分析対象外とした文章がある。それは，「物流」という用語は使用されていないが，輸送，保管，道路，港湾などが使用されて物流の文脈で記述された文章である。

ているということである。その結果，当該条件に該当する基礎自治体は 333 市区町村（全市区町村の 19.1 ％）となり，これを分析対象とした。

2.1 頻出語の抽出

最初に，「物流」という用語が使用されている文章における頻出語を抽出し，これらの出現回数をもとに特徴を捉えることにする。総抽出語数は 1,981 語であり，このうち出現回数が 27 以上の頻出語 104 語を表 8-1 に表記した[9][10]。

分析対象の文章では，最も多い「物流」以外に，「図る」，「整備」（する），「機能」（する），「促進」（する），「強化」（する）などが多く使用されている。これらは行為を示す動詞とサ変名詞であることから，物流政策の計画や方針などが記述されていることが改めて確認できる。

これらの目的語となりうる名詞については，「産業」，「道路」，「拠点」，「地域」，「港湾」，「交通」，「企業」などが多い。物流関連の「産業」，「拠点」，「企業」や他の「産業」，「拠点」，「企業」の基盤としての物流などの文脈で記述されており，当該「地域」における経済活動に物流が必要であり，物流政策として「整備」等に取り組むことが確認できる。具体的には，物流基盤のうち，陸上物流に必要な「道路」や海上物流に必要な「港湾」を「整備」するなどして，陸海の「交通」の利便性を向上させるなどの文脈で記述されている。

---

9 頻出語の抽出の前に，複合語の強制抽出は行っていない。例えば，複合語である「物流拠点」は「物流」と「拠点」とが区別されて抽出されている。確かに，「物流拠点」が記述されている文章と，単なる「拠点」のそれとでは，テーマが異なる可能性はある。しかし，このような複合語は出現回数が少ない。このため，続く共起ネットワークの描画と対応分析では，たとえコーディングしても結果に大きく影響しないことを管見の限り確認した。なお，「強制抽出の指定は必要最小限とすることをお勧めしている。徹底的に強制抽出を行おうとすると，いたずらに時間と労力を要する一方で，得るとことが少ないケースがしばしば見られる」（樋口，2020，35 ページ）ともいわれている。

10 抽出語のうちここで表記する語について，続いて実施する共起ネットワークの描画と対応分析の対象と整合させている。これら二つでは「布置する語の数は 100 〜 150 程度におさえることを推奨します。」（KH Coder のポップアップ）とあり，ここでは当該推奨の下限である 100 に近似する値になるように表記した。また，「人名」，「名詞B」（B は平仮名のみの語。以下同じ），「動詞B」，「形容詞B」，「副詞B」，「否定助動詞」（「ない」「まい」「ぬ」「ん」），「形容詞（非自立）」（「がたい」「つらい」「にくい」等）は除外している（樋口，2020，128 ページ）。

表 8-1　基礎自治体の総合計画等における物流政策に関する頻出語とその出現回数

抽出語	出現回数	抽出語	出現回数	抽出語	出現回数	抽出語	出現回数	抽出語	出現回数
物流	649	ネットワーク	90	利便	63	創出	47	流通	35
図る	311	都市	88	活かす	61	インターチェンジ	45	安全	34
整備	302	誘致	87	充実	61	関係	45	航路	33
産業	282	国際	86	支える	60	工業	45	生かす	33
道路	275	周辺	86	輸送	59	計画	44	生産	32
機能	254	観光	84	災害	58	高速	43	製造	32
拠点	232	環境	81	幹線	57	道	43	雇用	31
促進	187	向ける	78	振興	57	生活	42	軸	31
地域	183	利用	77	目指す	57	発展	42	情報	31
強化	168	新た	76	取り組む	56	コンテナ	41	早期	31
港湾	163	立地	72	アクセス	55	貨物	41	開発	30
交通	148	活性	71	拡大	55	人	41	土地	29
企業	140	基盤	71	事業	55	港	40	エネルギー	28
施設	131	努める	69	対応	53	地区	40	ターミナル	28
推進	131	関連	68	活動	52	中心	39	積極	28
連携	120	経済	68	国道	52	本市	39	円滑	27
進める	112	自動車	67	県	51	はじめ	38	管理	27
交流	105	確保	66	行う	50	重要	38	検討	27
活用	103	集積	65	国	49	維持	35	商業	27
広域	97	効率	64	支援	49	機関	35	要望	27
向上	91	形成	63	空港	48	構築	35		

出所：KH Coder の「抽出語リスト」の結果をもとに筆者作成

2.2　共起ネットワークの描画

　次に，これらの抽出語を対象に，共起ネットワークを描画し，「物流」という用語が使用されている文章に多く取り上げられているテーマを読み取ってみる。

　共起ネットワークは，出現パターンが似通った語を線で結んで，語と語の共起関係を描画するものである（樋口，2020）。比較的強く互いに結びついているものをサブグラフ[11]といい，同じサブグラフに含まれる語は実線で，異なるサブグラフに含まれる語は破線で結んで描画する。語を覆う円の大き

11　サブグラフ（Subgraph）とは，「比較的強くお互いに結びついている部分」のことであり，KH Coder 上の表記である（樋口，2020，186 ページ）。

さは出現回数の多少を表す。

　分析にあたって，集計単位はセル（市区町村単位），最小出現数が 27 以上の 104 語を対象とし，描画する共起関係を上位 200 組（Jaccard 係数 = 0.22）と設定した。なお，結果の解釈を容易にするために，重要な共起関係を簡素に示す最小スパニング・ツリーだけを描画した。その結果，六つのサブグラフが描画された（図 8-1）。

　一つ目のサブグラフは，出現回数が最も多い「物流」を中心に，「地域」，「経済」，「利用」，「土地」，「交通」，「交流」などから構成される。これは，

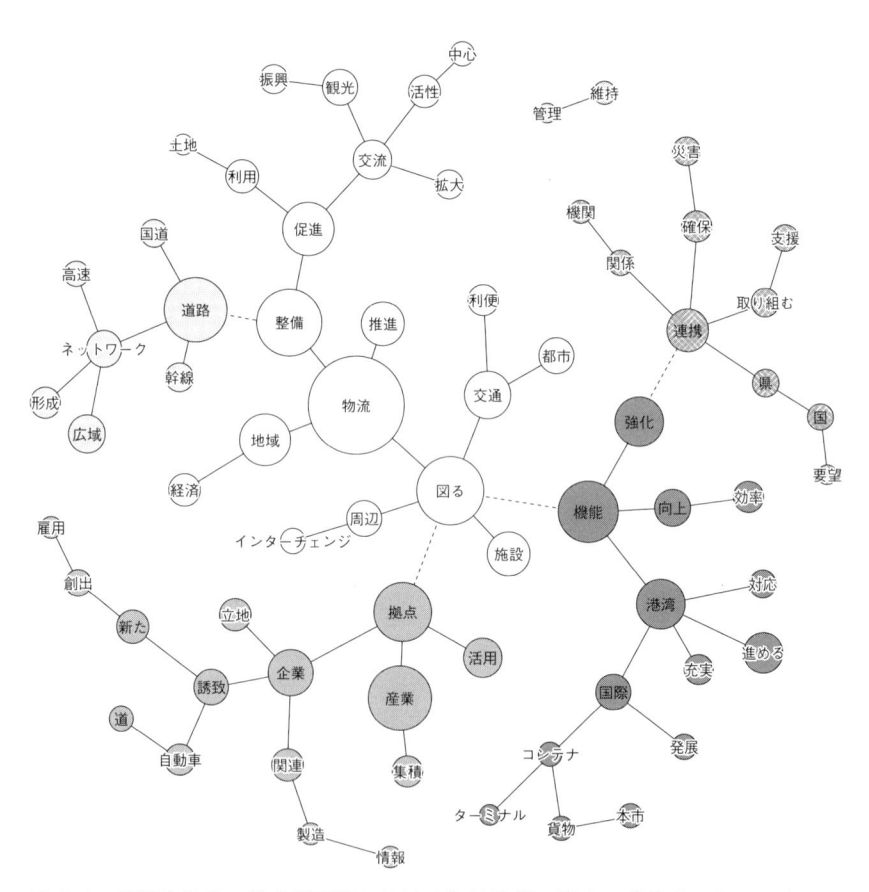

図 8-1　基礎自治体の総合計画等における物流政策に関する共起ネットワーク

出所：KH Coder の「共起ネットワーク」の描画結果（最小スパニング・ツリーだけを描画）

地域経済活動を支える物流を土地利用の促進によって整備するとともに，交通の利便性の向上を図り，都市間の交流を促進するという物流政策の方向性に関するテーマである。二つ目は，「産業」，「拠点」，「集積」，「企業」，「立地」，「誘致」，「雇用」，「創出」などから構成される。これは，産業拠点や物流拠点として企業の立地を誘致して産業集積を形成するとともに，それによる新たな雇用創出を図るという物流政策の推進による成果に関するテーマである。三つ目は，「道路」，「幹線」，「広域」，「ネットワーク」，「形成」などから構成され，幹線道路の整備と広域ネットワークの形成という陸上物流基盤の整備に関するテーマである。四つ目は，「港湾」，「機能」，「強化」，「国際」などから構成され，港湾機能の強化をはじめとする国際物流の推進という海上物流基盤の機能強化に関するテーマである。五つ目は，「連携」，「関係」，「機関」，「県」，「国」，「要望」，「確保」，「災害」から構成される。これは，関係機関との連携を強化するとともに，政策推進に関する国・県への要望，自然災害など非常時の物流確保を推進する，物流政策の推進体制に関するテーマである。六つ目は，「維持」と「管理」から構成され，道路，港湾，関連施設など物流基盤の維持管理という，いわば物流基盤の性質を説明するテーマである。

2.3 対応分析

物流政策のテーマは，基礎自治体のもつ地域資源によって異なる。ここでは，港湾の有無に着目し，港湾が所在する基礎自治体と所在しない基礎自治体の物流政策のテーマの相違について，対応分析を通じて把握することにする[12]。

抽出語を用いた対応分析では，その結果を2次元の散布図に示すことにより，特徴的な語を探索することができる（樋口，2020）。ここでは外部変数（港湾の有無）を加えて分析し，外部変数の部分の特徴を探索する。分析結

[12] 各基礎自治体における港湾の所在の有無は，国土交通省「港湾関係統計データ」（URL：https://www.mlit.go.jp/statistics/details/port_list.html）の国土交通省港湾局「港湾管理者一覧表」（2023年4月1日）に掲載されている港湾を対象に，その所在地を総務省「固定資産申告書等」（URL：https://www.soumu.go.jp/main_sosiki/jichi_zeisei/czaisei/czaisei_seido/161831.html）の「R5港コード一覧表（船舶）」（2023年度）等で特定して判断した。

果として示す散布図では，原点（0，0）に近い語は特徴がなく，特定の外部変数の方向に原点から遠くに離れている語ほど強い特徴があるとみなす（樋口，2019）。以下では，集計単位をセル（市区町村単位），最小出現数が27以上の104語のうち，差異が顕著な上位60語を対象に分析した（図8-2）。

　分析の結果，港湾が所在する基礎自治体の物流政策の特徴は，「港湾」，「港」，「航路」，「コンテナ」，「ターミナル」，「国際」などの語で説明される。これは，港湾や特定の港の機能強化，とりわけコンテナターミナルの整備等を通じて，取扱貨物の増加を図り，国際物流拠点の形成を推進するとい

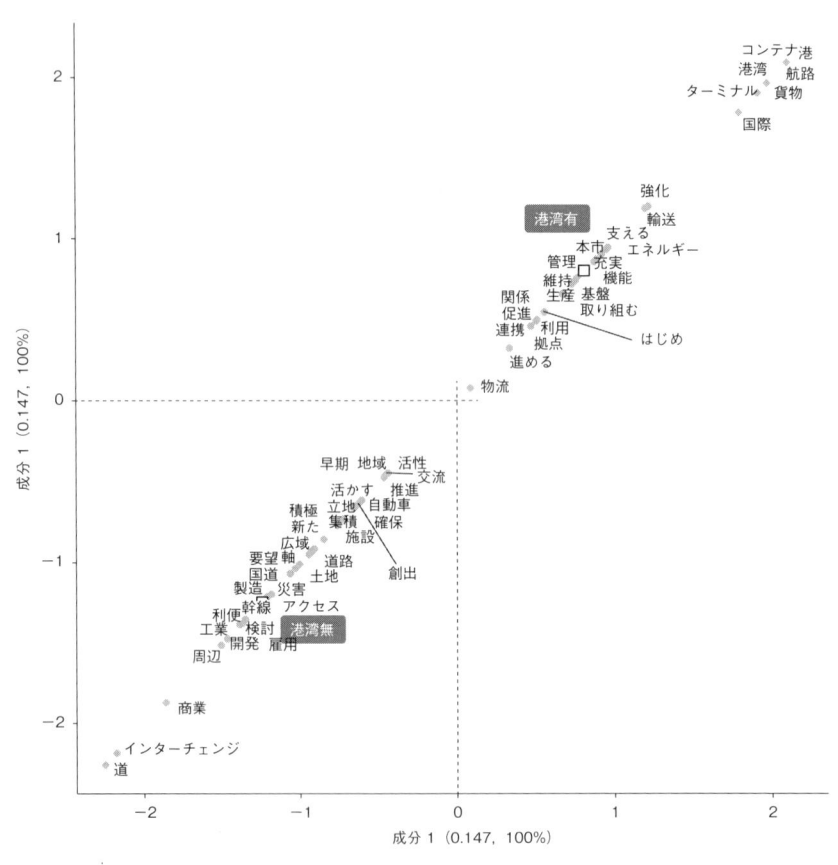

図 8-2　基礎自治体の総合計画等における物流政策に関する港湾の有無別の対応分析

出所：KH Coder の「対応分析」の結果による描画

うテーマである。

　他方，港湾が所在しない基礎自治体では，「道」，「インターチェンジ」，「商業」などに特徴がある。これは，特定の自動車道やインターチェンジ，その周辺の整備を通じて，物流や商業等の施設の整備を推進するというテーマである。

2.4　小括

　基礎自治体の物流政策のテーマは，各基礎自治体の総合計画等によると，①地域経済活動を支える物流の整備（交通の利便性の向上や都市間の交流の促進等を含む）という物流政策の方向性のもと，②企業誘致と産業集積の形成による雇用創出を一つの成果とし，③陸上物流基盤の整備と，④海上物流基盤の機能強化を中心に推進するものである。⑤国・県など関係機関との連携が推進体制の形成として重視されている。また，物流基盤の性質として，⑥物流基盤の維持管理も重要なテーマである（図 8-3）[13]。加えて，基礎自治体それぞれがもつ地域資源によって物流政策は異なり，本章で港湾の有無に着目して明らかにしたことは，港湾を有する基礎自治体の物流政策が国際物流拠点の形成の推進であるということである。

　以上の結果から，本章が提示する基礎自治体の物流政策の観点は，物流政策の方向性，成果，内容（主に陸上物流と海上物流），推進体制，物流基盤

①地域経済活動を支える物流の整備

②企業誘致と産業集積の形成による雇用創出

③陸上物流基盤の整備

④海上物流基盤の機能強化

⑤国・県など関係機関との連携

⑥物流基盤の維持管理

図 8-3　基礎自治体の総合計画等における物流政策

出所：筆者作成

13　ここでの結果は，出現回数が多い語を用いた分析によるものであるため，仮に物流政策の内容が高度であったとしても，その政策内容が反映されていない可能性がある。

の維持管理，基礎自治体の資源特性である。

3　基礎自治体の物流政策の事例

3.1　事例の選定

　基礎自治体には，最上位計画の総合計画に沿って各部門が策定する，具体的な施策を示した部門別計画がある。ここでは，上記2.で総合計画等をもとに分析した物流政策の概況を具体的に解釈し補完するために，物流分野の部門別計画の事例を取り上げる。取り上げる事例は，福岡県北九州市が2022年3月に策定した「北九州市物流拠点構想」である（北九州市，2022）。

　北九州市は，1901年に官営八幡製鐵所が操業を開始してから，近代日本の工業化を支えるものづくりのまちとして発展してきたため，物流の重要性を認識して物流施策を講じてきた。1998年に物流対策本部を設置し，翌1999年に「北九州市物流拠点都市構想」と，施策の方向性を示した「北九州市物流拠点都市づくり基本方針」を策定した。その後に，当該基本方針を2006年と2013年の2度にわたり見直した後に，2022年3月に「北九州市物流拠点構想」として策定し直した。直近の当該構想は，トラックドライバー不足等に起因するいわゆる「物流の2024年問題」[14]の解消等に向け，全国の自治体に先駆けて打ち出された物流政策であると評価されている[15]。

　加えて，北九州市は，地域特性として，九州と本州の結節点とともに東京と中国の上海の中心に位置する地理的優位性を有し，物流基盤（九州自動車

14　「物流の2024年問題」とは，「働き方改革関連法」（2018年6月改正）に基づき，2024年4月1日から，自動車の運転業務の時間外労働について，年960時間（休日労働含まず）の上限規制が適用され，労働時間が短くなることにより，輸送能力が不足し，貨物が運べなくなる可能性が懸念されている事象のことをいう（全日本トラック協会，2023）。

15　シービーアールイー（2023）のインタビュー記事の冒頭の文章において，「大きな転換点を迎えている物流。働き方改革関連法がトラックドライバーにも適用され，時間外労働の上限規制が適用されることで発生する2024年問題。さらに，災害やコロナ禍の影響でサプライチェーンの寸断を経験したことで顕在化した，在庫を抱えないことのリスク。これらの解消に一役買うのが，北九州市が有する地の利や既存のインフラだ。北九州市は昨年，全国の自治体に先駆けて「北九州市物流拠点構想」を打ち出した。これは，既存の製造業に加え，物流を市の新たな産業としてさらに発展させようするものだ。その取り組みについて，北九州市役所産業経済局物流拠点推進室次長 池田弘幸氏と物流企画係長 浦大征氏に訊いた」と紹介されている。

道と東九州自動車道の結節点，北九州貨物ターミナル駅，北九州港，北九州空港など）が充実しており，自動車，半導体，素材・部品等を中心とした産業が集積している。これらの特性をもとに，北九州市という地域が物流拠点として発展する可能性があることが主張されている（北九州市，2022）。

　以上のことから，北九州市の当該物流政策の事例を先進事例として選定する。

3.2　事例の内容

　まず，北九州市の基本構想・基本計画「「元気発進！北九州」プラン」（2008 年 12 月策定，2013 年 12 月見直し）における主な物流政策（物流に関する記述）を確認しよう（表 8-2）。北九州市は，物流基盤の充実や物流ネットワークの強化が高付加価値産業の実現や競争力のある産業づくりなど産業振興に寄与すると認識している。すなわち，その物流基盤・物流ネットワークの基礎となる，道路，港湾，空港，鉄道ターミナルなどの整備が，北九州市が目指す国際物流拠点の形成には必要な施策であるということである。

　次に，「北九州市物流拠点構想」について，当該構想の推進により，「陸・海・空の結節点周辺エリアを中心に，物流関連施設の集積を図る」，「各種輸送モードを組み合わせ，多種多様な物流ニーズと時代の変化に対応できる街」を目指している（北九州市，2022，62 ページ）[16]。その効果として，2022 年から 2026 年までの 5 年間で，物流関連施設等への民間投資額を延べ 390 億円，物流関連施設等の立地件数を延べ 25 件，それによる雇用の新規創出を延べ 550 人とする目標を掲げている。これらを実現するための各物流施策は，事業者等のニーズに基づく課題の解決の方向性に基づいて策定し推進している。

　事業者等のニーズに基づく課題は，物流産業における「労働力不足」とそれに伴う「効率的な集荷・輸配送」，他に「脱炭素化」など環境負荷の軽

16　当該構想に関するインタビューに対して，北九州市役所産業経済局物流拠点推進室物流企画係長の浦大征氏は，「物流の 2024 年問題」を踏まえ，「フェリー港がある北九州市であれば，積載量の多いフェリーで北九州に集めた荷物を高速道路で運んだり，あるいはその逆も可能。北九州の物流拠点が「ラストワンマイル」を担うという考え方です。特に，陸海空の輸送インフラが整っている北九州市だからこそ，輸送インフラの近くに物流拠点を構えることでその強みを発揮できるはずです」と述べている（シービーアールイー，2023）。

表8-2　北九州市の「「元気発進！北九州」プラン」における主な物流政策の概要

構想／計画	テーマ	概要
基本方針	産業づくり〜元気で人が集まるまちをつくる	大学や研究機関などの知的基盤の充実や産学連携による研究開発機能の強化，設計・デザインや情報通信などの知識サービス産業の振興，港湾や空港，道路をはじめとする交通・物流基盤の充実などにより，付加価値の高いモノづくり産業を実現し，国際競争力を強めます。あわせて，ものづくりを支える物流産業や新たな環境産業などにも力を入れます。
	都市づくり〜便利で快適なまちをつくる	競争力のある産業づくりに向け，交通・物流ネットワークの強化を図るとともに，選択と集中により，必要性の高い都市基盤の整備にも取り組み，国際物流拠点の形成を目指します。
基本計画	交通・物流ネットワークの強化	港湾や空港，鉄道ターミナルなど，本市がこれまで整備してきた陸海空の多様な輸送モードと充実した高速道路網を十分活かすため，環状放射型自動車専用道路ネットワークや交通・物流拠点間を結ぶ幹線道路網の整備を推進していきます。
	交通・物流基盤の整備	本市における産業の競争力を強化し，市民の暮らしを支えるため，主要な幹線道路や国道3号黒崎バイパス，都市計画道路戸畑枝光線などすでに取り組んでいる交通・物流ネットワークの早期完成を図ります。また，将来にわたり必要と考えられる基盤整備を選択と集中により進め，国際物流拠点の形成を目指します。 ① 港湾の機能強化 ② 北九州空港の整備・充実

出所：北九州市（2022，2ページ）の記述のまま筆者作表

減，物流基盤（以下では物流インフラとも記す）の「物流機能の強化」の4つである（同，35–36ページ）。これらの課題を解決するための施策の方向性は，「物流の効率化・生産性の向上」（共同配送，ロボットやDXの導入など），「強靱で持続可能なグリーン物流ネットワークの構築」（EV・FCVなどの新技術の導入，モーダルシフト，物流インフラの長寿命化や強靱化など），「物流基盤の強化による効率的な物流の実現」（物流施設の立地や物流インフラの機能強化など），「物流の高度化・次世代物流の実現」（職場環境の整備，人材の育成，自動運転トラックやドローンによる輸配送などの実証実験の支援など），「物流基盤を活かした成長産業の誘致」（企業誘致活動，新たな貨物の創出など）の五つである（同，36–37ページ）。

　これらの課題解決の方向性に基づいて，九つの物流施策を策定した（表8-3）。「輸配送の効率化」と「労働生産性の向上」（主に機械化・デジタル化の推進支援）は労働力不足等に対する施策であり，「物流施設の立地促進」は労働規制の強化に伴う物流拠点の見直しニーズに対する施策である。「物流の低炭素化・脱炭素化」は環境負荷の軽減，「物流インフラの長寿命化・強靭化」は自然災害に備えた予防保全に対する施策である。「インフラの充実・強化」は物流インフラの利用促進のために物流機能をさらに強化する施策である。「次世代物流プロセスにおける開発支援」は先進技術の活用のた

表 8-3　北九州市の「北九州市物流拠点構想」における物流施策・事業

物流施策	事業名
輸配送の効率化	①集約拠点・配送拠点の整備支援，②求貨求車システム導入支援，③パレット導入支援，④異業種間物流マッチング支援
労働生産性の向上	①産業用ロボット導入支援，② DX 推進支援
物流の低炭素化・脱炭素化	①モーダルシフトの更なる促進，② EV・FCV 等の次世代自動車等の普及促進，③カーボンニュートラルポート（CNP）の形成，④ FC トラック等の社会実装支援（先端技術×水素によるゼロカーボン物流）
物流インフラの長寿命化・強靭化	①予防保全型維持管理の実施（港湾施設），②橋梁・トンネルの長寿命化，③災害時における緊急輸送道路の確保，④災害時の道路閉塞を防ぐ無電柱化，⑤岸壁の耐震化
物流施設の立地促進	①物流施設の立地用地の確保，②民間事業者の開発支援（手続きの円滑化），③臨海部における分譲地の創出，④未低利用地の開発支援，⑤既存施設の高度利用促進
インフラの充実・強化	①北九州港の機能強化（太刀浦 CT，ひびき CT，新門司 FT 等），②北九州空港の機能強化（滑走路延長 3,000m 化，貨物上屋増設　等），③主要幹線道路の整備，④下関北九州道路の早期整備，⑤東九州自動車道の暫定区間の 4 車線化及び早期全線開通，⑥主要幹線道路の重要物流道路への指定
次世代物流プロセスにおける開発支援	①自動運転トラック等の実証実験支援，②ドローン配送の実証実験支援
物流を支える人材の確保・育成	①企業の人材確保支援（就業支援施設），②職場環境の整備支援，③物流マネジメント人材の育成　リカレント教育環境の提供
成長産業の誘致	①風力発電関連産業総合拠点化の推進，②半導体関連産業の誘致，③次世代自動車関連産業の誘致，④航空関連産業拠点化の推進

出所：北九州市（2022，38-47 ページ）をもとに筆者作表

めの実証実験を支援する施策である。「物流を支える人材の確保・育成」は
人材の育成や労働環境の整備を支援する施策である。「成長産業の誘致」は
創貨に結びつく企業の集積を図って物流を活性化する施策である。

　このうち，北九州市ならではの先導的な取組を，「物流リーディングプロ
ジェクト」として五つ定め，2022年から2026年までの5年程度で重点的に
取り組んでいく（表8-4）。「北九州港と北九州空港における国際物流拠点
化」，「九州エリアの物流集約拠点の形成」，「九州・西中国エリアへの配送拠
点の形成」は主に航路・路線・物流施設の誘致や開発支援，「物流基盤を活
かした成長産業の拠点形成」は主に成長産業の誘致を実施するものである。
「産学官連携による物流施策推進体制の構築」は物流課題等に関するシンポ
ジウムや勉強会を実施するものである。

　なお，「物流リーディングプロジェクト」の実施にあたっては，物流イン
フラの後背地である高速道路のインターチェンジ周辺や港湾，空港の周辺な
ど交通利便性の高いエリアを物流施設誘導エリアと設定し，物流施設や製造
業等の立地を支援する。

3.3　事例の評価と示唆

　北九州市の物流政策は，「北九州市物流拠点構想」によると，地域特性に
応じた，産業振興，各種輸送モードを組み合わせた国際物流拠点化の実現，
「物流の2024年問題」の解消などに向けた施策で構成される。具体的には，
①物流基盤の充実や物流ネットワークの強化，②航路・路線・物流施設の誘
致と成長産業の誘致，③機械化・デジタル化（産業用ロボット導入やDX推
進）や先進技術（自動運転トラックやドローン）活用の推進支援，環境負荷
の軽減，自然災害に備えた予防保全，人材の育成や労働環境の整備などの施
策である。これらは，ものづくりのまちとしての産業集積を有し，道路・貨
物駅・港湾・空港といった物流基盤が充実しているなどの地域特性に整合す
る。

　これらの北九州市の物流政策を例に，上記2.で示した基礎自治体の物流
政策の六つのテーマ（図8-3）を説明すると次の通りである（表8-5）。①
「地域経済活動を支える物流の整備」については，北九州市の目指す姿であ

表 8-4　北九州市の「北九州市物流拠点構想」における「物流リーディングプロジェクト」

取組項目	取組の方向性
北九州港と北九州空港における国際物流拠点化	北九州港への国際コンテナ航路の寄港と北九州空港への国際貨物便の就航を維持・拡大することにより，企業の立地環境を向上させ，本市経済の国際競争力を強化することを目的とします。 本市をはじめ九州・西中国に立地し，グローバルに展開する企業のサプライチェーンマネジメントに資する多方面・多頻度の物流サービスの充実を目指します。航路・路線誘致，集貨，創貨，機能強化の取組を推進することにより，貨物の増加を図り，また貨物の増加がこれらの取組を加速させる好循環の構築を図ります。
九州エリアの物流集約拠点の形成	九州と本州の結節点である本市に，九州発荷物（EC，食品，農産品等）の集約拠点を整備し，荷物を大ロット化することで効率的に，首都圏，関西圏，海外へ輸送を行います。 コスト・リードタイム等に応じ，陸海空の適切な輸送モードで大ロット輸送（効率的な輸送）を行います。
九州・西中国エリアへの配送拠点の形成	福岡市，鳥栖市の物流施設の賃料は上昇が続き，用地も不足していることから，今後，福岡市，鳥栖市から，より縁辺部へ物流施設の立地が進むと想定されます。 九州管内（福岡都市圏），西中国エリアとのアクセス性に優れ，人材の安定的確保が可能な本市に九州・西中国エリアへの配送拠点の整備を促進します。 今後も成長が見込まれる EC 市場や一定期間の保管が可能な医薬品，家電，部品等（サプライチェーンの構築）の日用品から保管品まで多様な品目を取り扱う物流施設（マルチテナント）を誘致します。
物流基盤を活かした成長産業の拠点形成	本市の物流基盤やその機能強化を背景に，成長産業（風力発電関連産業，半導体関連産業，次世代自動車関連産業，航空関連産業）の立地を推進することにより創貨を促進し，新たな物流を形成します。 成長産業の拠点化による新たな物の流れを創出し，それに対応した物流機能の強化に繋げることで，好循環を形成します。
産学官連携による物流施策推進体制の構築	物流が抱える諸課題の解決や，次世代を見据えた持続可能な物流を実現するため，物流に携わる事業者，有識者，行政で構成する「(仮称)物流懇話会」を設立します。 勉強会やシンポジウム等を通して，物流の抱える課題の共有や，その解決のために必要な方策を深化していくとともに，課題解決に向けた機運の醸成を図ります。

出所：北九州市（2022，48-58 ページ）の記述のまま筆者作表

表8-5　基礎自治体の総合計画等における物流政策テーマと北九州市の物流政策の対応

基礎自治体の総合計画等における物流政策	北九州市の物流政策
①地域経済活動を支える物流の整備	●「陸・海・空の結節点周辺エリアを中心に，物流関連施設の集積を図る」 ●「各種輸送モードを組み合わせ，多種多様な物流ニーズと時代の変化に対応できる街」
②企業誘致と産業集積の形成による雇用創出	●「輸配送の効率化」 ●「物流施設の立地促進」 ●「成長産業の誘致」 ●航路・路線・物流施設の誘致や成長産業の誘致の取組
③陸上物流基盤の整備	●物流基盤の充実や物流ネットワークの強化の基礎となる道路，港湾，空港，鉄道ターミナルなどの整備
④海上物流基盤の機能強化	●「インフラの充実・強化」
⑤国・県など関係機関との連携	●「民間事業者の開発支援（手続きの円滑化）」 ●国・県など関係機関との連携を通じた民間開発の支援
⑥物流基盤の維持管理	●「物流インフラの長寿命化・強靱化」

出所：筆者作成

る「陸・海・空の結節点周辺エリアを中心に，物流関連施設の集積を図る」，「各種輸送モードを組み合わせ，多種多様な物流ニーズと時代の変化に対応できる街」といった方向性が該当する。②「企業誘致と産業集積の形成による雇用創出」については，具体的な施策である「輸配送の効率化」，「物流施設の立地促進」，「成長産業の誘致」などであり，また「物流リーディングプロジェクト」における航路・路線・物流施設の誘致や成長産業の誘致の取組が該当し，推進による効果として目標値を定める雇用の新規創出からもいえる。③「陸上物流基盤の整備」と④「海上物流基盤の機能強化」については，基本構想・基本計画にある物流基盤の充実や物流ネットワークの強化の基礎となる道路，港湾，空港，鉄道ターミナルなどの整備が該当し，具体的な施策でも「インフラの充実・強化」がある。⑤「国・県など関係機関との連携」については，施策「物流施設の立地促進」の事業「民間事業者の開発支援（手続きの円滑化）」や，「物流リーディングプロジェクト」の「民間事業者による物流施設の開発促進」において，国・県など関係機関との連携を通じた民間開発の支援が検討されている。⑥「物流基盤の維持管理」につい

ては，施策「物流インフラの長寿命化・強靭化」が該当する。

　一方，先の六つのテーマと比較したときの，北九州市の物流政策の特徴は，投資や雇用創出など産業振興の成果を設定していること，政策テーマとして「物流の 2024 年問題」の解消や環境負荷の削減，自然災害に備えた予防保全，それから機械化・デジタル化や先進技術活用の支援など近年の課題解決に資する政策を策定していることであると評価する。

　以上のことから，上記 2. で示した基礎自治体の物流政策に対する本事例からの示唆は，物流政策による産業振興とともに，近年の物流課題（「物流の 2024 年問題」の解消，環境負荷の削減，自然災害に備えた予防保全，機械化・デジタル化や先進技術活用の支援など）を検討することである。

4　基礎自治体の物流政策の課題

　基礎自治体の物流政策の課題は，物流政策の策定そのものに加え，基礎自治体の地域資源と外部環境に着目した，地域特性に応じた検討と近年の物流問題への対応である。

4.1　物流政策の策定

　基礎自治体の物流政策は，物流に関する取組の方向性とその成果を見込み，具体的な物流施策と推進体制といった各要素を踏まえた内容を策定し，公表することが重要である。

　具体的には，上記 2. で示した六つのテーマを網羅することが基本である。すなわち，基礎自治体は，地域経済活動を支える物流の整備という方向性のもと，企業誘致と産業集積の形成による雇用創出を実現するために，陸上・海上物流等を整備して，国・県など関係機関と連携しながら，物流基盤の維持管理とともに推進することが重要である。

4.2　地域特性に応じた検討

　基礎自治体の物流政策は，基礎自治体の地域資源に整合するように策定し推進することが重要である。これは，上記 2. で示した港湾の有無によって

物流政策のテーマに相違があるという実態，上記 3. での北九州市（2022）の地理的優位性や歴史的なものづくりの産業集積という産業構造，充実した物流基盤に基づく物流政策を踏まえた課題である。

　基本的な方向性は，地理的特性，産業構造，物流基盤などを地域資源と捉え，物流基盤の整備による機能の拡大を図ることである。それが，当該地域の産業振興につながり，地域特性に応じた物流政策，産業政策のさらなる検討に資すると考える。

4.3　近年の物流問題への対応

　基礎自治体の物流政策は，外部環境の変化によって生じる近年の物流問題に対応することが重要である。

　具体的には，北九州市（2022）を参考にすると，物流労働力不足の解消，環境負荷の削減，自然災害に備えた予防保全，新技術活用の支援などである。これらは，上記 2. で分析対象とした複数の基礎自治体の物流政策の多くからは導出されなかったテーマである。近年といっても短期間に解消できる問題ではなく，今後も継続的に取り組む必要がある課題である。

5　おわりに

　本章では，基礎自治体の物流政策について，その実態を中心に整理した。具体的には，計量テキスト分析の手法を用いて基礎自治体の総合計画等にみられる物流政策を概観し，基礎自治体の物流政策が，主に地域経済活動を支える物流の整備，企業誘致と産業集積の形成による雇用創出，陸上物流基盤の整備と海上物流基盤の機能強化，国・県など関係機関との連携，物流基盤の維持管理であることを提示した。加えて，基礎自治体それぞれがもつ地域資源の相違に着目して，港湾が所在する基礎自治体の物流政策が国際物流拠点の形成の推進であることを確認した。次に，物流分野の部門別計画の先進事例として北九州市の物流政策の内容を詳細に取り上げ，先の分析からは導出されなかった「物流の 2024 年問題」の解消，環境負荷の削減，自然災害に備えた予防保全，機械化・デジタル化や先進技術活用の支援など近年の物

流問題への対応もテーマであることを確認した。

　基礎自治体の物流政策の今後の展望の一つは，「総合物流施策大綱（2021年度〜 2025 年度）」に沿って推進することである。例えば，過疎地域においては，労働力の確保，輸送の効率化，ドローン物流の展開，貨客混載の展開などの支援，これらを含むラストワンマイル配送の環境整備などである。都市部においては，荷捌き場の整備，ドローン物流・自動配送ロボットの展開の支援，都市間をつなぐ道路の整備（トラックの大型化，自動運転・隊列走行等の対応）である。これらを，国，地方公共団体，民間事業者などと連携，協働して取り組むことが重要である。

参考文献

梅村仁（2021）「自治体産業政策の現状と潮流：政策形成の視点から」『中小企業季報』大阪経済大学中小企業・経営研究所，第 198 号，15-30 ページ．

河藤佳彦（2017）「地域産業の内発的発展を促進する企業誘致政策に関する考察」『地域政策研究』高崎経済大学地域政策学会，第 19 巻第 4 号，89-109 ページ．

北九州市（2022）「北九州市物流拠点構想」北九州市ホームページ，2022 年 3 月 28 日，URL：https://www.city.kitakyushu.lg.jp/files/000972257.pdf（2024 年 2 月 17 日参照）．

苦瀬博仁（2016）「日本における都市物流政策の過去・現在・未来」『国際交通安全学会誌』国際交通安全学会，第 41 巻第 1 号，6-13 ページ．

苦瀬博仁（2022）「ソーシャル・ロジスティクスの確立に向けて：軍事とビジネスに続く，第三世代の物流論」『流通経済大学流通情報学部紀要』流通経済大学流通情報学部，第 26 巻第 2 号，297-304 ページ．

苦瀬博仁・鈴木奏到（2022）『物流と都市地域計画』大成出版社．

国土交通省（2021a）「「総合物流施策大綱（2021 年度〜 2025 年度）」を閣議決定」国土交通省ホームページ，2021 年 6 月 15 日，URL：https://www.mlit.go.jp/report/press/tokatsu01_hh_000560.html（2024 年 2 月 17 日参照）．

国土交通省（2021b）「総合物流施策大綱（2021 年度‐2025 年度）」国土交通省ホームページ，2021 年 6 月 15 日，URL：https://www.mlit.go.jp/seisakutokatsu/freight/content/001409564.pdf（2024 年 2 月 17 日参照）．

シービーアールイー（2023）「自治体の戦略｜北九州市役所 産業経済局 物流拠点推進室 次長 池田弘幸氏・物流企画係長 浦 大征氏」シービーアールイーホームページ，2023 年 3 月 16 日，URL：https://www.cbre-propertysearch.jp/article/kyushu_logistics_market_2/（2024 年 2 月 17 日参照）．

杉岡秀紀（2017）「自治体政策における総合計画とフューチャーデザイン」『福知山公立大学研究紀要』福知山公立大学，第 1 巻第 1 号，75-90 ページ．

全日本トラック協会（2023）「知っていますか？物流の 2024 年問題」Yahoo!JAPAN ページ（インターネット広告）2023 年 6 月，URL：https://jta.or.jp/logistics2024-lp/（2024 年 2 月 17 日参照）．

総務省（2001）「政策評価に関する標準的ガイドライン」総務省ホームページ，2001年1月15日，URL：https://www.soumu.go.jp/main_sosiki/hyouka/gaido-gaidorain1.htm（2024年2月17日参照）.

樋口耕一（2019）「計量テキスト分析における対応分析の活用—同時布置の仕組みと読み取り方を中心に—」『コンピュータ＆エデュケーション』CIEC，第47巻，18-24ページ.

樋口耕一（2020）『社会調査のための計量テキスト分析【第2版】』ナカニシヤ出版.

（木島豊希）

第 9 章

地域資源活用の取組[1]と事業評価
─東京都「Buy TOKYO 推進活動支援事業」を事例として─

1 はじめに

　近年，わが国の地方公共団体（以下「自治体」という）では，地域創生に向けた積極的な中小企業施策が展開されている。その一つとして，各地域が有する地域資源の活用を促進するための事業が実施されてきた[2]。例えば，東京都（以下「都」という）では，東京の特色ある優れた製品等（以下「都産品」という）を，国内外に向けて販売・周知等を行う都内中小企業者等の「新たな取組」に対して，取組に係る経費の一部補助や販売促進のサポートなどの各種支援を行うことにより，これら商品等の市場への浸透や海外展開を促進させ，都産品のブランドイメージの向上やブランド力の強化を図ることを目的とした「Buy TOKYO 推進活動支援事業」（以下「Buy TOKYO 事業」という」）が 2015 年度より実施されている。

　一方，こうした展開のなかで自治体の施策評価や事業評価など行政評価の重要性が指摘されており，わが国の管理会計研究の中でも，これらの評価を管理会計問題として取り扱うケースが増加した。特に管理会計手法の一つで

1　本章で取り上げる東京都の「Buy TOKYO 推進活動支援事業補助金公募要領」において，その支援対象を都内中小企業者等の「新たな取組」と表記しているため，本章でもその表記にしたがって「取り組み」ではなく「取組」とした。

2　2020 年 10 月 1 日に「中小企業成長促進法」が施行されたことによって，「地域資源活用促進法」は廃止となった。したがって，地域産業資源の指定などの業務は廃止されることとなったが，すでに認定を受けている地域資源活用事業計画については，当該計画の事業終了時まで「地域資源活用促進法」で措置されていた支援を引き続き受けられるよう経過措置規定が設けられている。同時に，「地域資源活用促進法」で措置されていた支援策は，「地域未来投資促進法」に包含されることになるため，「地域未来投資促進法」における計画認定と支援で措置していくことになる。

あるバランスト・スコアカード（Baranced Scorecard：以下「BSC」という）が導入され，研究の対象とされてきた。BSC を活用した自治体の経営改革の研究として石原（2004）や松尾（2009）があり[3]，産業政策に対する BSC の適用可能性を考察した研究として，高橋（2010，2011，2013）がある[4]。そして，筆者は山北（2010，2011，2014）を通して，自治体の事業評価に焦点を当てて BSC 導入の可能性を検討してきた[5]。

　本章の目的は都で取り組まれている Buy TOKYO 事業の内容と採択審査プロセスの実態を公表資料とインタビュー調査[6] から明らかにすること，そして，その事業評価を事業改善に結びつけるために有効と考えられる BSC 活用の可能性を，その事業内容と採択審査プロセス中から整理することである。本事業は，都，ハンズオン支援業者，補助事業者，の三者が一体となって事業を進めるため，事業の理念や目的が事業を推進する組織全体に共有されていなければならない。

　本章の構成は以下のとおりである。まず，次節においては，都の Buy TOKYO 事業の，中小企業施策としての位置づけと概要を確認するとともに，事業評価の視点を整理する。第3節では，都の Buy TOKYO 事業の戦略的目標と業績評価指標について，都・ハンズオン支援業者・補助事業者の三者に分けて考察する。最後に第4節でまとめを述べる。

3　石原（2004）ではイギリスのサリー県，福岡市，札幌市，名古屋市，神戸市，八尾市などの事例から，自治体の経営改革に BSC を活用する可能性について検討した結果，BSC が自治体政策の経営改革に不可欠のツールであることを解明している。また，松尾（2009）では民間企業とは異なる行政組織特有の BSC 事例として千代田区の BSC が紹介されている。

4　高橋（2010，2011，2013）の一連の研究では，産業クラスター計画に対する管理会計手法による成果測定に焦点をあて，産業クラスター計画全体のビジョンと戦略の遂行および業績測定のための BSC の可能性について論じている。

5　自治体事業の BSC の適用可能性について，山北（2010）では事業所向け補助金事業を，山北（2011）ではファンド事業を，山北（2014）では高度化事業を，それぞれ取り上げて考察している。

6　本章の記述は，東京都産業労働局に対する 2021 年 7 月 16 日，2022 年 7 月 21 日，2023 年 7 月 13 日に実施した聞き取り調査に基づいている。

2　Buy TOKYO 事業の仕組みと事業評価の視点

2.1　Buy TOKYO 事業の事業内容

「Buy TOKYO 推進活動支援事業補助金【公募要領】」によれば，都産品とは主に消費者向け産品と認められる，以下のいずれかの製品・商品等（完成品）を指す。すなわち，①農林水産品で都内産と特定できるもの，②都内産の農林水産物を原材料として使用した食品，消費者向け工業品，③東京の歴史・文化や独自の製造技術・技法，デザイン等にこだわって製造されていると認められる食品，消費者向け工業品（ただし，一般機械，電子機器及び電気機械は除く）である。

また，同公募要領によれば，その事業内容は次のとおりである。すなわち，本事業では，都産品の国内外に向けた販売・周知等取組に対する経費の一部を補助するとともに，補助事業者の進捗状況に合わせた各種支援及び必要性に応じた専門家の派遣などハンズオン支援を行う。また，本事業専用のウェブサイトにおいて，国内外に情報を発信していく。ここで，ハンズオン支援は，補助対象事業として承認されている販路開拓系の「新たな取組」の計画に対して，課題となる事業を解決するため，経験豊富な専門家（アドバイザー）を月 1 回程度派遣し，これを支援・サポートするものとしている。

このように本事業は，①都内中小企業者等が行う都産品の販売・周知等を行う「新たな取組」に対する経費の一部補助，と②外部専門家による販売促進のハンズオン支援，から構成される。補助事業を選定するにあたっては，扱い製品・商品等が都産品に該当し，これまでにない「新たな取組」と認められるかが重要な評価視点となる。また，ハンズオン支援を行う外部専門家の選定にあたっては，選定された補助事業を効果的に遂行するために必要な能力を有しているかが重要な評価視点となる。そして，こうした評価は事前評価だけではなく，補助事業終了後に事後的にも行い，その評価結果を次年度の事業運営に反映させなければならない。

2.2　補助金審査の実施プロセスと評価視点

「Buy TOKYO 推進活動支援事業に関する審査要領」によれば，審査は事

前調査と本審査から構成される。

（1）事前調査

　事前調査では，①交付要綱第4条[7]に掲げる資格を有する者であること，②申請書・添付書類等の提出状況及び記載の不備，③申請書・添付書類等の内容に関すること（㋐都産品を十分に活用しアピールする申請内容であること，㋑事業内容に妥当性のある申請内容であること，㋒実現可能性のある申請内容であること，㋓事業実施による波及効果のある申請内容であること），④経理，財務及び今後の資金繰りに関すること（㋐自己資金の調達が十分であること，㋑企業内容が堅実であること，㋒事業の予算が適正であること）について確認する。なお，事前調査にあたって，都は学識経験者等の専門的な知見を有するものに協力を依頼することができるとしている。

　事前調査で問題とされた点，例えば都産品の活用度合いや自己資金調達能力などは，都でコメントを記載して本審査に付されることになる。したがって，このプロセスでは都および都から協力依頼をされた学識経験者等の審査能力が重要な評価視点となる。

（2）本審査

　事前調査に続いて，都は Buy TOKYO 推進活動支援事業審査会を設置して本審査を行う。本審査では，①都産品の活用，②事業内容の妥当性，③計画の実現性，④事業実施による波及効果，⑤ハンズオン支援（専門家によるアドバイス）の活用，が審査項目となる。

　①都産品の活用：都産品は，前述したように主に消費者向け産品として定義が示されていたが，「東京の歴史・文化や独自の製造技術・技法，デザイン等にこだわって製造されていると認められる食品，消費者向け工業品」は，都指定伝統工芸品などを除くとその判断は極めて難しい。また，東京の歴史・文化は，今現在も生まれ続けており，東京で新たに生まれた歴史・文

7　交付要綱第4条では，東京都内に本店または支店が登記されている，または都税事務所に支店の設置届出書が提出されている法人，都内税務署に開業届が提出されている個人，補助金の交付決定後速やかに設立登記した登記簿謄本または都内税務署に提出した開業届の写しを提出できる創業予定者であって，かつ，①中小企業基本法（昭和38年法律第154号）第2条に規定する中小企業で，大企業が実質的に経営に参加していない者，②一般財団法人，一般社団法人及び特定非営利活動法人，③その他，東京都産品の販売・周知等に資する取組を行うと認める法人，団体等　のいずれの要件を満たす者を補助対象事業者と定める。

化のもとに製品化された食品や工業品を，迅速・柔軟に対象としていくことも重要である。また，都産品の活用といってもその活用度合いは千差万別であり，その度合いを数値化できるものは少ない。

　したがってこのプロセスでは，東京で新たに生まれた歴史・文化のもとに製品化された食品や工業品をいかに迅速かつ柔軟に取り込んでいけるか，その活用度合いをできる限り数値化して可視化できるかなど，審査会の審査能力が重要な評価視点となる。

　②事業内容の妥当性：本事業は，都産品を国内外に向けて販売・周知等を行う都内中小企業者等の「新たな取組」に対して，経費の一部補助や各種支援を行うものである。したがって，事業内容のどこに，どの程度の「新たな取組」がされているのかが具体的に明示され，かつ妥当な事業内容でなければならない。さらに，その取組内容が，どのような新しい販路の開拓につながるのかが明示されことも求められる。したがって，このプロセスでは補助事業者の取組の新規性と新たな販路開拓の可能性に関する，審査会の審査能力が重要な評価視点となる。

　③計画の実現可能性：補助事業者の事業計画が実際に実現可能かどうかを評価するためには，事業の実施体制と運営計画の把握が必要である。事業の実施体制については，業務担当者の能力と適正配置，役割分担の適切性などについて明示されていなければならない。運営計画については，補助事業の効果が根拠のある計数で予測されているか，補助事業の具体的な日程計画が示されているか，補助事業に必要な経費が根拠のある数値で積算されているか，事業に必要な資金の調達先や調達先別の金額が適正で実現可能なものか，などについて明示されていなければならない。したがってこのプロセスでは，補助事業者の実施体制および運営計画に関する，審査会の審査能力が重要な評価視点となる。

　④事業実施による波及効果：補助事業者の事業が補助事業期間だけではなく，補助事業が終了した後も継続的に行われることを都は求める。したがって，補助事業終了後の実施体制と運営計画の把握も必要である。同時に，都は補助事業の実施により都産品の国内外におけるブランドイメージの向上につながることを求めている。したがって，補助事業者の将来的な事業継続や

東京ブランドの価値向上に資する能力に関する，審査会の審査能力が重要な評価視点となる。

　⑤ハンズオン支援（専門家によるアドバイス）の活用：販路開拓について支援を受ける意欲がどの程度あるか，期待するハンズオン支援の内容が明確であるか，を都は求める。したがって，補助事業者自らの課題についての理解，課題解決に対してどのようなハンズオン支援を求めているかの問題意識が重要な評価視点となる。

2.3　ハンズオン支援の実施プロセスと評価視点

　経営資源に制約がある補助事業者が，交付決定を受けた補助事業を推進するにあたって，ハンズオン支援業者（価格入札によらず，総合評価方式による契約方式により１事業者に決定）の支援・サポートが重要な役割を果たす。したがってその選定と結果に関して必要な観点からの評価が必要となる。「「Buy TOKYO 推進活動支援事業」実施運営等業務委託実施要領」では，ハンズオン支援業者の事業内容は各種支援等業務，コンテンツの制作，PR 支援業務，運営体制の整備などが示されている。

（1）補助事業者に対する各種支援

　支援の中心となる各種支援のプロセスには，①コーディネータの配置，②補助金に関する書類作成・整備に係る指導・アドバイス等，③ハンズオン支援，④その他の支援，⑤進行管理と必要な支援，⑥補助事業者に対するアンケートの企画・作成及び実施がある。

　①コーディネータの配置：補助事業者の現場に赴き支援等を行うのがコーディネータであるため，コーディネータの選定は支援事業の成否を左右する重要なプロセスである。補助事業者の支援ニーズを正確に把握して実行できる能力が必要とされる。支援ニーズの把握にあたっては，補助事業者のヒアリングが求められており，ヒアリング内容の都への報告と，コーディネータ配置に関する都の事前承認が義務付けられている。このプロセスでは，都の担当者のコーディネータ選定能力と，補助事業完了後のコーディネータの事業成果が重要な評価視点となる。

　②補助金に関する書類作成・整備に係る指導・アドバイス等：補助事業者

は都に対して，事業内容の変更承認申請や事業遂行状況報告，事業実績報告，都の補助金検査に係る支出書類の整備などを行わなければならない。その際，ハンズオン支援業者はこれらの書類作成や整備の事前指導，作成上のアドバイスを行うことになる。このプロセスでは，ハンズオン支援業者が本事業の趣旨を正確に理解して，効率的に書類作成・整備を行う能力が重要な評価視点となる。

　③ハンズオン支援：都が想定するハンズオン支援の内容は，国内店舗出店に係るインバウンドを含む誘致施策，海外店舗出店に係るPR・集客等施策，インバウンド需要を見据えた営業・広報戦略，欧州・アジア・北米等の各地域へのビジネス展開に向けた法的リスク（展開地域の法令等に関する知識不足による違法行為，法令等の突然の変更による不利益など）等の洗い出し，国内展示会・イベントへの出展等サポート，ウェブサイトを活用した海外への情報発信，国内外向けネットショップの構築等，都産品のブランディング支援をあげている。このプロセスでは，ハンズオン支援業者の補助事業者に対する支援能力が重要な評価視点となる。

　④その他の支援：その他の支援として，都はハンズオン支援業者が有するノウハウとネットワークを活用した，補助事業者の効果的な支援を求めている。その際に，国内だけではなく海外展開も視野に入れた，都産品の販売促進，マーケティング・ブランディングなどに重点を置いた支援等を行う必要がある。従ってこのプロセスでは，ハンズオン支援業者の販路開拓に重点を置いた支援能力が重要な評価視点となる。

　⑤進行管理と必要な支援：以上のほか，都は補助事業者が事業計画において設定した販売計画や売上目標等を達成できるよう進行管理を行うとともに，必要な支援を行うことをハンズオン支援業者に求めている。このプロセスでは，ハンズオン支援業者の補助事業者に対する事業の進行管理能力が重要な評価視点となる。

　⑥補助事業者に対するアンケートの企画・作成及び実施

　都はハンズオン支援業者に対して，全補助事業者を対象としたアンケート調査を行うことを求めている。アンケート内容は，補助事業者が受けたハンズオン支援に対する満足度や効果等の測定に，最も適した内容の提案が必要

となる。このプロセスでは，ハンズオン支援業者のアンケート設計能力，都のアンケート設計に対する評価能力が重要な評価視点となる。

（2）コンテンツの制作と PR 支援業務

　ハンズオン支援業者は，補助事業者の取組を広く周知するために，補助事業者が取り扱う都産品や PR イベントなどを紹介するコンテンツを制作することを都から求められている。そして，そのプロセスは，①取材と取材体制の整備，②コンテンツの制作，からなる。

　①取材と取材体制の整備：ハンズオン支援業者は，補助事業者に取材要請や取材日程の調整を行った上で，事業趣旨に応じたコンテンツを制作する取材を行うことが求められている。そのために事前に予備情報等を幅広く情報収集し，効率的な取材体制を取るものとされる。したがって，このプロセスでは，都のハンズオン支援業者に対する取材体制や取材内容，事業執行中の進行管理能力が重要な評価視点となる。

　②コンテンツの制作：コンテンツの制作にあたって都は，補助事業者ごとのコンテンツの作成方針を定めて取材に臨み，都が示したウェブサイトページ構成を参考にコンテンツを企画・制作することを，ハンズオン支援業者に求めている。また，制作にあたって盛り込む視点として，㋐都産品のもつ良さやこだわりなど，ウェブサイト閲覧者にわかりやすく紹介する内容であること，㋑訴求力の高いデザインとし，現行のサイトページとの統一感をもたせること，とする。このプロセスでは，補助事業者ごとに定めたコンテンツの作成方針の妥当性，そしてその作成方針がコンテンツに十分に反映されているかについて，事業執行中の進行管理能力，事業の達成度が重要な評価視点となる。

　③PR 支援業務：ハンズオン支援業者は，専用ウェブサイト・SNS・広告などを活用して，本事業に係る PR や補助事業者が取り扱う都産品の PR を行うことになる。このプロセスでは，補助事業者ごとに定めた PR 支援方針の妥当性，そして PR 支援業務が補助事業者の販売業績に十分に反映されているかについて，事業の執行中の進行管理能力や事業達成度が重要な評価視点となる。

3 Buy TOKYO 事業の事業評価と BSC による事業評価の可能性

Buy TOKYO 事業の目的は前述したように，東京都産品を，国内外に向けて販売・周知等を行う都内中小企業者等の「新たな取組」に対して，取組に係る経費の一部補助や販売促進のサポートなどの各種支援を行うことにより，これら商品等の市場への浸透や海外展開を促進させ，東京都産品のブランドイメージの向上やブランド力の強化を図ることである。そして Buy TOKYO 事業は，都，ハンズオン支援業者，補助事業者の三者が，緊密かつ効果的に連携して進めていくことに特徴を有する。

したがって，Buy TOKYO 事業に BSC を適用して事業評価を行うためには，こうした本事業の目的と特徴を考慮した戦略的目標と業績評価指標の設定が必要となる。①都の事業の目的に沿った補助事業者とハンズオン支援業者の選定，②本事業目的に沿った支援体制の構築と具体的支援，③補助事業者の補助事業に対する理解とハンズオン支援業者に求める具体的支援内容，などについて，その成果を具体的に測定して改善につなげていかなければならない。こうした点を考慮して，次に，都，ハンズオン支援業者，補助事業者が本事業を実施していくために必要な戦略的目標と業績評価指標について，BSC の四つの視点から考察していく。

3.1 都の BSC

都としての Buy TOKYO 事業の目的は，都産品の市場への浸透や海外展開を促進させ，都産品のブランドイメージの向上やブランド力の強化を図ることである。都では，毎年度「Buy TOKYO 推進活動支援事業補助金」公募要領の作成に始まり，補助事業者やハンズオン支援業者の募集を経て，支援事業を進めていく。都が「Buy TOKYO 推進活動支援事業補助金」に応募した補助事業者の審査や支援，ハンズオン支援業者の選定と指導を行うための戦略的目標と業績評価指標を，BSC の 4 つの視点から整理したものが表 9–1 である。

表 9-1　都の BSC

視点	戦略的目標	業績評価指標
財務	①都産品の産出額の向上	・都産品の出荷金額
	②都内産原材料や東京由来の技術等の利用率の向上	・出荷工業品に占める都内産原材料の使用率 ・出荷工業品に占める東京由来の技術等の利用割合
	③施策利用度の向上	・都内事業者当たり施策利用件数 ・乖離額（採択額－計画額）
	④補助金額の執行率の向上	・執行率（確定額／申請金額に基づく交付決定額） ・補助金の使途別金額とその割合
利用者	①補助事業者の都に対する満足度	・事前指導の時間・回数 ・申請受付から採択までの時間 ・補助事業者の事業化率 ・アンケート結果に見る補助事業者の補助金活用上の総合的満足度
	②補助事業者の収益性・生産性の向上	・補助事業者の業績（売上，利益，付加価値）の伸び率
	③補助事業者情報の収集	・データベースに入力された補助事業者意見の件数
業務プロセス	①補助事業者の選定手続の効率化	・補助事業者選定のための相談回数・相談時間 ・相談窓口の1件当たりの処理時間 ・資格審査・経理審査の審査時間 ・補助金交付決定手続の準備時間
	②補助事業者への効果的支援	・中間検査回数及び時間 ・完了検査時間
	③ハンズオン支援業者の選定手続の効率化と効果的支援	・ハンズオン支援業者の選出時間 ・ハンズオン支援業者との情報交換時間
学習	①都職員としての能力向上	・補助事業者の資格審査や経理審査の審査能力の維持・向上のための研修時間 ・学識経験者等選出の審査能力判断のための研修時間
	②ハンズオン支援業者との共同学習	・ハンズオン支援業者の選定能力維持・向上のための研修時間 ・ハンズオン支援業者の指導能力やコンテンツ制作能力，PR支援業務能力の維持・向上のための研修時間

出所：筆者作成

　財務の視点からは，第1に都産品の産出額の向上を目標に，都産品の出荷金額を業績評価指標として設定する。そのことが最終的に都産品の市場への浸透や海外展開の促進を示すものであり，都産品のブランドイメージの向上やブランド力の強化を図ることにつながるからである。第2に都内産原材料や技術等の利用率の向上を目標に，出荷工業品に占める都内産原材料や東京由来の技術等の利用割合を業績評価指標とする。第3に本施策利用度の向上を目標に，都内事業者当たり施策利用件数や乖離額（採択額−計画額）を業績評価指標とする。第4に補助金額の執行率の向上が重要な戦略的目標となる。補助事業の採択が決定したとしても，都産品が製品化に至らなかったり，販路開拓等ができずに補助事業が実現しないケースも見受けられる。そこで，執行率（確定額／申請金額に基づく交付決定額）とともに，使途別の執行率の違いを把握するために補助金の使途別金額とその割合を業績評価指標とする。

　利用者の視点からは，第1に補助事業者の都に対する満足度の向上を目標に，事前指導の時間や回数，申請受付から採択までの時間，事業化率などを業績評価指標として設定する。そして第2に補助事業者の収益性や生産性の向上を目標に，補助事業者の売上・利益・付加価値率の伸び率を業績評価指標として設定する。さらに，今後の事業の参考に供すべく，第3に補助事業者情報の収集を目標に，データベースに入力された補助事業者意見の件数と内容を業績評価指標とする。

　業務プロセスの視点からは，第1に補助事業者の選定手続の効率化を目標に，選定のための相談回数・相談時間，相談窓口1件当たりの処理時間，資格審査や経理審査の審査時間，補助金交付決定手続の準備時間を業績評価指標とする。第2に補助事業者への効果的支援を目標に，中間検査回数及び時間，完了検査時間を業績評価指標とする。第3はハンズオン支援業者の選定手続の効率化と効果的支援を目標に，ハンズオン支援業者の選定時間と情報交換時間を業績評価指標とする。

　学習の視点からは，第1に都職員としての能力向上を目標に，補助事業者の資格審査や経理審査の審査能力の維持・向上のための研修時間，学識経験者等の審査能力判断のための研修時間を業績評価指標とする。第2にハンズ

オン支援業者との共同学習を目標に，ハンズオン支援業者の選定能力，指導能力，コンテンツ制作能力，PR 支援業務能力などの維持・向上のための研修時間を業績評価指標とする。

3.2　ハンズオン支援業者の BSC

　ハンズオン支援業者としての本事業の目的は，補助事業者の「新たな取組」に対してさまざまな視点からのハンズオン支援を行って事業化を実現し，その結果として，都産品の市場への浸透や海外展開を促進して都産品のブランドイメージの向上やブランド力の強化を図ることである。ハンズオン支援業者は，「Buy TOKYO 推進活動支援事業」実施運営等業務委託に係る入札への参加に始まり，落札後に都の指示に従いながら補助事業者への支援を進めていく。ハンズオン支援業者がこうした事業を実施するための戦略的目標と業績評価指標を，BSC の四つの視点から整理したものが表 9-2 である。

　財務の視点からは，第 1 に都事業に対する理解度の向上を目標に，都事業に対する落札回数や取引高シェアを業績評価指標として設定する。ハンズオン支援業者は補助事業者に対する販売促進等のハンズオン支援能力の前提として，都が展開する産業振興施策や中小企業施策に対する十分な理解が必要である。補助事業者へのハンズオン支援の結果として，都産品の市場への浸透や海外展開を促進し，都産品のブランドイメージの向上やブランド力の強化を図らなければならないからである。第 2 に補助金事業の投資効率の向上を目標に，補助金事業による投資効率（補助金事業関連売上高／補助金額）を業績評価指標とする。第 3 に補助金事業の収益率の向上を目標に，補助金事業による収益率（補助金事業関連利益／補助金事業関連売上高）を業績評価指標とする。

　利用者の視点からは，第 1 に補助事業の募集や都産品 PR の支援業務に対する都の満足度の向上を目標に，補助事業者が定めた事業計画目標等の達成度，補助事業者の売上高・利益額の伸び率などを業績評価指標として設定する。第 2 に，都との連絡会議の開催や報告書の作成に対する都の満足度の向上を目標に，都による満足度や問題点の指摘内容を業績評価指標として設定

表 9-2　ハンズオン支援業者の BSC

視点	戦略的目標	業績評価指標
財務	①都事業に対する理解度の向上	・都事業に対する落札回数 ・都事業に対する取引高シェア
	②補助金事業の投資効率の向上	・補助金事業による投資効率（補助金事業関連売上高／補助金額）
	③補助金事業の収益率の向上	・補助金事業による収益率（補助金事業関連利益／補助金事業関連売上高）
利用者	①補助事業の募集や都産品 PR の支援業務に対する都の満足度の向上	・補助事業者が定めた事業計画目標等の達成度 ・補助事業者の売上高・利益額の伸び率
	②都との連絡会議の開催や報告書の作成に対する都の満足度の向上	・都による満足度や問題点の指摘内容
	③ハンズオン支援担当者の能力・人選等に対する補助事業者の満足度の向上	・選定・配置したコーディネータに対するアンケート結果による満足度・問題点
	④補助金に関する書類作成の指導・アドバイス等の具体的な実施方法・内容に対する補助事業者の満足度の向上	・書類作成の指導やアドバイスに対するアンケート結果による満足度・問題点
	⑤ハンズオン支援業者独自のノウハウ・ネットワークの活用に関する補助事業者の満足度の向上	・店舗出店施策，展示会の出展サポート，海外への情報発信，都産品のブランディング支援等の指導能力に対するアンケート結果による満足度・問題点
	⑥都産品等を紹介する専用ウェブサイトの利用度の向上	・ウェブサイトの閲覧回数 ・国内外に向けたマーケティング・ブランディングに対するアンケート結果による満足度・問題点
業務プロセス	①補助事業者への効率的支援（補助事業者の事業進捗状況に応じた適時性，支援内容の適格性）	・事前助言に向けた都との相談回数・相談時間 ・補助事業者への事業計画の指導回数・指導時間
	②コンテンツ制作およびウェブサイトの効率的運用	・コンテンツの制作時間 ・ウェブサイト運用に向けた準備期間
	③補助事業の履行に向けた効率的運営	・補助金に関する書類作成・整備に係る時間

（表 9-2 のつづき）

視点	戦略的目標	業績評価指標
学習	①ハンズオン支援業者としての能力向上	・補助事業者に対する経営支援のための研修時間 ・経営支援のためのツール開発件数 ・コーディネータ等に対する中小企業施策の理解のための研修時間 ・補助事業者に対するアンケートの設計能力向上のための研修時間
	②外部専門家の有効活用と他の支援組織との連携	・外部専門家（中小企業診断士・税理士・弁護士等）との検討時間

出所：筆者作成

する。第3にハンズオン支援担当者の能力や人選等に対する補助事業者の満足度を目標に，コーディネータに対する満足度や問題点を業績評価指標とする。第4に補助金に関する書類作成やアドバイス等に対する補助事業者の満足度の向上を目標に，書類作成の支援方法やアドバイス内容の満足度や問題点を業績評価指標とする。第5にハンズオン支援業者独自のノウハウ・ネットワークの活用に関する補助事業者の満足度の向上を目標に，店舗出店施策や展示会への出展サポートなどの満足度や問題点を業績評価指標とする。第6に都産品等を紹介する専用ウェブサイトの利用度の向上を目標に，ウェブサイトの閲覧回数や国内外に向けたマーケティング・ブランディング支援の満足度や問題点を業績評価指標とする。

　業務プロセスの視点からは，第1に補助事業者への効率的支援を目標に，事前助言に向けた都との相談回数や相談時間，補助事業者への事業計画の指導回数や指導時間を業績評価指標とする。第2にコンテンツ制作及びウェブサイトの効率的運用を目標に，コンテンツの制作時間やウェブサイト運用に向けた準備期間を業績評価指標とする。第3は補助事業の履行に向けた効率的運営を目標に，補助金に関する書類作成や整備に係る時間を業績評価指標とする。

　学習の視点からは，第1にハンズオン支援業者としての能力向上を目標に，補助事業者に対する経営支援のための研修時間や経営支援のためのツール開発件数などを業績評価指標とする。第2に中小企業診断士や弁護士等外部専門家の有効活用と他の支援組織との連携を目標に，補助事業者に対する

アンケートの設計能力向上のための研修時間や，外部専門家との検討時間を
業績評価指標とする。

3.3　補助事業者の BSC

　補助事業者としての本事業の目的は，都から採択を受けた補助金を効果的
に活用するとともに，自社の「新たな取組」へのハンズオン支援業者の支援
を受けて補助事業の事業化を実現することにある。補助事業者は「Buy
TOKYO 推進活動支援事業補助金」の申請に始まり，都からの補助金交付を
受ける。同時に，ハンズオン支援業者からは補助事業実施にあたり，販売促
進サポートなどのハンズオン支援を受けて事業を実施するための，戦略的目
標と業績評価指標を BSC の四つの視点から整理したものが表 9-3 である。
　財務の視点からは，第 1 に自己資金の獲得を目標に，必要とする自己資金
割合の設定と達成度を業績評価指標として設定する。第 2 に補助事業予算の
適正化を目標に，補助事業の収益と費用の目標設定と達成度を業績評価指標
として設定する。第 3 に補助事業の投資効率の向上を目標に，補助金額に対
する補助事業関連売上高の割合の目標設定と達成度を業績評価指標として設
定する。第 4 に補助事業の収益性の向上を目標に，補助事業関連売上高に対
する補助事業関連利益の割合の目標設定と達成度を業績評価指標として設定
する。
　利用者の視点からは，第 1 に採択された都産品の事業化の実現を目標に，
補助事業者の「新たな取組」の全事業に対する売上目標の数値化と達成度，
事業化目標の数値化と達成度を業績評価指標として設定する。第 2 に補助事
業による販路の獲得を目標に，販路開拓数の目標設定と達成度を業績評価指
標として設定する。第 3 に獲得した販路による売上の計上を目標に，売上目
標の設定と達成度を業績評価指標として設定する。第 4 に海外展開の促進を
目標に，海外向け売上目標の設定と達成度を業績評価指標して設定する。
　業務プロセスの視点からは，第 1 に事業化の進捗度の向上を目標に，補助
事業の日程計画の立案と進捗度を業績評価指標とする。第 2 に進捗度に応じ
たハンズオン支援業者への依頼内容の確認を目標に，その依頼回数や依頼内
容を業績評価指標とする。

表 9-3　補助事業者の BSC

視点	戦略的目標	業績評価指標
財務	①自己資金の獲得	・必要とする自己資金割合の設定と達成度
	②補助事業予算の適正化	・補助事業の収益・費用の目標設定と達成度
	③補助事業の投資効率の向上	・補助事業関連売上高／補助金額の目標設定と達成度
	④補助事業の収益性の向上	・補助事業関連利益／補助事業関連売上高の目標設定と達成度
利用者	①採択された都産品の事業化の実現	・「新たな取組」の売上割合目標の数値化と達成度 ・事業化目標の数値化と達成度
	②補助事業による販路の獲得	・開拓販路数の目標設定と達成度
	③獲得した販路による売上の計上	・売上目標の設定と達成度
	④海外展開の促進	・海外向け売上目標の設定と達成度
業務プロセス	①事業化の進捗度の向上	・補助事業の日程計画の立案と進捗度
	②進捗度に応じた，ハンズオン支援業者への依頼内容の確認	・ハンズオン支援業者への依頼回数・依頼内容の達成度
学習	①都産品としての魅力度の向上	・都産品の活用度および活用のアピール度 ・補助事業の実施による開拓販路数
	②「新たな取組」の新規性	・新製品・改良品割合
	③「新たな取組」の波及性	・新規開拓目標市場の設定と達成度
	④「新たな取組」実現のための自社の課題の把握	・具体的課題の列挙数と達成度
	⑤自社の課題解決のためのハンズオン支援内容の明確化	・具体的ハンズオン支援内容の列挙数と達成度

出所：筆者作成

　学習の視点からは，第1に都産品としての魅力度の向上を目標に，都産品の活用度及び活用のアピール度，補助事業の実施による開拓販路数を業績評価指標とする。第2に補助事業者の「新たな取組」の新規性を目標に，新製品や改良品の売上割合を業績評価指標とする。第3に補助事業者の「新たな取組」の波及性を目標に，新規開拓目標市場の目標設定と達成度を業績評価指標とする。第4に補助事業者の「新たな取組」実現のための自社の課題の把握を目標に，具体的課題の列挙数と達成度を業績評価指標とする。第5に

自社の課題解決のためのハンズオン支援内容の明確化を目標に，具体的ハンズオン支援内容の列挙数と達成度を業績評価指標とする。

4　おわりに

わが国の自治体において，管理会計的な取組に対する関心はいまだ低いのが現状である。しかし，自治体の財務諸表が整備され，その情報としての活用が求められている今日，自治体の施策や事業の計画段階及び執行段階での管理会計的手法の活用はその重要性を増している。行政評価システムに求められる重要な役割は，PDCA（Plan-Do-Check-Action）のマネジメントサイクルにより業務の継続的改善を行い，事業目的を達成することにある。その事業評価の視点として，非財務的な要素や長期的な視点も必要となるため，事業の遂行及び成果測定にとってBSCは強力なツールになるものと考えられる。

本章では，都のBuy TOKYO事業を事例に，BSCの枠組みを活用して事業評価のあり方を検討し，提示してきた。本事業では，補助事業者が申請した補助事業に対して，都からは補助金を使った資金的支援が，ハンズオン支援業者からは人的支援が行われる。これらの事業成果を測定するためには，財務指標だけでなく非財務指標をも取り込んだBSCによる評価をすることで一定の評価を行いうるとともに，事業改善の糸口をみいだすことが可能となる。

BSCの作成にあたっては，都・ハンズオン支援業者・補助事業者それぞれのBSCの作成が必要となると同時に，三者が連動した形で作成され，運用されなければならない。その際，本事業の目的である都産品のブランドイメージの向上やブランド力の強化への対応が求められる。都においては，補助事業者を選定する際に，本事業の目的を踏まえた選定をする必要がある。また，補助事業者を経営面からハンズオン支援するハンズオン支援業者の支援能力の強化も欠かせない。ハンズオン支援業者の選定が事業成果を大きく左右するからである。

本章を通じて，BSCを活用してBuy TOKYO事業について一定の事業評

価を行うことが可能であることは明らかになったと考えるが，評価対象となる三者が効果的に連携して事業成果をあげるための仕組み作りが今後の検討課題となる。すなわち，補助事業と補助金及びハンズオン支援内容をどのように組み合わせることが補助事業者の事業成果を高めるかなど，三者を連動させた戦略的目標に対する重要成功要因の整理や業績評価指標の精緻化については今後の研究課題である。

参考文献

石原俊彦（2004）『自治体バランス・スコアカード』東洋経済新報社.

高橋賢（2010）「産業クラスターの管理と会計—メゾ管理会計の構想—」『横浜経営研究』第 31 巻 1 号，73–87 ページ.

高橋賢（2011）「バランス・スコアカードの産業クラスターへの適用」『横浜国際社会科学研究』第 15 巻 6 号，1–19 ページ.

高橋賢（2013）「産業クラスターへの管理会計技法の適用」『原価計算研究』Vol.37/No.1，117–126 ページ.

東京都（2023）「Buy TOKYO 推進活動支援事業補助金【公募要領】」.

東京都（2023）「「Buy TOKYO 推進活動支援事業」実施運営等業務委託実施要領」.

東京都（2023）「Buy TOKYO 推進活動支援事業補助金交付要綱」.

東京都（2023）「Buy TOKYO 推進活動支援事業に関する実施要領」.

松尾貴己（2009）『自治体の業績管理システム』中央経済社.

山北晴雄（2010）「事業所向け補助金事業の事業評価—「東京都商店街パワーアップ基金事業」を事例として」『商経学叢』第 56 巻第 3 号，145–164 ページ.

山北晴雄（2011）「自治体のファンド事業と業績評価—「地域中小企業応援ファンド」を事例として—」『中部大学経営情報学部論集』，1–16 ページ.

山北晴雄（2014）「中小企業政策への BSC の適用—高度化事業を事例として—」『産業経済研究所紀要』第 24 号，173–189 ページ.

（山北晴雄）

第10章
地域企業の価値づくりに向けた
ローカル・プラットフォーム戦略

1 はじめに

「令和6年度の経済見通しと経済財政運営の基本的態度」（2024年1月26日閣議決定）によると，現状の経済動向について「30年ぶりとなる高水準の賃上げや企業の高い投資意欲など経済には前向きの動きがみられ，デフレから脱却し経済の新たなステージに移行する千載一遇のチャンスを迎えている。他方，賃金上昇は輸入価格の上昇を起点とする物価上昇に追い付いていない。個人消費や設備投資は依然として力強さを欠いている。これを放置すれば，再びデフレに戻るリスクがあり，また潜在成長率が0％台の低い水準で推移しているという課題もある。－中略－ まずは，総合経済対策を着実に実行し，物価対策とともに，国民の可処分所得を下支えするための対策を講じる」と記述している。

こうした成長と分配の好循環の実現をめざす政府の総合経済対策の中心テーマとしては，①価格転嫁促進と適切な価格の設定，②賃上げ環境の醸成と個人消費性向の回復，③企業の成長力を強化し設備投資の拡大と海外を対象にして稼ぐ力（海外輸出やインバウンドなど外貨を稼ぐ力）を強化することがある。政労使が共通認識をもち一体となって好循環に向けて取り組むことが重要になる。

政府は新しい資本主義の旗印の下で，民間需要主導の持続的な成長とデフレ脱却，成長と分配の好循環の実現をめざし，経済財政の運営においては，経済の再生を最優先課題としている。経済あっての財政であり，経済を立て直すことで財政への信認を確保すると述べる[1]。こうした政府の経済対策の

実施に沿って，地域産業政策のあり方も地域経済の好循環を生み出し，消費性向を高揚することで地域企業が稼げるシナリオを構想し，都市の活力を高めて成長することで財政の健全化に効果を発揮する方向で取り組むことが大事になる。

　本章では，政府が推進するマクロ経済循環の動向について議論し，生産性向上と価格決定力強化のために必要と考えられるイノベーションについて検討する。そのうえで，地域産業政策において考えられるローカル・プラットフォームの構築と期待される成果について考察する。

2　近時のマクロ経済循環の議論

2.1　物価及び賃金の動向

　2021 年はコロナ禍におけるサプライチェーンの混乱で輸送費が上昇。2022 年にはウクライナ危機を受けてエネルギー，原材料費が高騰し，円安による輸入物価の高騰を背景に，電気代や食料品価格が大きく上がった。2023 年になるとエネルギー価格の高騰は一服したものの，家庭用や業務用の食料品で複数回にわたる小幅な値上げが繰り返され，春闘では 30 年ぶりの高い賃上げが実現した。経営者側が生活苦に配慮したことに加え，少子化による人手不足で賃金を上げないと労働力を確保しにくくなったことがその背景にある。

　企業はコスト増加を吸収できるだけの価格で売れるイノベーティブな商品やブランドを創り，高付加価値の商品で粗利益を向上し収益性を高める取り組みが求められる。後述するように，海外の主要国では物価の上昇とともに賃金も上昇して消費意欲が衰えない循環がみられる。わが国においては，継続的に実質賃金が増加しない局面で，商品等の値上げが相次ぐと消費が減退することが懸念される。

　帝国データバンクによると，中小企業を中心に仕入コストやエネルギーコスト，包装・資材コストなどに価格の値上げが追いつかない物価高倒産（物価高に収益改善が追いつかない倒産）が増え，2023 年には 775 件にのぼり，

1　「令和 6 年度の経済見通しと経済財政運営の基本的態度」（2024 年 1 月 26 日閣議決定）

2021 年比 5.6 倍，2022 年比 2.4 倍で過去最多となった[2]。労働集約的で生産性が低いとされる中小企業が持続的な賃上げを行うには，賃金や原材料価格の高騰を販売価格に適正に転嫁する必要がある。しかし，その実態は厳しく，自社の商品・サービスに対しコスト上昇分を「多少なりとも価格転嫁できている」企業は 75.0 ％ある一方で，「全く転嫁できていない」企業も 12.7 ％ある。コスト上昇分に対する販売価格への転嫁度合い（価格転嫁率）は 40.6 ％で 6 割近い企業が自社でコストを負担している状況にある。とくに，医療・福祉・保健衛生，農林水産業業，娯楽サービス業，運輸・倉庫業などでコストの上昇分を 2 割程度しか価格転嫁できていない[3]。価格転嫁に対する理解は醸成されつつあるが，経営難の中小企業が増えれば，高まる賃上げの機運が衰えかねない。

2.2　家計消費と可処分所得の伸び率の国際比較

厚生労働省の毎月勤労統計調査（2024 年 8 月）によると，一人当たり賃金は物価変動を考慮した実質で過去 29 か月のうち 27 か月がマイナスとなった。所定内給与は増加基調にあるが，物価上昇に給与の伸びが追い付かず実質賃金の減少が続く。2024 年の春闘では物価高を背景に賃上げ率が 33 年ぶりに 5 ％を超える高水準になり，現金給与総額の増加は 32 か月連続となって，コロナ禍からの経済回復を示すものとして評価する声もあるが，価格転嫁の広がり[4]とともに実質賃金が伸びずに家計の収支バランスが回復せず，消費が冷え込み経済好転の期待は遠のくとする見解もある。所得増加で消費が喚起され，経済活動が活発になり企業業績が好転する「成長と分配の好循環」というシナリオは，企業の賃上げ余力を高めない限り不安定な状況が継続し，生産性向上と需要拡大による経済の好転は困難となる。

2　株式会社帝国データバンク「TDB 価格転嫁に関する実態調査（2024 年 2 月）」2024 年 3 月 22 日記事．

3　同上。

4　TDB「定期調査 食品主要 195 社 _ 価格改定動向調査（2023 年 7 月 12 日時点速報）」によると，家庭用を中心とした飲食料品の 2023 年値上げ品目数は，7 月 12 日までの判明ベースで累計 3 万品目を超えた。全食品分野に及ぶ年 3 万品目の値上げはバブル崩壊以降の 30 年間でも異例で，記録的な 2022 年（2 万 5,768 品目）を上回り過去最大級の値上げラッシュとなった。これに人件費の上昇，円安による輸入物価の押上げなど潜在的な値上げ要因も解消できていない。

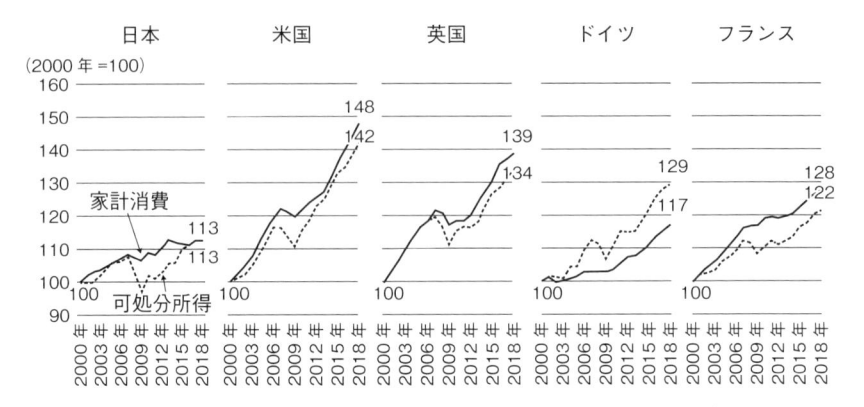

図 10-1　家計消費と可処分所得の伸び率の国際比較（2000 年＝ 100）
出所：内閣官房新しい資本主義実現本部事務局「賃金・人的資本に関するデータ集」2021 年 11 月

　OECD の統計資料（図 10-1）から，家計消費と可処分所得の過去 20 年近く（2000 年〜 2018 年）の伸び率の国際比較をみると，主要国では可処分所得が伸びることで家計消費が伸びる傾向が確認できる。しかし，日本は 2 つの指標ともに伸び悩んでいる。経済活動を好循環に導くためには，可処分所得を増やすことで需要を喚起する対策が必要である。企業は継続的な賃上げが可能になるように業務の効率化と事業構造の変革，従業者一人当たり生産性を高め，適正な価格転嫁を果たす必要がある。政府の働きかけとともに，取引先とは粘り強く交渉し，小売業やサービス業では提供価値（機能的価値と意味的価値）を消費者（利用者）に正当に評価してもらう取り組みが求められる。

2.3　雇用を巡る業種別過不足感の推移と賃上げの機運

　企業の人員不足感を日銀短観の雇用人員判断指数でみると，2019 年までは自動車や運輸・郵便，情報サービス，宿泊・飲食業でいずれも人手不足が続いていた。しかし，2020 年からのコロナ禍で社会経済活動が制限され，サプライチェーンの寸断の影響が大きかった自動車，休業要請や営業自粛の影響を強く受けた宿泊・飲食業では，一時人手が過剰な状態となった。その後，2022 年以降は経済活動の回復と共にこれらの業種で再び人手不足感が

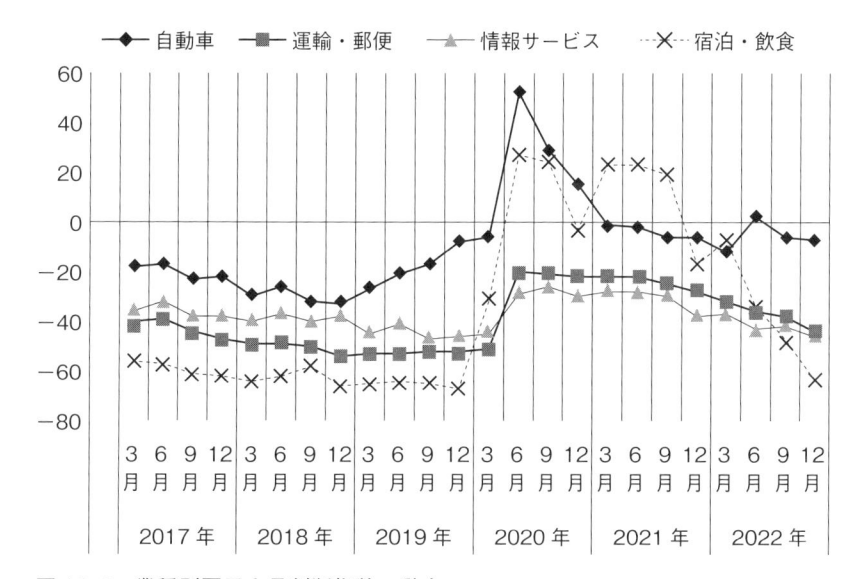

図 10-2 業種別雇用人員判断指数の動向
出所：帝国データバンク（2024）「人手不足に対する企業の動向調査」より筆者作成
データは日本銀行「全国企業短期経済観測調査」より

強まっている（図 10-2）。一方，2024 年の春闘では前年と同様に歴史的な物価高の下で，企業規模による差は最大で 1.23 ポイントあるものの，全体的に積極的な賃上げで妥結する状況にある（表 10-1）。

　わが国では長年にわたり賃金が上がりにくい状況が続いた。その背景として次の 4 点が指摘される。第 1 に，労働市場が正規と非正規の二重構造になっており，非正規の割合が高まることで全体の賃金が下押しされてきたこと。第 2 に，デフレ下で企業はコスト抑制のために賃金や人的投資を怠ってきたことで生産性の伸びが鈍化し収益力の低下を招いたこと。第 3 に，雇用の流動性が低いことが賃金上昇を抑える要因となったこと。そして第 4 に，賃金と物価は上がらないものというノルム（社会的通念）が形成されてきたこと，である[5]。

　しかし，今日の企業は原材料やエネルギー価格の上昇に耐え切れず，生き残りをかけ価格転嫁を進めている。政府からの「パートナーシップによる価

5　日本経済新聞「賃金が上がらないノルムを壊せ」2023 年 3 月 16 日掲載記事を参照。

表 10-1　2024 年春闘の状況

①平均賃金方式　（集計組合員数による加重平均）

平均賃金方式	2024 回答（2024 年 6 月 5 日公表）			昨年対比
	集計組合数 集計組合員数	定昇相当込み賃上げ計		
		額	率	
	4,938 組合 2,886,335 人	15,236 円	5.08 %	4,429 円 1.42 ポイント
300 人未満　計	3,516 組合 332,855 人	11,361 円	4.45 %	3,033 円 1.09 ポイント
〜 99 人	2,144 組合 89,338 人	9,586 円	3.96 %	2,419 円 0.86 ポイント
100 〜 299 人	1,372 組合 243,517 人	12,017 円	4.62 %	3,269 円 1.17 ポイント
300 人以上　計	1,422 組合 2,553,480 人	15,784 円	5.16 %	4,637 円 1.47 ポイント
300 〜 999 人	934 組合 505,907 人	14,106 円	5.01 %	4,459 円 1.48 ポイント
1,000 人〜	488 組合 2,047,573 人	16,211 円	5.19 %	4,692 円 1.46 ポイント

※ 2024 年と 2023 年で集計対象組合が異なるため、「定昇相当込み賃上げ計」の昨年対比は整合しない。

出所：連合「2024 年春季生活闘争　第 6 回回答集計結果」より

　値創造のための転嫁円滑化パッケージ」[6] の働きかけもあり，取引先や消費者も半ばそれを受け入れつつある。価格転嫁が遅れ気味の中小企業も，人材確保のために賃上げをせざるをえない状況にある。いわゆる「ノルム」（社会的な規範意識）の崩壊である。労働力人口が減り，すでに女性や高齢者の労働参加も進んでおり，日本における人手不足は構造的課題となっている。

　一方で，今まさに物価と賃金の好循環をつくる絶好の機会という考え方もある。厚生労働省によると，非正規で働く人は 2,100 万人で労働者全体の 37 ％にのぼり，賃金の水準は正規社員の 6 〜 7 割程度といわれている。非正規の人達の賃上げが難しい要因として，労働組合の組織率は推定で 8.4 ％と低いことがあげられる。それでもイオンやファーストリテイリング，オリエンタルランド，AGC など非正規雇用者が多い大手企業は，2023 年から非

6　独占禁止法上の優越的地位の濫用に関する緊急調査，下請法上の重点的な立ち入り調査，法順守状況の自主点検の要請からなる。

正規雇用者の大幅な賃上げを実施している[7]。京都大学の諸富徹教授は「デフレ基調からインフレ基調に変化し，経済再開にともなって再び人材不足が顕在化した。－（中略）－非正規を含む賃金上昇の波に乗れない企業は人材獲得競争で劣後し，業績を落としていくだろう。人件費負担の増大に耐えるには，それ以上の付加価値創出が前提となる。賃金切り下げで利益を確保した時代は終わり，高賃金で高度人材を集め，より高い付加価値を提供することが高収益への近道になるだろう」[8] と述べる。

3　コスト上昇局面におけるイノベーションの必要性

3.1　企業の価格転嫁・価格決定力に関する議論

　上述のとおり，企業が継続的な賃上げをするためには，設備や人材に対する投資を活発化させ，生産性を引き上げ，企業が売上を増やして収益力を向上させることが条件となる。すなわち，賃上げを継続して行うには，稼ぐ力を高める，生産性を上げる，価格転嫁を進める，ことが必要である。経済産業省「2017 年版通商白書」では，価格決定力と付加価値の関係を図 10-3 のように示している。

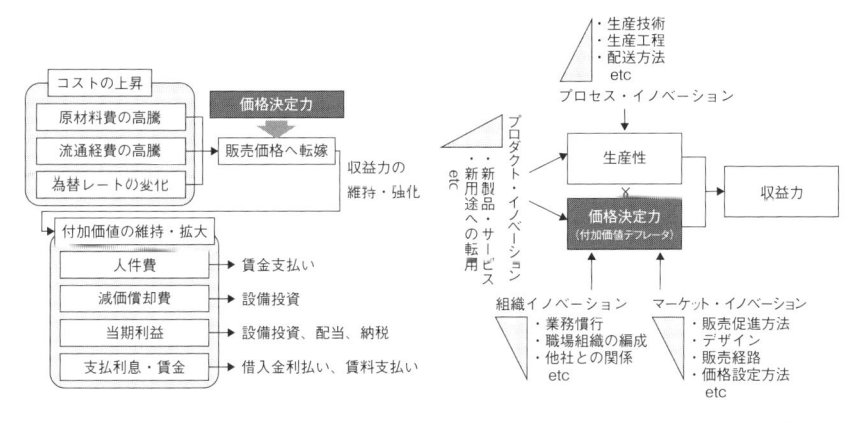

図 10-3　価格決定力と付加価値の関係　　図 10-4　各種イノベーションの作用

出所：経済産業省『2017 年版通商白書』第 2 部第 3 章第 1 節の図表に筆者加筆

7　日本経済新聞「非正規雇用でも賃上げ機運が広がる」2023 年 2 月 1 日より抜粋。
8　同上。

　企業の付加価値額は，売上高から中間投入額（原材料や流通経費等）を差し引いて計算できる。その内訳については，人件費，減価償却費，当期利益，支払利息・賃料などで構成される。生産性の上昇は中間投入に対する算出比率が高まることを意味する。

　図10-4で企業の収益力を名目付加価値額として考えるとき，実質付加価値額は名目付加価値額を付加価値デフレータで割ることによって求めることができる。これをかけ算で表すと，「名目付加価値額＝実質付加価値額×付加価値デフレータ」となる。名目付加価値は，企業の粗利に相当するため「収益力」と理解される。実質付加価値は，企業の「実質生産性」と理解される。付加価値デフレータは，販売価格と調達価格の変化を表すものであり，価格転嫁の動向を見極める指標で「価格決定力」と考えられる。すなわち，企業は生産性の上昇に向けた努力とともに，価格決定力を強化することが収益力向上のために必要となる。

　ただし，生産性の上昇とともに市場の成長（需要）が拡大しなければ，生産性の上昇は労働者を減らす誘因にもなる。生産性上昇率が相対的に低い産業は，相対的に労働集約的であるため，生産性の高い産業で余剰となった労働力を吸収して，産業規模を拡大していく。こうした状況が続くと生産性上昇率が低い産業規模（雇用）が拡大し，結果として経済全体の成長率が鈍化する「ボーモル病」に陥ることになる。

3.2　生産性向上と価格決定力獲得に必要とされるイノベーション

　これまでの日本企業は，コスト圧縮 → 人件費圧縮 → 雇用悪化・消費停滞 → 需要低迷→ 価格競争激化 → 価格決定力不足 → コスト圧縮 → ……という負のスパイラルに陥っていた。

　近時においては，コスト上昇局面 → プライシング改定 → 付加価値（生産性）向上 → 収益力向上 → 成果還元 → 需要拡大という好循環が期待される。生産性と収益力を向上し，利益を成果還元の原資とするためにはさまざまなイノベーションに取り組む必要がある。

　図10-5に示すイノベーションについては，OECDの『オスロ・マニュアル』で類型が定義されており[9]，現場レベルで必要な取り組みを簡潔に整理

すると以下のように考えられる。

★プロセス・イノベーション（生産・流通の過程を改善して生産効率や品質を高めること）

　生産工程の見直し，配送方法の見直し，リードタイムの短縮，データ処理の改善，経費分解，オペレーショナルエクサレンスの遂行。

★プロダクト・イノベーション（新商品・新サービスを開発して市場に価値をもたらすこと）

　アーキテクチャーの見直し，新製品・サービスの導入，既存製品サービスの改良，サプライヤーの見直し，新用途への変更，ブランディング，プライシング。

★組織イノベーション（イノベーションを発揮しやすい環境や仕組みをつくること）

　業務慣行の改善，権限移譲，仕事の割り振り，取引交渉力の強化，全社的DX の推進，働き方改革の導入，Well-being 志向の経営，人材採用・育成の見直し。

★マーケット・イノベーション（市場設定を見直して新市場を開拓すること）

　市場設定（STP）の変更，戦略的ポジショニングの見直し。

　※（　　　）内の取り組み及び必要な取り組みについては筆者が付記した。

　わが国の企業のイノベーション活動は，他の先進諸国と比べると相対的に活発とはいえない。そのなかでもプロセス・イノベーションやプロダクト・イノベーションに取り組む企業の割合が高いものの，組織イノベーションやマーケット・イノベーションに取り組む企業の割合が低いことが報告されている[10]。

9　中小企業庁『平成 27 年版中小企業白書』第 1 章コラム 2-1-1.148-149 ページ。
　https://www.chusho.meti.go.jp/pamflet/hakusyo/H27/PDF/chusho/06Hakusyo_part2-1_web.pdf
　2023 年 8 月 18 日閲覧。
10　経済産業省『平成 25 年版通商白書』第 1 部第 2 章第 3 節「イノベーションが生産性向上に果たす役割」45 ページ。https://www.meti.go.jp/report/tsuhaku2013/2013honbun_p/pdf/2013_01-02-03.pdf　2023 年 8 月 18 日閲覧。

4　地域産業振興計画での整合視点

4.1　計画策定プロセスの変化

　伝統的な地域産業政策を巡る議論では，国がイニシャティブをとり，製造業を中心にいかに競争力のある産業・企業を誘致または輩出するか，いかにしてイノベーションを実現できるプラットフォームを構築するか，を課題とする傾向が強かった。これに対し，大貝・池島（2014，49 ページ）は，地域は産業を構成する企業が活動する場であると同時に，人間が生活する場でもあり，人間の生活を成立させるための産業として地域産業政策を位置づける必要があると主張する。また，地域産業政策は新産業を創出することのみならず，既存産業を軸に業種を問わず，地域の実態に即した産業支援を展開していくことの必要性を説く。そして，地域内での産業連関を基に経済循環を創り出すこと，あるいはそれを強固なものにしていくことの重要性について述べる。

　広井（2024，74–76 ページ）は，現在のようなポスト工業社会あるいは第三次産業（特にサービス業）が雇用の過半を占める時代においては，"産業・雇用のある場所に人が集まる"という工業化社会のモデルとは逆に，"人が集まる（魅力ある）場所に雇用・産業が生まれる"という反対向きのベクトルが生成すると述べる。つまり，都市が魅力的な空間であること，歩いて楽しめるコミュニティ空間であること，ちょっとした時間を過ごす場所やカフェ的スペースがあること，あるいは"住み心地のよい"場所であることが人々を引き寄せる大きな要因となり，その結果としてそこに様々な雇用が生まれ，都市や地域が発展することになると述べ，「地域経済・産業論とまちづくり・空間デザインの統合」という発想が重要であると主張する。

　こうした考え方は，今日の計画策定プロセスにおいても議論されており，政策主体も政策対象も「地域」としてボトムアップ型の施策を展開する状況にある。多くの場合，報告書では総論や理念に続き，農林水産業，製造業，商業，観光業，サービス業など地域の代表的な産業分野の現状を分析した振興戦略が記され，これにデジタル化，グリーン化，グローバル化，外商活動の全国展開，担い手の育成・確保など，分野を越えた取り組みを連携して成

長戦略が述べられることが多い。これにエリア別のアクションプランやリーディングプロジェクトを作成し，それぞれの施策評価が行いやすい形に纏めるパターンも定着してきている。

4.2　生活インフラ関連型企業の価格決定力強化への期待

本章で議論してきたマクロ経済の好循環に向けたシナリオについては，大企業による取り組みの影響力が大きいものの，付加価値額の約 5 割を占める中小企業の取り組みも重要になる。地域産業振興計画は，自治体が基本理念に基づき，重要な方針と具体的な施策をセットで作成するものであり，いずれかのプロセスで経済の好循環を生み出す施策について触れ，計画で言及することが望ましい。

従来の地域産業計画では，創業や事業継承の各種実績件数，イベントの補助実績や参加者数を評価項目とすることが多く，価格決定力（転嫁力）をもって収益力を向上し，付加価値を高めることでコスト上昇分を吸収する企業を増やす議論はほとんどなされていない。例えば，地域ブランドの構築という目標をもつ自治体もあるが，多くは地域の産物（食材）等を使った商品開発や地産地消または地産外商などの議論が中心である。しかし，名産品を創ることだけが地域ブランドではないとする意見もあり，産業振興会議の場で認識の共有が深まらないことがある。

一般論として，中小企業は大企業と比べて価格決定力が弱い。日本政策金融公庫（2023）[11] によると，中小・小規模事業者は仕入価格 DI（前年同期比で「上昇」企業割合−「低下」企業割合）が販売価格 DI（同）を上回り，交易条件（販売価格 DI −仕入価格 DI）は直近でもマイナスで推移するなど，価格決定力に構造的問題を抱えていることがわかる。中小企業が存立可能な分野としては，規模の経済性がはたらきにくい分野，社会的分業を前提に専門性や特殊性が発揮できる分野，そしてネットワークの経済性がはたらく分野がある[12]。ネットワークへの参加要件を厳しくし，ローカル・ネット

11　日本政策金融公庫「全国中小企業動向調査結果」2024 年 1 月 29 日ニュースリリース資料，22ページ。2022 年第 3 四半期（10-12 月）から 2023 年第 3 四半期（10-12 月）の販売価格 DI は44.9 ～ 47.9 であるのに対し，仕入価格 DI は 78.2 ～ 90.3 で推移している。

ワークをブランディングできれば，単独でのビジネスと比べ価格決定力を発揮できる可能性が高まりやすい。

　例えば，市内で飲食店を創業しようと考える人を対象に，設計事務所，リフォーム業者，厨房設備業者，電気店，メニュー作成請負業者，フリーペーパー発行事業者などをアプリ上で検索し，それぞれ一社ずつ見積もりを依頼することもできるが，信頼の厚いコーディネーターにまとめて見積もりがとれるサービスを提供できれば，利用者は価格以上にその利便性と信頼のネットワークそのものに価値を実感することができる。アプリ上で困りごとの解決を提案するプラットフォーム構築は，価値を共創する仕組みとなる。このネットワークの要点は，参加メンバーが高度な専門性を保有していること，メンバーの機会主義的行動を抑止するモニタリング機能を担保できることがあげられる。

4.3　デジタル版ローカル・プラットフォーム構想

　福田（2006）は，地域商業の再生に向けて地域資源循環型協働プラットフォーム構想を提唱し，地域主体（市民，行政，大学，農業，金融機関，商店街，商店，NPO 法人など）を繋ぐ中間支援組織の役割の重要性を提案した。この構想は，商店街を地域主体の一つとして俯瞰的に捉え，各主体をマッチングする中間支援組織を機能させることによって，人材を含む多様な地域資源を循環させるプラットフォームを提起したものである。

　この構想の一部は実際に東京都や横浜市において中間支援組織を通じた支援策として事業化された。しかし，①アナログでは「弱い紐帯の強み」をパスによりビジネスチャンスを拡張するまでのシナリオを伝えきれなかったこと，②サプライチェーンを含む多層なレイヤーをエコシステムとして構築できなかったこと，により限定的なモデル事業にとどまった。

　総務省『平成 30 年版情報通信白書』（175–176 ページ）では，「ソーシャルメディアが普及した情報社会において，ICT はオフラインでのつながり

12　福田（2018, 25 ページ）。中小企業が他組織と連携する（ネットワークを組む）ことで，不足資源を相互に補完することができ，単独で交渉するよりも価値共創型のネットワークに入ることで，単独時よりも価格決定力を高める機会が得られる可能性が高い。

を補完し，社会関係資本の蓄積を支援する役割が期待されている」「オンラインとオフラインの両方に参加している方がつながり力は高くなる」としている。また，同白書（169 ページ）では ICT プラットフォームを介して地域の人々が交流することで，日常生活の困りごとを可視化し，助け合う関係の構築に役立つ可能性に言及している。こうしたコミュニティをレイヤーに取り込み，ビジネスに拡張しようというのがデジタル版ローカル・プラットフォームの考え方である。デジタル化が進む社会では業種や規模など伝統的な区分けの意味は相対化する。

　図 10-5 は中小企業や小規模事業者がプラットフォームを通じ，付加価値向上に向けて取り組むべき道筋を示している。これは時間軸と共に事業ごとの最適資源配分を論じたジェフェリー・ムーア（Geoffrey A. Moore）の「ゾーンマネジメント」のフレームを参考に作成したものである。

　その内容は，第 1 象限から時計回りに収益改善に向けた既存事業での成果出し → デジタル化などシステム導入による既存事業の効率化と技術やサービスの見せ方の革新，価値に見合うプライシングの再考 → ローカル・プラットフォーム形成による新たな組織基盤でのシーズ共有と新領域事業の探

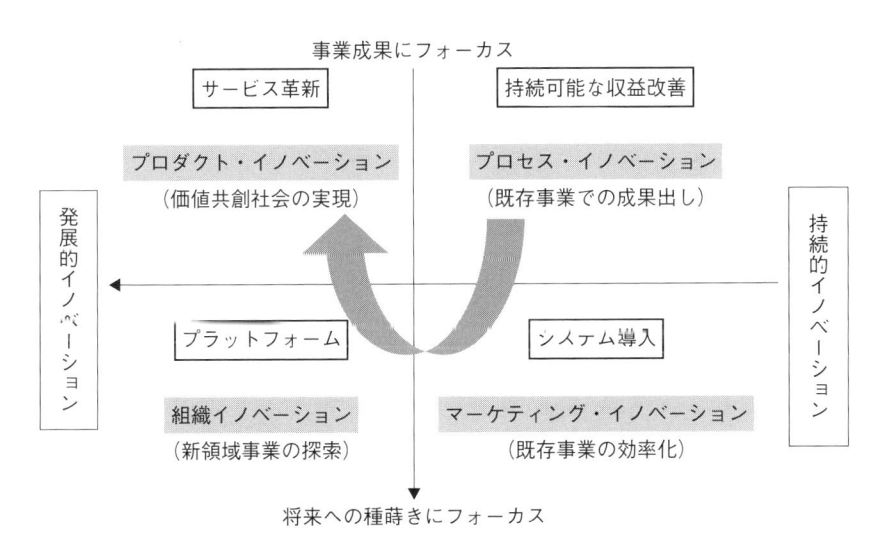

図 10-5　デジタル時代の地域産業のゾーンマネジメント（概念）

出所：福田（2022，23 ページを修正）

索 → ニーズの可視化とサービス革新に向けた価値共創社会の実現，という発展プロセスを描いている。

デジタル・プラットフォームは，余剰能力の再配分や共有，再利用を可能にするシェアリングエコノミーの中心的存在であって，それぞれのレイヤーに参加する全ての者に価値をもたらす。このことは生活と産業の共生を目指す新たな地域産業戦略の目標と符合する。ネットワーク効果と両面市場を通じ経済性が働くデジタル・プラットフォームが，持続可能な地域社会に向けてどのようなビジネスモデルを構築するかが問われる。

生活インフラ関連型企業では，産業分野と生活分野のインタラクションを通じ，Well-being な暮らしに貢献する社会価値創出型のビジネスモデルを構築する取り組みが問われる。その解決に向けた方向性は，分業と協業，独立した開発コストの安い多数のミニプログラムを集約し，地域ニーズに適う情報をワンストップで，かつ容量負担が少ない形でデバイスに提供するプラットフォームを構築することである。

デジタル版ローカル・プラットフォーム構想は，中小企業・小規模事業者向けに B to B や B to C の取引を促進する機能に加え，C to C のコミュニティネットワークも取り込むことで需要の掘り起こし，ビジネス機会の増加，専門サービスを活かした地域貢献，地域資源の有効活用，まちの賑わいの回復，地域ブランドの構築，コミュニティの存続，産学交流などを促進する機能を包含する，従来のビジネスモデルに縛られない価格決定力が高い社会インフラとしてその役割が期待される（福田 2021，48 ページ）。

地域未来牽引企業の生活インフラ関連型の場合，買い手は一企業の商品・サービスだけに価値をみいだすとは限らない。エリアの街並みや景観などの店舗外部性，信頼のおけるプラットフォームを通じた商品サービスの提供において，こうした意味からも価格決定力を発揮できる余地が生じる。とくに生活の困りごとなど課題解決志向の事業については，潜在需要の掘り起こしやニーズの顕在化を通じ，売り手側が提供する信頼や価値が正当に評価される可能性がある。地域ブランドや市民目線に適う企業を増やす声があっても，個別の企業の取り組みだけでは，域内の供給者が提供する商品サービスの価格を甘受する保証はない。買い手は一企業の商品・サービスだけに価値

をみいだすとは限らないからである。

5 コミュニティ型マーケティングによる地域ブランドの形成

5.1 マーケティング理論の進化

　中小企業研究では，中小企業が存立できる分野の一つにネットワークの経済性がはたらく分野がある。経営資源に制約をもつ中小企業が，他組織とネットワークを組むことで不足資源を相互に補完することが可能となり，新商品・新市場の開拓や需要の創出などで活用できる機会が拡がる。ネットワークの実質化を追求するには，技術やサービスの専門性や特殊性で他社から信頼される優位性（信頼財）を獲得することが前提となる。

　また，顧客ニーズに積極的に対応する取り組みが求められる。具体的には，販売動向に基づくマーチャンダイジングの見直し，商品値入率の妥当性の確認，マーケティング・コミュニケーションの再考，地域内資源循環の創出，潜在需要及びサービスを提供する担い手の発掘，顧客の困りごとニーズを解決するための取り組みを強化することが必要とされる。

　図 10-6 の伝統的マーケティングは，G–D ロジック（モノを経済活動の基本単位と考える）と言われ，価値をつくる主体は企業であって，企業は製品やサービスに価値をつくり込み，顧客に渡す時点で 1 円でも多くの価値を認めてもらうことを目指すものである。顧客は企業がつくった製品やサービスに対して，対価を支払い，消費する主体であると考える。そこでは，交換価値（value in exchange）を最大化することがマーケティングのゴールと考えられてきた。

　これに対し，20 年ほど前から S–D ロジック（すべての経済活動をサービスとしてとらえる）という理論が注目されている[13]。これは商品とサービスという形態区分はせず，サービスにはモノを伴う場合とモノを伴わない場合があると考える。そして，顧客が製品やサービスを使う過程において，企業が行う活動や顧客がとる行動が価値を生み続けると考える。企業だけでは価

13　藤川（2006），井上・村松編（2010）など。

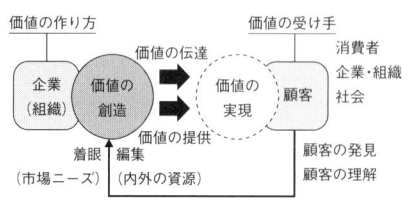

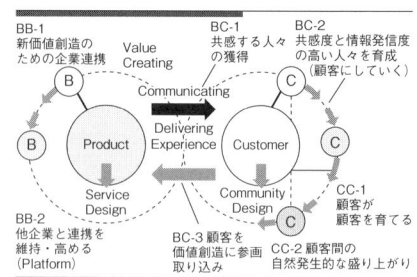

図 10-6　伝統的マーケティング　　図 10-7　コミュニティ型マーケティング

出所：宮副謙司（2022）『青山企業に学ぶコミュニティ型マーケティング』より

値の最大化を実現することができず，企業と顧客が一緒になって価値を共創する（co-creation of value）という世界観に立つ。

　マーケティング活動のゴールは，交換価値の最大化にとどまらず，その後の「使用価値」（value in use）を最大化することと考える。今日ではウェブサイトや SNS の充実，アプリ導入などカスタマー・リレーションの進化によって，価値の創造，伝達・提供が新たな段階に達したとされる。マーケティング研究で著名なコトラー（P.Kotler）は，デジタル時代にはプロセスの初期段階からコミュニティが強い影響力を有すると述べる[14]。

5.2　コミュニティ型マーケティングによる価値共創

　宮副（2022）らは企業と顧客との新たな関係を図 10-7 のように整理する。このフレームは，①顧客の使用場面を想定した顧客視点での価値創造（サービス・デザイン），②顧客コミュニティを形成し，企業と顧客が常時接続できるコミュニティのもとでの価値伝達（コミュニティ・デザイン），③異業種間の複数企業の協働による新しい価値創造（コーディネイト・デザイン＝筆者追記）という位相を提示し，こうした新しいマーケティングのあり方を「コミュニティ型マーケティング」と呼ぶ（宮副 2022, 1–2 ページ）。

　そしてコミュニティ型マーケティングを，①企業から顧客への働きかけ（BC），②顧客間相互の関係（CC），③企業間相互の関係（BB）の三つのコ

14　フィリップ・コトラー（2020, 36 ページ）。

ミュニティ関係が繋がる一連の活動と捉える（宮副 2022，3-10 ページ）。企業が提供する価値は課題を解決する「コト」と捉え，価値の受け手は企業が.創造する価値を認識し「共感」する顧客層と捉える。価値創造の過程では，顧客が顧客を育て，顧客の提案・参画を企業活動に活かし，他社とのコラボレーションを積極的に進めるという考え方を包含する。コミュニティ型マーケティングの研究では，大手企業を事例にコミュニティ形成の特徴や価値創造が共感を呼ぶ根源，価値伝達の方法，各局面で価値を創造する組織能力などの分析がなされ，さまざまなモデルが考えられている。

　こうしたコミュニティ型マーケティングの理論を今後の地域産業において考えてみると，小規模事業者と顧客が一緒に価値を創ることで，商品・サービスの使用価値を最大化する仕組みのヒントを考えることができる。例えば，顧客視点で気づきを提案するサービス・デザイン，小規模店と顧客がオフラインまたはオンラインで常時価値伝達ができるコミュニティ・デザイン，1 社だけでは困難な価値創造を複数企業（仲間）で提供するコーディネート・デザインといったレイヤーが構想化できる。大事なことは，3 者間でコミュニティの機会を増やすことではなく，その活動が企業の組織能力に通じるマーケティングの一環であることを踏まえて活動することである。

　小規模事業者においても伝統的マーケティングに縛られない新しい取り組みが必要とされる。伝統的マーケティングのゴールは，供給側（作り手）が創造した価値を需要側（受け手）がそれを購入し，反対給付である貨幣等と交換した時点で達成される。このことがしばしば販売とマーケティングを混同して理解されることにもなる。コミュニティ型マーケティングでは，信頼をベースに企業側と顧客側の双方のネットワーク経済を活かし，潜在的な需要を顕在化させることで需要を創造して，解決の糸口がみえなかった課題の解決が地元で可能になる。また，多層なローカル・プラットフォームの形成により，柵が少ない地域ブランドを創造する活動にもつながりやすい。これらのことは近時のマクロ経済循環で議論されている価格決定力を小規模企業でも発揮できる可能性を感じさせる。

　一般に，商圏内人口の減少や通販の拡大によって市場が縮小する傾向の強い小規模店の場合，需要の減少 → 売上の減少 → 経費負担の増加[15] → 不十

分な価格転嫁[16] → 収益の低下 → 経費の節約・投資の延期 → 旧態依然のま
ま店舗の魅力低下 → 商店街内商業者の廃業・空き店舗の増加 → 商店街で
の品揃え及び利便性の低下 → 集客力の低下 → 需要の減少 → ……という負
のスパイラルに陥りやすい。こうしたサイクルを正のスパイラルに戻すこと
は容易なことではない。

5.3　弱い紐帯の強さを認識できるプラットフォームの形成

　新規性の高い価値ある情報をもたらすのは日常でつながりが強い内輪の仲
間（強い紐帯）よりも，ちょっとした顔見知りのように社会的つながりが弱
い人たち（弱い紐帯）であり，彼らは多様性，情報の拡散性，新規性に富ん
だ情報が入手しやすいとしたマーク・グラノヴェッター（Mark S.
Granovetter）の「The strength of weak ties」に関する理論を援用し，小規
模店での新たなビジネスチャンスを模索してみる。

　地域内にある多くのネットワークを開放し，信頼がおける地元の事業者が
ビジネスライクに暮らしやすさに貢献するプラットフォームを形成できれ
ば，さまざまな地域企業としてメリットを享受できる可能性が拡がる。株式
会社ヤマダデンキの完全子会社で地域家電店のボランタリーチェーンを展開
するコスモス・ベリーズ株式会社のローカル・プラットフォーム事業では，
特定の業界・企業が先導して異業種が参加するローカル・プラットフォーム
を構築し，生活者の困りごと解決に貢献するビジネスを地方都市で展開して
いる（福田 2020，18 ページ）。

　プラットフォームとは「多様な主体の協働を促進するコミュニケーション
の基盤となる仕組みや空間」である。地域社会で新しい活動や価値が生まれ
続ける場をつくるためには，コミュニケーションの頻度が高く，同質的な情
報を深く共有できる，信頼をベースとした「強い紐帯」とコミュニケーショ
ンの頻度は高くないが，新しくて異質な情報が流入する「弱い紐帯」の両方
が上手く共存することが望まれる。

15　一般に中堅以上の企業では経費負担の増加の前後に生産性改善の過程が入るが，小規模店の場
　　合はその余地がほとんどないことが多い。
16　価格転嫁には価格決定力も含む。

　「強い紐帯」の人たちだけが集まるのであればメンバーの居心地は良いものの，常に新しいことが起こる状態にはなりにくい。一方，「弱い紐帯」の人たちだけだと協働に不可欠な信頼が築きにくいというジレンマがある。飯盛（2021，200-201 ページ）は「協働の空間のデザインには『強い紐帯』をベースとしながらも，絶えず新しい人の流入があるように工夫することが求められる」と述べる。また，飯盛（2021，202-203 ページ）は地域づくりにおいては，常に新しい人々が訪れて相互作用が生まれるような仕組みを検討しなければならず，仲良しグループだけで固定されるのを防ぐためには，何をやっているのかが一目でわかる可視性のよい雰囲気を発信する仕組みが大事であることを指摘する。

　その意味では，異世代の人たちが誰でもふらっと立ち寄れて居心地の良い空間で交流を楽しめる場としてのコミュニティカフェ，商店街組合員を超えた住民や企業や大学と連携して収益事業を行うことで地域全体の価値向上を目指すエリアマネジメント活動，域内の農商連携をベースとする交流活動などが活動の基礎となる。地域商業の構造的課題の解決に向けた構想を検討する以上，小規模店の経営者が現状の需要が増えない閉塞状態を脱し，次のステージであるまちのブランディングに向けた貢献まで自覚できる状態に移行することを到達目標に据えることが望まれる。

　小規模店もプラットフォームに積極的に参加することで，マネタイズのシナリオが描けるようにすることが重要である。その際には，消費スタイルの変化に合わせた価値共創型のマーケティング提案が重要になる。従来のモノの機能的価値を消費する「モノ消費」，SNS も活用した体験的価値を消費する「コト消費」，SNS で氾濫する情報だけでは満足せずに再現性の低い盛り上がりを楽しむ「トキ消費」，環境や地域貢献など応援型消費に価値をみいだす「イミ消費」，など顧客の反応を見極めつつ，小規模店も仲間と価値を共創することでマネタイズを実現するビジネスシステムの構築を目指すことが期待される。

5.4　顧客の本質的な目的を見極めるジョブ理論の活用

「多様な主体の協働を促進するコミュニケーションの基盤となる仕組みや

空間」であるローカル・プラットフォームは，メンバーによるビジネスやコミュニティにかかわるネットワーク活動の場である。近年では，働き方の多様化，円滑な起業機会の創出，生涯現役の実現といった社会・経済の潮流変化を見据えて，職住近接による地域志向の強い起業家や自分らしい働き方を通じて地域の困りごとを解決したいとする人たちが協働して活動する場としても考えられる。近年は地域経済の活性化，職業能力の開発，雇用機会の拡充といった観点から，活動ニーズをみいだすことができる。地域のコミュニティにおいて，何気なく囁かれた情報から課題を認識し，専門的な技術や知見を有するメンバー同士が柔軟に協働して顧客の課題解決に資することにより，今後の事業化の可能性が拡がるように取引に関するルールづくりやノウハウのフィードバックを共有する仕組みをつくることが必要とされる。

　一般的な企業のマーケティングでは，顧客・市場を主にデモグラフィック（人口統計学的分類）や年収や属性等でセグメンテーションし，標的市場を設定して従来の商品サービスとの差別化をテーマに，さまざまなビッグデータをディープに活用する。企業は理念や目標に従うかたちで，内外の現状分析から今後のマーケティング戦略の方向性を決定し，STP分析を通じて具体的な4P（製品，販路，価格，販売促進）を検討し，テスト販売やモニタリングを経て収益性・実現可能性分析を行い，本格的な市場化可能性を予測する。企業は機能的にも意味的にも刷新感のあるイノベーティブな商品・サービスを市場に投入することで，市場に価値を継続的に浸透させて事業の成長・拡大を目指す。しかし，顧客の「属性」と「欲しいもの」に相関こそあっても因果は無く，改良を重ねても不毛な消耗戦となることが多い。

　そもそも地域社会における課題は，こうした新商品・新サービスを期待するものは少なく，事業者や生活者が片づけたい用事や仕事は，日常の業務や生活の中に放置されていたり，緊急性が無く埋もれてしまっていたり，あるいは本人や家族が気づいていないことさえある。クレイトン.M.クリステンセン（Clayton M. Christensen）は，市場の構造をプロダクトや顧客の属性からではなく，顧客の片づけるべき用事や仕事の観点から理解すると，市場の潜在的規模が一気に膨れ上がり，それまでありそうもなかった場所に成長の機会が出現すると述べる。以下では，彼が顧客に提供する商品・サービス

ではなく顧客が済ませたい用事や仕事は何なのか，商品・サービスが顧客のどういう課題を解決するかをストーリーとして見極めることの重要性を説く「ジョブ理論」についてみていく。彼は巨大企業のイノベーションのジレンマを考察したことで有名であるが，「ジョブ理論」のエッセンスにある「顧客は進歩を遂げるためにどのような体験を求めているのか」，「どのような障害を取り除かなくてはならないか」，「社会的，感情的，機能的側面については何を考慮すべきか」の三点はシンプルな消費財から複雑な B to B 取引まで広い範囲の業界や組織で役立つと述べる。

　クリステンセンは，『ジョブ理論―イノベーションを予測可能にする消費のメカニズム―』（2016）において，顧客はある特定の商品を購入するのではなく，進歩するためにそれらを生活に引き入れると捉え，この進歩のことを顧客が片づけるべき「ジョブ」と呼び，ジョブを解決するために顧客は商品を「雇用」すると述べる。ジョブは本来複雑なため，データに落とし込むことは容易でなく，ジョブから得られる知見は数字ではなくストーリーだから壊れやすい。ジョブ理論が重点を置くのは「誰が」でも「何を」でもなく，「なぜ」である。すなわちジョブ理論は，顧客に特定の製品・サービスを購入して使用するという行為を起こさせるものは何か，どんなジョブのためにその製品・サービスを「雇用」したのかを理解するものである。

　「片づけるべきジョブ」を理解する事例として，ミルクシェイクのジレンマというエピソードが紹介されている（クレイトン・M・クリステンセン，2016）。あるファストフードチェーンで「どうすればミルクシェイクがもっと売れるか」というプロジェクトに携わった際に，数か月かけて実際にミルクシェイクを買う典型的な客のプロファイルに合致する人を呼び止めて，値段，量，硬さ，味について改善すべき点を調査し，一番数の多い潜在的購入者層を満足させるイノベーションを何度か試したものの，売上は変化しなかった。

　そこで，調査チームは全く違う方向から課題に取り組もうと考えた。すなわち「来店客の生活に起きたどんなジョブ（用事・仕事）が，彼らを店に向かわせ，ミルクシェイクを"雇用"させたのか」という切り口で分析を試みることにした。ある日調査チームは 18 時間にわたる店頭での観察から，午

前9時前に一人でやってくる客に売れるミルクシェイクが驚くほど多く，彼らは店内では飲まず車で走り去っていた。調査チームが「どういう目的（ジョブ）のためにあなたはこの店に来てミルクシェイクを買ったのですか？」と客に尋ねてみた。はじめのうち客は質問に戸惑っていたが，質問を変えてミルクシェイクでなければほかに何を買うつもりかを訊くことにした。

　すぐに明らかになったのは，早朝の顧客は誰もが同じジョブを抱えていたということだった。—「仕事先まで長く退屈な運転をしなければならず通勤時間に気を紛らわせるものが欲しい。しかもいまは腹が空いていないが、あと1，2時間もすればそうなることが分かっている」このジョブを片付けられるライバル（バナナ，ドーナッツ，ベーグル，スニッカーズ，スムージー，コーヒー）はたくさんいても，完璧にこなせるものはほかになかった。ミルクシェイクはたくさんのライバルを蹴落としてトップに輝いた。つまり，早朝の来店客にとってのジョブは「運転時間に気を紛らわせること，昼食までの空腹から逃れること」であった。ミルクシェイクは競争相手のどの商品よりもこのジョブをうまく片づけることができたということである。

　ただし，ミルクシェイクは午後や夜の時間では同じ客だったとしても，全く異なるジョブの下でミルクシェイクを購入していることが明らかになったとしている。例えば，父親が一緒に来店した子供に優しい父親の気分で「イエス」といえる特別な場所というジョブに変わる。このようにミルクシェイクの味や値段よりも，一つひとつの状況における来店客のジョブに目を向けることこそが，当初の目的である売上を伸ばすために必要なアプローチであることを説いている。

　彼は顧客の片づけるべきジョブを知るために考えるべきポイントとして以下の五つを示している。①その人が成し遂げようとしている進歩は何か，②苦心している状況は何か，③進歩を成し遂げるのを阻む障害物は何か，④不完全な解決策で我慢し埋め合わせの行動をとっていないか，⑤解決策のために引き換え（トレードオフ）にしてもいいと思うことは何か，である。また，顧客の片づけるべきジョブを他人が特定するのは容易でないが，ジョブを掘り出すべき肥沃な土地をキーワードとして以下の五つをあげている。①

生活に身近なジョブを探す，②意識して探さないとみつけられない無消費（自らジョブを満たす解決策をみつけられず，結局何も雇用しないことを選ぶこと）に眠る機会と競争する，③間に合わせの対処術，④できれば避けたいこと（ネガティブジョブ），⑤商品の意外な使われ方をあげている（クリステンセン，2016）。

　ジョブ理論は自社の商品サービスをその属性からではなく，顧客の片づけるジョブという視点から理解するように努めることで，その市場の潜在規模が拡大する可能性があることを示唆する。それまで気がつかなかったところに成長の機会があらわれ，そこから自社のイノベーションをみいだすことも可能になることを示す。ひとたび有益な鉱脈をみつけたあとも，周囲を観察しジョブの文脈を理解する必要性を説く。顧客が求めている進歩の機能面だけでなく，社会的・感情的な側面についても深く掘り下げて対応することが求められる。

　すなわち，ジョブ理論はローカル・プラットフォームにおいて，顧客が片づけるべきジョブを知るアプローチやジョブを掘り出すべき肥沃な土地のキーワードを知ることができ，自社が提供する商品サービスの価値を高めてマネタイズの機会として何を理解し実践することが大事なのかを模索するうえで，実践的で示唆的な理論といえる。従来のマーケティングに沿って設定したセグメンテーションの顧客にこだわり過ぎず，商品に対する対価ではなく，顧客が片づけるべきジョブに着目して対価が得られるように考えることが，地域企業が価格決定力を高めるうえで極めて重要と考えられる。

6　おわりに

　これからの地域産業振興のあり方を考えると，新たな需要を創造する取り組みや人生 100 年時代にあって生活（暮らし）と産業を融合するプラットフォームを構想化する議論を深める必要がある。その際，事業所の存続や雇用維持を優先させるのではなく，付加価値の高い産業・企業を輩出するシナリオを構想化する方向で，地域企業のブランディングと地域自体のブランディングを目指す複眼的な産業振興計画の議論を進めることが大事になる。

従来の地域産業政策とは一線を画する，多様な主体による「価値共創型ローカル・プラットフォーム」の形成と，商品ではなく顧客のピンポイントのジョブをリーズナブルに解決するストーリーを推察することにより議論を深めることが重要である。

参考文献

新雅史（2012）『商店街はなぜ滅びるのか』光文社新書.

飯盛義徳編著（2021）『場づくりから始める地域づくり 創発を生むプラットフォームのつくり方』学芸出版社.

石原武政（2000）『まちづくりの中の小売業』有斐閣選書.

石原武政・渡辺達朗（2018）『小売業起点のまちづくり』碩学舎.

井上崇通・村松潤一編（2010）『サービスドミナントロジック：マーケティング研究への新たな視座』同文舘出版.

植田浩史・立見淳哉編著（2009）『地域産業政策と自治体』創風社.

梅村仁（2019）『自治体産業政策の新展開』ミネルヴァ書房.

枝廣淳子（2021）『好循環のまちづくり』岩波書店.

岡田一弥・阿古真理（2016）『自由が丘ブランド 自由が丘商店街の挑戦史』産業能率大学出版部 .

大貝健二（2021）「中小企業振興条例の現段階」『中小企業季報』No.4.

大貝健二・池島祥文（2014）「地域産業政策の展開とその到達点」『地域経済学研究』第 27 号.

河藤佳彦（2015）『地域産業政策の現代的意義と実践』同友館.

熊野英生「企業収益から見る日本経済の課題」日経ヴェリタス 2023 年 5 月 28 日.

経済産業省『2017 年版通商白書』.

経済産業省（2020）「地域未来牽引企業制度の見直し」.

小林哲（2016）『地域ブランディングの論理』有斐閣.

総務省（2019）『平成 30 年版 情報通信白書』.

内閣府「日本経済 2022–2023」令和 5 年 2 月
　　https://www5.cao.go.jp/keizai3/2022/0203nk/n22_1_1.html　2023 年 7 月 15 日閲覧.

新浪剛史「プレミアム品で利益稼ぐ」日本経済新聞 2022 年 10 月 6 日.

『日経ヴェリタス』2023 年 3 月 19 日号.

日本経済新聞「大機小機 賃金上がらないノルムを壊せ」2023 年 3 月 6 日.

日本経済新聞「物価高倒産が過去最多　価格転嫁米欧の半分」2023 年 5 月 3 日.

日本政策金融公庫（2023）「全国中小企業動向調査結果」2023 年 7 月 25 日プレスリリース.
　　https://www.jfc.go.jp/n/findings/pdf/smseach2023_07.pdf　2023 年 7 月 26 日閲覧.

野口悠紀雄（2022）『どうすれば日本人の賃金は上がるのか』日経プレミアシリーズ.

中小企業庁『平成 27 年版中小企業白書』.

帝国データバンク定期調査結果（2023）「食品主要 195 社」価格改定動向調査（7 月 12 日時点速報）
　　https://www.tdb.co.jp/report/watching/press/pdf/p230705.pdf　2023 年 7 月 27 日閲覧.

広井良典編（2024）『商店街の復権 歩いて楽しめるコミュニティ空間』ちくま新書.

福田敦（2006）「地域資源循環型協働プラットフォーム構想による商店街存立モデルの提案」『流通』No.18.

福田敦（2018）「第 1 章 中小企業の存在意義と優良性に関する議論」小川雅人編著『中小企業の経営と診断』創風社.

福田敦（2020）「プラットフォームビジネスの動向と流通研究上の課題」『流通』No.48.

福田敦（2021）「基礎自治体による産業振興計画策定上の今日的視座」『関東学院大学経済経営研究所年報』第 43 集.

福田敦（2022）「ポストコロナ時代の商店街プラットフォーム戦略」『関東学院大学経済経営研究所年報』第 44 集.

藤川佳則（2006）「サービスドミナントロジック～価値共創の視点から見た日本企業の機会と課題～」『マーケティングジャーナル』.

古川一郎（1999）『出会いの「場」の構想力』有斐閣.

南方建明・岡部達也（1991）『商店街のマーケティング戦略』中央経済社.

宮副謙司編著（2022）「青山企業に学ぶ コミュニティ型マーケティング」中央経済社.

矢作弘（2005）『大型店とまちづくり』岩波新書.

労働政策研究・研修機構（2023）「政策論点レポート」.

Christensen, Clayton M. Taddy Hall, Karen Dillon, and David S. Duncan（2016）*Competing Against Luck*（クレイトン・M・クリステンセン，ダディ・ホール，カレン・ディロン，デイビット・S・ダンカン（依田光江訳）『ジョブ理論 イノベーションを予測可能にする消費のメカニズム』ハーパーコリンズ・ジャパン 2017 年）.

Granovetter, Mark（1973）"The Strength of Weak Ties", *American Journal of Sociology*, Vol.78, No.6, May 1973, pp.1360–1380.（マーク・グラノヴェッター（大岡栄美訳）『弱い紐帯の強さ』，野沢慎司（編・監訳）『リーディングス　ネットワーク論―家族・コミュニティ・社会関係資本―』勁草書房，2006 年）.

Kotler, Philip Giuseppe Stigliano（2018）*Retail 4.0*（フィリップ・コトラー，ジョゼッペ・スティリアーノ（恩蔵直人監修 高沢亜砂代訳）『コトラーのリテール 4.0　デジタルトランスフォーメーション時代の 10 の法則』朝日新聞出版，2020 年）.

Moore, Geoffrey A.（2015）*Zone to Win–Organizing to Compete in an age of Disruption*, Diversion Books.（栗原潔訳（2017）『ゾーンマネジメント　破壊的変化の中で生き残る業と手順』日経BP）.

（福田　敦）

自治体の戦略観が問われる産業振興政策

　本書では，自治体経営において重要とされる産業振興戦略について議論してきた。地域産業政策の目的は，地域企業の自律的な発展を促進し，経済の好循環と安定した雇用の創出，都市の課題解決や新たなまちの魅力創造に貢献することにより，総合計画の目標達成にコミットすることである。従来は，事業者目線による業種別の産業政策が主流であったが，本書では都市経営の重要な課題であるリノベーションまちづくり，エリアマネジメント，地域資源を活用した地域ブランディング，産業活動と密接に関連する物流，社会課題解決の拠点となるソーシャルビジネスにも着目し，生活（暮らし）と産業が融合するプラットフォームの形成まで議論を拡張した。そのうえで，多様な地域資源を関係者による協働の力で循環し，一定の制約の下で潜在需要を顕在化する仕組みをつくり，市民・生活者のライフシフトにも応じた豊かな暮らしが実感できる，収益向上を重視する産業政策に取り組むことの意義を議論してきた。

　自治体で産業振興施策を所管する課は，産業政策課や産業振興課，経済振興課，商工課，地域産業課，生活経済課など，おもに中小企業施策を担当するソフト系のセクションである。ただし，産業振興を戦略的に考える場合，まちづくり推進課や地域活性課，コミュニティ再生課，都市計画課，街づくり計画課，景観政策課，公共施設マネジメント課など，市民生活とのかかわりが強いセクションやハード系を含むセクションにまで関連部署は拡がる。自治体の総合計画の体系においても都市経営の理念をもとに，自治体と市民が自治意識を共有し，参加と協働によるまちづくりに取り組む，分野横断的な戦略視点を持って産業振興政策を展開することが期待される。

　終章では，地域産業戦略の射程を確認したうえで，地域資源を活用した事

業者の価値共創の取り組みについて概観する。最後に，政労使がめざす「成長と分配の好循環」を受けて，地域企業の付加価値重視の経営に向けた対策について若干の考察を行う。

1　地域産業戦略の射程

　地域産業戦略の射程（範囲）については，個別分野（ものづくり，商業，伝統産業，観光，農林水産業，食品流通等）と分野横断的（中小企業・小規模事業者の経営支援，事業展開支援，新産業・新事業促進，産業用地確保，物流，情報発信，経済循環の促進，人材の確保と育成等）な課題がある。これ以外にも，所得及び雇用の創出，労働力の確保，自己実現を含む活躍の場の提供，新たな価値を創発するまちづくり，着地型観光の推進，コンテンツツーリズムを通じた関係人口の増加，地域資源のブランディング，企業活動の活力向上と脱炭素社会の推進，SDGs の視点を踏まえた産業振興など，持続可能なまちづくりに向けて都市活力を牽引する事業分野がその対象となる。

　本書では，上記に加え都市経営の観点から，空き不動産のリノベーションによるまちづくり，エリアの活動に共感し創業をめざす起業家の支援，民間主導による環境改善とエリア価値向上をミッションとする推進組織の活動支援，地域の伝統文化や技術力を地域企業の強みとして販路を拡大する活動支援等，従来はまちづくり推進系や文化政策系の部署が所管する事業も含め，産業振興の成果に密接にかかわる事業について議論した。

　自治体の産業振興計画はその素案について，基本計画の下位計画として住民のパブリックコメントにかけられる。パブリックコメントの実施状況をみると，他の分野のそれと比べ市民の関心（意見の件数）は低く，市民生活と産業振興には距離感（＝他人事）があると思われている節がある。このためパブリックコメントの受付期間中に，多くの市民が利用する公共施設や街頭で委員会での議論の経緯や施策の要点を紹介するパネル展示をする自治体もみられる。

　筆者が参加する産業振興会議の場で，暮らしやすさに向けて市内事業者

（特定の事業者ではない）に対する改善ニーズを聞く機会があり，市内の人材や資源を活用することで課題解決を見通せることに気づかされることがある。産業振興計画が既存事業者のための政策という思い込みを払拭し，市民一人ひとりの暮らしに関わることであり，またもしかすると，近未来にはライフシフトによって創業や副業やワーキッシュアクト（第1章3②参照）として自分ごとになることも併せて伝えられると良いかもしれない。

　例えば，子育て支援策というと一般的には児童手当や妊娠・出産にかかわる費用支援，教育費・医療費の負担軽減，育休取得環境の整備，多様な保育サービスの充実などが考えられる。子育ては大変な時期が数年で終わり，親御さんは入れ替わるので常に少数派であるものの，子育て世代が外出する際に気を遣うことが多い「子連れ歓迎の店」を増やすことはシンプルながら底堅いニーズがある。そうした時に，店に子育て歓迎のステッカーを貼るだけでも入店しやすくなり，こうした店が増えることで心優しい店や人が増えてまち歩きが楽しくなる。こうした細かいニーズに気づき，商店連合会や社会福祉協議会が共通ステッカーを作成し，協力店マップの作成業務や利用者の感想を SNS で発信する仕事が新たに生まれる。ビジネスに直結し，子育て世代の人が地域で暮らしやすさを発見し，自分も役に立てそうなことに関わろうという動きを継続していくことで，潜在需要が顕在化し，雇用も増えることにつながる。

　このように，暮らしにかかわる市民感覚を課題と捉え，事業者が改善に動ける仕組みを形成し，それぞれをネットワークを利用することで，市民と事業者がともに満足する Win-Win の関係を構築できる。図 10-7 で説明したコミュニティ型マーケティングの実践である。プラットフォームには，ビジネスチャンスを探る事業者と暮らしの困りごとを抱えて相談したい市民による両面市場の特徴があり，行政も両面のプラットフォームを通じ，新しいかかわり方ができ，業務を通じた情報収集によって次期の産業振興計画で活かせることも出てくる。

　人生 100 年時代で非定形的なライフシフトも増える状況で，様々な暮らしをする市民の感覚やニーズは，行政や事業者にはみいだしづらいものがある。様々な年代の人が，一人でも買い物，公園，図書館，芸術ホール，美術

館，魅力的な店，動物園等に電車や自転車に乗って散歩がてらにマップをみながら移動できる。こうした暮らしやすいまちが子どもと子育てにかかわる大人，高齢者にとって重要なことである。高齢化や少子化を考えると，楽しい手助けにあふれるまちを目指す視点が必要とされる。人と人との関係が生まれやすい個人店との関係を大切に，みえない手助けや元気を生み出す仕掛けをつくることができる。生活者（顧客）があればいいなと思う価値ある商品サービスを提案する仕組みづくりが大事になる。

　小さな成功を積み重ねることで，プラットフォーム形成の機会が拡がる。こうしたネットワークに，誰でも気軽に参加できる弱い紐帯の仕組みがイノベーション（＝顧客への新たなソリューションの提供）を伴い，暮らしやすさと潜在需要が顕在化し，付加価値が高いビジネスに転換するきっかけにもなる。市民が親しみを感じて提供されるサービスに満足すれば，利用者同士のつながりができ，身の丈に合ったかたちで，新たにビジネスへの参加も期待できる。こうした小さなプラズマ的な動きをエリアやまち全体のブランディングに拡げるためには，エリアマネジメント（まち会社）やリノベーションの活動が有効な方策となる。

2　地域商業にみるイノベーション

　第4章でみたとおり，商店街の景況感で芳しいところは少なく，空き店舗の活用も進まない状況にある。これに少子高齢化で市場の縮小が続き，ネット販売や規模が大きい業態店を利用する消費者が増える状況を見据えると，地域の商業者が近未来のビジョンを持ってアクションを起こさなければ，下りのエスカレーターに乗った状況が続くことになる。

　直面する課題のなかには，商店街のマネジメントを超える構造課題もあるが，商店街独特の排他的体質の課題も内在する。商店街組織は個店と組織（組合）が，それぞれ同じ目標をもって事業に取り組むことが行動原則とされるが，実際には組織は顧客や個店のニーズを顧みることなく，継続は力だと信じて突っ走るが，気がつくと誰もついて来られず活動中止となる事態に陥ることも決して珍しくない。また，個店は一国一城の主としてその経営に

はお互い関与しない掟のようなものがある。これを突破したのが一店逸品運動やまちゼミであるが，それでも有志が経営判断にまで入り込むことはない。

　地域商業の活性化に向けた国の診断制度を振り返ると，1996年に中小企業総合指導所体制を廃止し，中小企業を対象とする従来の指導制度も一般診断（産地診断，工場診断，広域商業診断，商店街診断，商店診断，連鎖化事業診断を含む）が廃止された（島田2011，643ページ）。現在は中小企業診断士による商店街診断を受ける機会はほとんどなく，商店街が中長期的にめざす姿をビジョンとして共有することはほとんどなくなった。さらに，中小企業高度化資金融資（特定商店街共同施設事業）を計画するところはなくなり，多くの商店街で組織と個店が目標を共有する機会を失った。

　地域の将来像を見据えた動きとして，商店街，町内会・自治会，NPO法人・市民団体，大学・学生と民間主導で暮らしの視点と人材発掘を主たる目的とするエリアマネジメント組織を作る動きがみられる[1]。一例としては，大学の研究室にまちの歴史を調べる機会を提供し，学生がARを使って魅力を感じる近未来の街を描いてもらう。これに共感する人をSNSからみつけ，身の丈に合ったリノベーションを進め，オーナーも巻き込んで空き不動産の活用を進める。生活感覚をもった人に空き店舗に入ってもらい，将来はまちづくりの人材（担い手）として事業に参画してもらうようにする。

　日常の生活を体験する関係人口を増やす方向で観光事業も進める。観光についても事業者だけに限定せず，Wokish Act（第1章3②参照）のニーズに応える形で多様な動機の人にかかわってもらうようにする。商店街や観光地で解決が困難な課題も長期的な視点でまちの魅力を発展させる手法を考える知恵を生かしていく。負のスパイラルから正のスパイラルへの大転換であり，それにはエリアマネジメントやファシリティマネジメントの手法も必要で，国家戦略特区（道路空間を活用したにぎわいづくり）の認定も視野に進めるところがある。中心市街地活性化策やコンパクトシティを目指す新たな制度である立地適正化計画は国の政策である。2020年には都市再生特別措置法の改正によって「居心地がよく歩きたくなるまちなかづくり支援制度」

1　山形市七日町の山形まちづくり会社，小倉魚町サンロード商店街などがある。

が導入されている。自治体においては，こうしたハード系の施策を活用しつつ，都市政策の観点から産業振興の議論を深めることが必要になっている。

3　地域資源の活用による事業者の価値共創の経営

地域資源に一次産品を活用する事例として，武蔵野市と朝霞市の取り組みを簡潔にみていきたい。

武蔵野市の「CO+LAB MUSASHINO」[2] は，市内の異なる分野の事業者がお互いに連携し，農産物を使用した新商品開発や販路開拓のきっかけを創ることを目的に，商工会議所と商店会連合会と市役所が連携して運営するプラットフォームである。2022 年 11 月にスタートして企画内容を少しずつ変えて実施している。具体的には，「食と農のおいしい出会い」をテーマに，農家と飲食店等との連携で交流会（農家見学会）や品評会，日曜市への出店，百貨店イベントに参加する。

この活動の趣旨は，新鮮な農産物を使ったメニューや商品をつくり，作り手（農家）の思いを創り手（飲食店，製造小売店）が形にして武蔵野市の魅力向上に貢献するもので，約 40 店の事業者が参加する。第Ⅱ期武蔵野市産業振興計画に掲げる「まちの魅力を高め豊かな暮らしを支える産業の振興」をめざす具体的な事業である。地産地消や六次産業化，武蔵野市の価値づくりやブランディングの一環として評価されており，経済価値と社会価値の同時追求（価値共有の経営＝CSV 戦略）にもなり，事業への再投資や事業承継への道筋として期待感が高い。2024 年にはコンテンツ系やサービス分野にも事業者同士の連携を拡大する方針である。

朝霞市の「あさか野菜 de ベジグルメ」[3] は，朝霞市内の産業の活性化とブランド価値の向上をめざし，2017 年から野菜ソムリエ（料理研究家）の協力により，農家の農家と飲食店との意見交換会からアイディアを出し合うか

2　武蔵野市の「CO+LAB MUSASHINO」については下記を参照のこと。
　https://co-lab-musashino.com/
3　朝霞市の「あさか野菜 de ベジグルメ」については下記を参照のこと。
　https://www.city.asaka.lg.jp/uploaded/attachment/45197.pdf
　https://www.city.asaka.lg.jp/uploaded/attachment/60642.pdf

たちで新メニュー開発をスタートさせた。これまでに 8 事業者がユニークな新メニューを開発・販売している。この事業の発端は，市役所の政策研究チーム[4] がシティプロモーションの一環として考案した。「あさか野菜 de ベジグルメ」は，初年度は農家については 11 件に協力依頼して 10 件の協力が得られたが，飲食店については 100 件訪問したが，趣旨が上手く伝わらず 3 件しか協力が得られなかった。販路拡大につながる提供側の賛同は取りやすい一方で，準備や企画が必要となる受け手側には，事業の趣旨と当面の目標を共有できないとハードルを高く感じ二の足を踏まれたようである。

朝霞市の政策研究チームはメンバーが組織横断的に構成されている。産業振興政策にはソフト系事業に限らず，まちづくりの基盤を整えるハード系事業も含まれる。市民や事業者の目線でみれば，事業別の縦割りでの対応は改善されて然るべきである。中小企業施策もワンストップ化が求められるなかで，関連施策の共有化・一元化は改善すべき大事な視点である。

二つの事例を通じ，プラットフォーム形成に関する示唆としては，行政のかかわり方がある。エリアマネジメントと同様に，①基本は民間主導で活動するものであるが，何のためのプラットフォームなのか，めざす姿を行政がビジョンとして提示し関係者と共有すること，②目的に共感する人や事業者を増やし，交流機会を設けるためにテーマを変えたワークショップを定期的に開催し，報告書をホームページ等に掲載することなどがあげられる。

4 付加価値を重視する経営への転換

中小企業庁が 2024 年 3 月に公表した「価格交渉月間フォローアップ調査の結果」によると，中小企業でコスト上昇分を満額転嫁できた企業は 19.6 ％，一部転嫁できた企業は 67.2 ％，全く転嫁できない企業が 19.8 ％，減額された企業が 1.2 ％と価格決定権をもたない企業が多くみられる。業種や取引相手や地域などを勘案する必要があるが，総じて収益が圧迫されてい

---

4 朝霞市の政策研究チームの報告書は下記を参照のこと。
https://www.city.asaka.lg.jp/uploaded/attachment/46424.pdf
https://www.city.asaka.lg.jp/soshiki/2/seisakukenkyu29.html

る状況が続く。収益が圧迫される状況で賃上げは難しく，金利支払いも厳しく生産性改善に必要な投資も最小限にとどめざるをえない。政府は「パートナーシップによる価値創造のための転嫁円滑化施策パッケージ」で独占禁止法の優越的地位の濫用に関する緊急調査や下請け法上の重点的な立ち入り調査，法令順守状況の自主点検の要請を行っているが，実態は厳しい結果となっている。

　中小企業が取り組むべきことは，稼ぐ力を高め，生産性を向上し，価格転嫁を進めることによって収益力を上げることである。先ず，稼ぐ力を高めるには，事業戦略の見直し，市場設定の変更（撤退を含む），ポジショニングの変更，仕入れ先の見直し，取引先の理解や協力のもとで付随サービスの圧縮，廃棄物の削減，データのマネタイズ化等が必要になる。生産性を高めるには，IT補助金の活用，作業の自動化・標準化，サービス業でのサービス・プロフィットチェーン（従業員の満足度を高めることで，サービスや製品の質が向上し，その結果，顧客の満足度も改善し，最終的に企業の収益が向上する好ましい循環をつくる考え方），セルフレジの設置，電子棚札の導入，オペレーショナル・エクサレンスの啓発等が必要になる。そして，価格転嫁を進めるには，コストに基づく価格設定，需要に基づく価格設定（ラインロビングの導入，ダイナミックプライシング制の導入），競争に基づく価格設定（実勢価格の動向を把握と適正な値入れ，コモディティ商品はプロスペクト理論に基づき参照価格を下げないこと）に分けた取り組みが必要である。

　もっとも，上記調査結果からも明らかなように中小企業が労務費やエネルギーコストを含む価格転嫁または価格決定力をもつことにはハードルが高い。製造業では組織的な取引交渉により価格が決定されるので，長年の取引先に価格転嫁をお願いするのは容易ではない。それでも同業者では対応が困難な知財の形成，アフターサービス・メニューの追加，顧客市場をスポットに変更することができれば価格決定力が高まる可能性はある。商業・サービス業の場合は，顧客が自社以外の他社から商品・サービスを調達することのハードルが高く，信頼をベースに商品・サービスの価値を受け入れてもらえる可能性があれば価格決定力を発揮できる余地がある。ローカル・プラットフォームにおいてコミュニティ型マーケティング（図10-7）を実践し，他

社との競争が緩やかで信頼できる人からの紹介であれば，クリステレセンがジョブ理論で述べる「商品・サービスの対価から，（信頼のネットワークの下での）ジョブへの対価を得る」ことにもなり，価格交渉の余地を狭められる可能性がある。

コミュニティ型マーケティングは，コンテンツツーリズムや着地型観光で事業者が自主的に活動を進めるうえでも有効な取り組みと考えられる。また，クラフト志向の地場産業が来訪型マーケティングに取り組む際にも参考になるだろう。ただし，中小企業が単独で取り組むことには限りがある。地域資源（農産物に限らず人的資源や空き不動産も含む）を活用する際には，市場のニーズを探り，問題解決視点をもつことで潜在需要を把握し，その成果や課題を仲間と共有することで経営に活かす取り組みが価格転嫁において大事になる。

5 計画策定がゴールではない

行財政の改革が求められている多くの自治体にとって，産業振興政策は戦略観をもって推進することが重要である。産業振興会議は，実質的な議論を深めるために審議会と専門部会のような二層制で進めることが望ましい。とくに専門部会は，事業者目線と生活者目線の両方を持ってまちの魅力を向上する意志がある方に参加してもらうことが大事である。メンバーの選定と委託会社の実績を見極めることも重要である。

市内に大学など高等教育機関がある場合には，市内をまちなかキャンパスとして実学の研究の場に提供し，その研究成果を発表してもらう，ワークショップで経営者と議論の場をもつこと等が望まれる。こうした活動を通じ，市民と事業者と学生が共感をもつ場を設け，異世代交流が促進されるサードプレイス（コミュニティカフェやコワーキングスペース等）が設けられると良い。不定期ながらもテーマを決めてワークショップを開催する，学生たちがインタビューやフィールドワーク調査を基に考案した提案を発表し，市民や事業者，自治体職員がまちづくりの観点から意見や感想を述べるなど，実践的な教育研究の場が開放されると弱い紐帯の強さが発揮される期

待感が高まる。

　プラットフォームの運営では，コアメンバー以外は参加者を固定化しない，新たに参加した人に優先的に話す機会を与える，小さな成功体験を重ねることでプラットフォームの有効性を実感し，仲間を増やすことで自治体に対する協力意識が増幅する，自治体職員が参加者とのつながりをもつことにより，効果的な政策を立案する機会が増えるというメリットも考えられる。

　産業振興計画を立案するだけではまちは発展しない。策定した戦略をいずれの主体がどのようにして実行し，目標の達成を果たすかが大事になる。実行が疎かでは成果の達成は期待できない。かといって，掲げた施策の多くが計画策定時に目標達成の見通しが立つものではイノベーションが起こりにくい。計画の中間見直しや次期の策定時までの間は，計画を推進する常設の委員会を設置し，活動成果と課題を共有し，政策を具体的に実行に移す方策を議論することが大事になる。また，計画期間中の事業の進捗評価や次期計画の策定に向けて，誰が何をどのような基準で評価するのかも重要なポイントになる。定量的評価以外に，まち場で囁かれる定性的評価を加えることも意味がある。

6　今後の課題

　本格化する人口減少と人手不足，技術革新に伴うビジネスアーキテクチャーの見直し，製造業の競争力低下とサービス産業へのシフトに伴う生産性低下（ボーモル病の懸念），需要不足による市場（消費）の縮小など，足元で社会・経済とビジネス環境は大きく変化している。自治体が市民の生活の質を維持するには，市民のニーズや思考，行動特性を踏まえ，持続可能な産業戦略ビジョンを策定することが重要である。自治体は国の産業政策や中小企業政策とも連携しつつ，地域の歴史や文化も踏まえて競争力を有する産業を輩出することが大事である。

　自治体は，社会経済の潮流変化に対応し，行財政改革を進める上からも閉塞感を打破し，未来に展望が描けるビジョンを策定する必要がある。総合計画（基本構想，基本計画，ひと・まち・しごと総合戦略）に基づき，都市を

けん引する産業振興について戦略的な議論を深めることが重要である。分野別計画に位置づけられる産業振興計画では，一般企業の戦略分析と同様に，産業にかかわる内外環境の分析（PEST 分析，クロス SWOT 分析）や 3C 分析（顧客・競争・自社），事業者や市民，学生，来街者等を対象に実態調査を通じてニーズやウォンツを探ることから議論するのが常道である。そのうえで，さまざまな地域資源を利活用することで，プラズマを起こし周辺地域との違いを意識しつつ，多様な価値観をもつ人たちが地域に愛着を持って永住意向をもつシナリオを描くことが大事になる。トップは個々の施策の実現に向けて予算・組織を適切に割り振り，現場での課題を次期計画に活かせる体制を組むことが必要になる。

労働力不足も高齢社会もポジティブに考えたいところだが，多くの自治体では従来の枠組みを越えた産業振興を議論する機会は多くない。例えば，ものづくり産業といってもいわゆる製造業（完成品生産に専門化したメーカー，自社製品も保有する企業，部品・材料生産に専門化した企業，部分工程の加工に専門化した企業，修理に専門化した企業）の括りだけではなく，グリーンや生命科学の分野で成長性と収益性をめざす企業，コンテンツ産業等もものづくり産業の範疇に含める自治体もある。柔軟な発想を大事に，支援する側にも発想の転換が期待される。また，地域企業の中には優れた技術力を持ちながら，部品加工で第三者にその優位性を理解してもらうことが困難な企業群もある。そこで，墨田区では多様な業種の町工場を巡るツアーをオープンファクトリーとして開催し，工場見学と買い物，ワークショップの参加者に区内商店街や飲食店にも寄るように声がけをするイベントを実施してきた。こうした柔軟な取り組みは，業種・業態を超えた取り組みであり高く評価できる。

2018 年 6 月改正の「働き方改革関連法」により，2024 年 4 月からトラックドライバーの時間外労働時間の上限規制と改善改正基準告知が適用された。トラックドライバーの生産性向上と担い手確保により，持続可能な物流を実現するためには，荷主企業（発荷主と着荷主）も含むサプライチェーン全体で商慣習の見直しを含む生産性向上に取り組む必要がある。産地の地域企業では，都市部への輸送能力低下に伴い，生産規模の縮小や投資の抑制，

事業承継の難化など，物流の 2024 年問題が地域企業の自律的発展の妨げになることが懸念されている。個別企業や業界団体での生産性向上に向けた努力とともに，出荷場所の集約や JA による荷役作業の分担など域内でのプラットフォーム形成により，トラックドライバーの負担軽減や環境負荷の低減につながる物流施策の推進が求められる。

　本書では，一次産業の振興や最先端の研究開発型企業等の支援，伝統的な産業集積（地場産業を含む）の振興，大学発スタートアップ企業等の支援，また自治体職員の人材育成方策については触れていない。専ら生活と産業の共生に取り組むことの意義と地域に密着した経営を展開する事業者を中心に，従来とは異なる視点を提起することを目的に議論を展開してきた。このうち，ローカル・プラットフォームについては，それぞれの課題に応じて B to B，B to C，B to B to C のネットワークを機能させる仕組みを官民が協働しながら，かつ参加者の紐帯の強弱の意義を意識しながら形成することが大事になる。行政は各計画の理念に基づき，ワークショップの開催や高等教育機関との連携を通じ，町の発展の礎となる信頼のネットワーク形成を働きかけ，民・民による需要の創造機会を増やし，地域の稼ぐ力の向上と住民福祉の同時追求によって，これまで以上に選ばれる自治体をめざすことが必要である。

参考文献

河藤佳彦（2014）「自治体政策による地域産業の活性化に求められるもの」『都市とガバナンス』
　　Vol.22.
島田春樹（2011）『戦後中小企業政策年表』日本図書センター.
日本都市センター（2022）『地域産業の発展に向けた自治体のあり方―人材育成と地域マネジメン
　　ト―』.

（福田　敦）

欧文索引

和文索引

さ行

編著者・執筆者略歴

〈編著者〉

福田　敦（ふくだ　あつし）（序章，第1章，第4章，第10章，終章　担当）
関東学院大学経営学部教授
青山学院大学国際政治経済学研究科国際ビジネス専攻修士課程修了。東京都庁（商工指導所，産業政策部），関東学院大学経済学部専任講師・准教授を経て現職。主要な業績として『現代の商店街活性化戦略』（共著）創風社，2004年（商工総研中小企業研究奨励賞），『地域商業革新の時代』（編著）創風社，2008年等がある。

〈執筆者〉（執筆順）

山田　伸顯（やまだ　のぶあき）（第2章　担当）
元公益財団法人大田区産業振興協会副理事長
慶応義塾大学大学院経済学研究科修士課程修了。主要な業績として，『日本のモノづくりイノベーション』（著書，日刊工業新聞社，2009年1月），『21世紀への挑戦②』（共著，日本経済評論社，2011年11月）等がある。

大東和　武司（おおとうわ たけし）（第3章担当）
関東学院大学経済経営研究所客員研究員・広島市立大学名誉教授
博士（学術）。久留米大学教授，広島市立大学教授，関東学院大学教授などを歴任。主要な業績として，『地域企業のポートレイト 遠景・近景の国際ビジネス』（単著）文眞堂，2023年，『サービス産業の国際展開』（共編著）中央経済社，2008年，『グローバル環境における地域企業の経営』（共編著）文眞堂，2008年，カソン『国際ビジネス・エコノミクス』（共監訳）文眞堂，2005年等がある。

中山　健（なかやま　たけし）（第5章　担当）
新潟食料農業大学食料産業学部教授
東京大学大学院教育学研究科博士後期課程単位取得満期退学，博士（学術）。独立行政法人中小企業基盤整備機構を経て千葉商科大学教授，横浜市立大学教授，共立女子大学教授を歴任し現職。主要な業績として『データサイエンスと経営学』（共著）御茶の水書房，2024年，『中小企業のネットワーク組織』（共編著）同友館，2017年等がある。

岩崎　達也（いわさき　たつや）（第 6 章　担当）
関東学院大学経営学部教授

法政大学大学院政策創造研究科博士後期課程単位取得退学。

（株）博報堂，日本テレビ放送網（株），法政大学大学院 IM 研究科客員教授，九州産業大学商学部教授を経て現職。主要な業績として，『日本テレビの 1 秒戦略』小学館新書（2016），『メディアの循環　伝えるメカニズム』共編著　生産性出版（2017）等。「読売広告大賞」（2000・金賞，2002・読者賞），「グッドデザイン賞2001」等がある。

才原　清一郎（さいはら　せいいちろう）（第 7 章　担当）
関東学院大学経営学部教授

東洋大学国際観光学部博士後期課程修了，博士（国際観光学）。関東学院大学准教授を経て現職。主要な業績として，『観光による地域活性化～サスティナブルの観点から～』（編著）創成社，2021 年，「観光地を対象とした顧客満足・ロイヤルティモデルの構築」『余暇ツーリズム学会誌』6 号，2019 年等がある。

木島　豊希（きじま　とよき）（第 8 章　担当）
関東学院大学経営学部講師

法政大学大学院経営学研究科博士後期課程修了，博士（経営学）。出版社，公益財団法人流通経済研究所を経て現職。主要な業績として，『流通と小売経営』（共著）「卸売業の基本」創成社，2020 年（2021 年改訂），「トラック予約受付システムの導入の要因に関する研究：質的比較分析（QCA）アプローチ」『日本物流学会誌』第 31 号，2023 年等がある。

山北　晴雄（やまきた　はるお）（第 9 章　担当）
関東学院大学経営学部教授

法政大学大学院社会科学研究科経営学専攻博士課程単位修得退学。東京都庁（東京都商工指導所），中部大学経営情報学部教授などを経て現職。主要な業績として，『ファーストステップ原価計算を学ぶ』（共著）中央経済社，2016 年，「アイドルキャパシティの発生源泉と管理」『會計』第 166 巻 4 第 2 号，2004 年等がある。

自治体の産業振興戦略
—生活・産業プラットフォームの形成

▨発行日──2024年12月16日　初 版 発 行　　　　　〈検印省略〉

▨編著者──福田　敦

▨発行者──大矢栄一郎

▨発行所──株式会社　白桃書房
　　　　　〒101-0021　東京都千代田区外神田5-1-15
　　　　　☎03-3836-4781　🅵03-3836-9370　振替00100-4-20192
　　　　　https://www.hakutou.co.jp/

▨印刷・製本──藤原印刷

Ⓒ FUKUDA, Atsushi 2024　Printed in Japan　ISBN 978-4-561-76234-8 C3060

好 評 書

北島啓嗣【編著】

福井県の企業に学ぶ
地方を豊かにする経営理論　　　　　　　　　　　本体 2,727 円

木村純子・陣内秀信【編著】

南イタリアの食とテリトーリオ
—農業が社会を変える　　　　　　　　　　　　　本体 3,364 円

木村純子・陣内秀信【編著】

イタリアのテリトーリオ戦略
—甦る都市と農村の交流　　　　　　　　　　　　本体 3,545 円

渡辺達朗【編著】

地域情報のデジタルアーカイブとまちづくり
—「神田神保町アーカイブ」をめぐって　　　　　本体 1,909 円

矢作敏行・川野訓志・三橋重昭【編著】

地域商業の底力を探る
—商業近代化からまちづくりへ　　　　　　　　　本体 3,400 円

税所哲郎【編著】

産業クラスター戦略による
地域創造の新潮流　　　　　　　　　　　　　　　本体 3,000 円

東京　白桃書房　神田

本広告の価格は本体価格です。別途消費税が加算されます。